Hans Scholl

Verantwortlich und frei

TVZ

Hans Scholl

Verantwortlich und frei

Studien zu Zwingli und Calvin, zum Pfarrerbild und zur Israeltheologie der Reformation

TVZ
Theologischer Verlag Zürich

Verlag und Autor danken der Schweizerischen Reformationsstiftung SRS
und den Reformierten Kirchen Bern-Jura-Solothurn
für die grosszügigen Druckkostenzuschüsse.

Die Deutsche Bibliothek – Bibliografische Einheitsaufnahme
Die Deutsche Bibliothek verzeichnet diese Publikation in der Deutschen Nationalbibliografie; detaillierte bibliografische Daten sind im Internet über http://dnb.ddb.de abrufbar.

ISBN-10: 3-290-17403-4
ISBN-13: 978-3-290-17403-3

Umschlaggestaltung:
www.gapa.ch gataric, ackermann und partner, Zürich
Satz und Layout: Wild Layout, Stuttgart
Druck: AZ Druck und Datentechnik GmbH, Kempten

Inhalt

Vorwort

Es gibt Stimmen und es zeigen sich theologische und kirchliche Verhaltensweisen, die die Meinung zum Ausdruck bringen, die Reformation des 16. Jahrhunderts sei heute marginalisiert, historisiert und also ohne Funktion. Ihr Impetus sei in und mit der Geschichte, sei es der Gegenreformation, der Aufklärung oder des Pietismus, aufgenommen und eingelöst worden. Sie selber, die gute alte kirchlich-theologische Reformation, sei heute antiquiert und damit ein alter Schlauch, unpassend als Gefäss für den neuen Wein der Moderne und der Postmoderne.

Die hier versammelten älteren, zum guten Teil überarbeiteten und neuen Studien zum reformierten Zweig der Reformation, vor allem zu deren Anfängen und praktischen Entscheidungen im 16. Jahrhundert, sind von einer anderen Einsicht getragen. Sie hegen die Überzeugung, dass das Thema, die Urmelodie der Reformation, die Freiheit eines Christenmenschen, stets verbunden war mit einer beachtlichen Sensibilität gegenüber dem Humanum. Wenn heute ein humanes Engagement als Markenzeichen gerade der Reformierten gelobt wird, dann perenniert sich darin nur die Zusammenfassung der Reformation als ‹Gesetz und Evangelium›. Luther hat mit dieser Formel bekanntlich die neue Theologie seiner Zeit und damit die Reformation angestossen. Heute können wir die Tragweite, ich möchte sagen die existenzielle Dimension der alten reformatorischen Formel mit den beiden politisch zu verstehenden Worten *verantwortlich* und *frei* anklingen lassen. Die Reformation gebiert den *homo politicus*, damals und heute.

Die Kirchengeschichte weiss natürlich, dass auch die unauslotbare Dialektik von Gesetz und Evangelium, Verantwortung und Freiheit, wie die ganze Reformation, trotz Luthers *Turmerlebnis* und Calvins *subita conversio* nicht einfach vom Himmel gefallen ist. Das zeigen uns beispielsweise Flugblätter des frühen 16. Jahrhunderts, die zu einem guten Teil noch die Sehnsüchte und Ideale des Mittelalters zur Sprache bringen und ins Bild setzen. Das Coverbild unserer kleinen Sammlung reformatorischer Studien, mit dem Text von Hans Sachs und der grafischen Gestaltung von «Anthony Formschneider zu Augspurg», unter dem Titel «Die brüderliche Lieb hat keine Füsse mer» (1525), illustriert das antike Thema, welches sich durch das Mittelalter, den Humanismus, die Reformation und die Neuzeit zieht: Eigennutz und Gemeinwohl; «Der Aygennutz regiert mit Gwalt», der «Edel Charitas» aber hat er die Füsse abgeschlagen. Gerade bei den Vätern der reformierten Reformation, bei Zwingli und Calvin, begegnet uns die reformatorische Fassung des alten Themas ständig, oft auch unter Umkehrung der lutherischen Formel zur Fassung ‹Evangelium und Gesetz›, mit der die reformierte Reformation meint, der Krankheit der Zeit, dem Eigennutz und der sozialen Rücksichtslosigkeit der sie umgebenden Gesellschaft noch radikaler und wirksamer an die Wurzeln greifen zu können.

Ein Kennzeichen dieser verantwortlichen, aber nur in stiller unauffälliger Freiheit vertretenen Haltung, ist die Verwurzelung reformierter Theologie und Tradition in der Pneumatologie, beginnend mit W. F. Capitos und Zwinglis Geistlehre bis hin zur magistral ausgeführten Pneumatologie und praktischen Kirchenlehre Calvins in dessen *Institutio* Buch III und IV. Für die reformierte Gegenwart heisst das: Die reformierte Pfarrerin, der reformierte Seelsorger weiss sich in der Kraft des Heiligen Geistes, der allerdings *qua definitione* kein Schaumschläger ist: «Seid Lehrer nicht Lärmer!» So lautet seit dem uralten Kirchenvater Tatian eine gut reformierte Devise für jeglichen Pfarrdienst.

Die meisten Aufsätze dieses Buches erscheinen hier in zweiter Auflage. Ich danke dem Theologischen Verlag Zürich, der es mir nicht nur ermöglichte, sondern mich auch anspornte, eine erste kleine Auswahl meiner von reformiertem Geist und praktischer Absicht bestimmten Arbeiten in etwas überarbeiteter Form nochmals vorzulegen.

Ich ergreife hier auch die Gelegenheit, der Schweizerischen Reformationsstiftung und den Reformierten Kirchen Bern-Jura-Solothurn für ihre namhaften Druckkostenbeiträge zu danken. Sie ermöglichten damit das Erscheinen dieses für ein breiteres Publikum gedachten Reformationsbuches, das auf seine Art moderne Menschen in das oft fremd gewordene, aber christlicherseits unumgängliche Denken und Handeln der Reformation einführen will, mit anderen Worten, das den Reformierten heute wiederum Freude an ihrem eigenen geistigen Wurzelgrund machen möchte.

Die Reformationsstiftung schafft hier eventuell auch den Anlass, dass mit meiner Studie zur Olivetanbibel die heutige reformierte Forschung und Kirche motiviert wird, sich erneut mit der Israeltheologie der Reformation zu beschäftigen. Meine hier erstmals vorgelegte Studie zum Judenvorwort der Olivetanbibel im Kontext ihrer übrigen Vorworte ist zwar umfangreich und lang geraten. Sie ist aber immer noch viel zu kurz und ruft nach vertiefter Arbeit und Auseinandersetzung mit diesem einzigartigen Text. Wenn aber ein jüngerer Reformationsforscher oder eine -forscherin angeregt werden sollte, am Judenthema der Olivetanbibel – «l'Éternel parle», wie es Olivetan nach Jesaja umschrieb – ihr Meisterstück zu erarbeiten, dann würde mich das mit der Freude des alten Simeon aus dem Lukasevangelium (Lk 2,29) erfüllen:

«Nun lässest du deinen Diener gehen, Herr,
in Frieden, wie du gesagt hast ...»

Hans Scholl am 1. Juli 2006

I. Seelsorge und Politik bei Ulrich Zwingli

1. Vorbemerkung zu Zwinglis Tod

Statistiker und Präventivmediziner haben nachgewiesen, dass protestantische Pfarrer und Theologen eine über andere Berufsgattungen hinausgehende Lebenserwartung aufweisen.[1] Schon berufshalber müssen sie ja einen seriösen, regelmässigen, gesunden Lebenswandel führen. Das garantiert ihnen fast einen späten ‹schönen Tod›, hochbetagt und lebenssatt im Bett. Liebe Kollegen sorgen dann für einen ehrenden, das Lebenswerk des Verstorbenen würdigenden Abgesang. Ähnlich starben auch schon die Vorväter und Vorbilder der evangelischen Pfarrerschaft, Luther und Calvin: relativ alt, zum Sterben bereit, auf ein beachtliches Lebenswerk zurückblickend.[2] In diesem Punkt wenigstens waren sie schon deutlich Vorläufer der modernen Pfarrerexistenz. Im Gegensatz allerdings zur heute gängigen Lobrede an Theologensärgen starb Luther bekanntlich mit dem Satz auf den Lippen: «Wir sind Bettler, das ist wahr!»[3] Bei Calvin meldet sich die Moderne schon deutlicher an: Die bewundernden Kollegen sind um sein Sterbebett im Studierzimmer versammelt. Sie werden seine Lobredner sein. Er selber aber sagt ihnen im Blick auf sein Leben und Werk als letztes Wort, ähnlich wie Luther, ja, inhaltlich identisch mit dessen Sterbensseufzer: «Tout ce que i'ay faict n'a rien valu.» Alles, was ich getan habe, ist nichts wert.[4]

---

1 Statistische Erhebungen in England und Wales 1970–1972 und in der Schweiz 1979–1982 ergaben eine 25 % niedrigere Sterblichkeitsrate protestantischer Pfarrer gegenüber der übrigen berufstätigen männlichen Gesamtbevölkerung, je über alle Alter gemittelt. Diese Angaben wurden dem Verfasser in verdankenswerter Weise von Herrn Dr. Ch. E. Minder vom Institut für Sozial- und Präventivmedizin, Universität Bern, übermittelt.

2 Martin Luther 1483–1546; Johannes Calvin 1509–1564; Heinrich Bullinger 1504–1575; Theodor Beza 1519–1605!

3 WA 48,241: «Wir sind Bettler: hoc est verum.»

4 *Calvin,* OS II,402 (Barth/Niesel), Discours d'adieu aux ministres: «I'ay eu beaucoup d'infirmités lesquelles il a fallu qu'ayez supportées, et mesmes tout ce que i'ay faict n'a rien valu. Les meschans prendront bien ce mot: mais ie dis

Wie anders stirbt doch Zwingli! Keine um das Sterbebett im Studierzimmer versammelten Freunde. Kein Rückblick auf ein Lebenswerk. Die Reformation war in Zürich noch kaum zehn Jahre alt, als Zwingli mit dem Schwert in der Hand auf dem Schlachtfeld von Kappel fällt. Zudem war er am Krieg, in den Zürich verwickelt war, nicht wenig schuld. Die Reformation war in der Schweiz am Widerstand der so genannten ‹Alten Orte› zum Stehen gekommen. Die reformatorische Predigt wurde in der Innerschweiz von den altgläubigen politischen und militärischen Kräften unterdrückt. Die reformatorischen Orte der alten Schweiz, besonders Zürich und Bern, versuchten, der freien Predigt des Evangeliums am Vierwaldstättersee mit Gewalt Bahn zu schaffen. Die Berner wollten die Innerschweizer durch eine Kornsperre, ein Aushungern, vor dem Winter 1531 zum Einlenken bewegen. Zwingli sah deutlich, dass diese Massnahme kontraproduktiv wirken musste. Als klarsichtiger Politiker erkannte er, dass die traditionellen Mittel der Politik erschöpft waren, und er riet zur raschen militärischen Intervention. In einer ersten Phase schien seine Politik Erfolg zu haben. Doch dann schlugen die Altgläubigen nochmals zu. Hals über Kopf musste das Zürcher Heer einem innerschweizerischen Überraschungsangriff entgegentreten. Zwingli zieht mit in die Schlacht. Er stirbt zusammen mit 25 anderen evangelischen Pfarrern und 500 weiteren Zürchern auf dem Schlachtfeld. Die militärische Konfusion und Niederlage der Zürcher war zu diesem Zeitpunkt total.[5]

Ist in Zürich Reformation in Politik umgeschlagen? War Zwingli so sehr Politiker, dass er, gemäss einer gewissen Interpretation von Krieg als Fortsetzung der Politik mit anderen Mitteln, zum Schwert griff und dann am Evangelium, am Christuswort, scheiterte: «Denn alle, die zum Schwert greifen, werden durch das Schwert umkommen.» (Mt 26,52)?

So sah es Luther und er reagierte auf die Nachricht von Zwinglis Tod auf dem Schlachtfeld mit strenger Kritik: Zwingli, das Heil des inneren

---

encores, que tout ce que i'ay faict n'a rien vallu, et que ie suis une miserable creature: mais si puis ie dire cela, que i'ay bien voulu. Que mes vices m'ont tousiours despleu, et que la racine de la crainte de Dieu a esté en mon coeur, et vous pouvez dire cela que l'affection a esté bonne, et ie vous prie que le mal me soit pardonné: mais s'il y a du bien, que vous y conformiez, et l'ensuiviez.»

[5] Zur offensiven Reformationspolitik Zwinglis und Zürichs in den Jahren 1529–1531 vgl. Gottfried W. *Locher*: Die zwinglische Reformation im Rahmen der europäischen Kirchengeschichte, Göttingen und Zürich 1979, bes. 521–542.

Menschen, die Seelsorge, den *articulus stantis et cadentis ecclesiae* (der Glaubensartikel, mit dem die Kirche steht oder fällt), die Rechtfertigung vergessend oder überhaupt nie begriffen habend, verliert sich im Äusseren und ist zum reformatorischen Macher, d. h. zum politischen Schwärmer geworden. Er musste scheitern![6]

Nun widerspricht aber dieser Zwingli-Deutung vieles in seinem Reden und Tun. Die Reformation in Zürich begann ja gerade damit, dass Zwingli gegen den Krieg auftrat und predigte. Beeindruckt von der Friedensarbeit des Humanisten Erasmus von Rotterdam war auch für den Zwingli von 1518 an Friede ein Leitthema.[7] Ja, mehr noch, der junge Seelsorger und Hirte von Einsiedeln und Glarus hatte ja als Feldprediger an den Kriegszügen der Schweizer in Oberitalien teilgenommen. Er hatte dabei das Söldnerunwesen aus nächster Nähe kennen gelernt. Eidgenossen im 15. und 16. Jahrhundert meinten, ihr gebirgiges Land gebe zu wenig zum Leben her. Ein Teil der Jungmannschaft müsse ausziehen und im fremden Sold als Berufssoldaten das Leben verdienen. Das platte Volk wurde in dieser verheerenden Meinung bestärkt von Kreisen, die am Krieg ihr Geschäft machten. Hohe Politiker aus der altschweizerischen Führungsschicht bezogen von Frankreich, Spanien und von Rom einträgliche Pensionen für ihre Unterstützung bei der Söldnerwerbung. Ein Heer heruntergekommener, körperlich und geistig verstümmelter Männer belastete in der Folge des Söldnerwesens die alte Schweiz. Zwingli erkannte den sozialen Schaden, den diese ökonomisch-militärische Politik in der alten Eidgenossenschaft anrichtete.

In einer eindrücklichen Predigt seiner frühen Zürcher Zeit hat er von den Soldgebern und Werbern, die in Zürich, Bern, Luzern u. a. in der Gunst breiter Kreise der Führungsschicht standen, gesagt: Sie tragen schöne Kleider. Schüttelt man sie, so fallen Dukaten aus ihren Taschen. Aber windet man sie, so rinnt deines Sohnes, deines Bruders, deines Freundes Blut heraus.[8] Nachdem es Zwingli kraft seiner Predigt gelungen war, in Zürich

---

6 *Luther*, WA TR 553: «Zuinglius voluit esse gigas. Christus coram Pilato fuit ovis, non tyrannus. Sic sit et christianus.»

7 Zur Bedeutung des Friedensgedankens bei Erasmus vgl. Friedhelm *Krüger*: Das Engagement des Erasmus für den Frieden, in: Dogma und Politik – Zur politischen Hermeneutik theologischer Aussagen. Mit Beiträgen von H. Feld, G. Kehrer, F. Krüger, J. Nolte, H.-J. Vogt; Mainz 1973, 62–90.

8 Die Zwingli-Zitate dieses Aufsatzes sind grösstenteils der neudeutschen Übersetzung von Zwinglis Schriften durch R. *Christoffel*, Zürich 1845, entnommen.

ein Werbungsverbot durchzusetzen, wollte er auch die Innerschweizer auf die Schäden des Söldnertums hinweisen. Mit einem politisch sehr geschickten Schreiben, «Eine göttliche Vermahnung an die ehrsamen, weisen, ehrenfesten ältesten Eidgenossen zu Schwyz, dass sie sich vor fremden Herren freimachten», bewirkte er auch in der Innerschweiz Sensibilität in dieser Frage. Er machte seinen Eidgenossen deutlich und klar, dass es im Krieg kein Recht, sondern nur Unrecht gibt. Kriegsrecht ist Unrecht auch und erst recht im Söldner-Krieg. So lautet die Höhe seiner Beweisführung gegenüber allem interessegebundenen Reden der Befürworter des Söldnerwesens.[9] Er schliesst diese politisch kluge und glaubensstarke Schrift, geschrieben noch vor den eigentlichen Reformationswirren, mit dem zusammenfassenden Aufruf: «Hüt dich Schwyz vor fremden Herren;/sie brächten dich zu Unehren.»[10]

Aber wenn hier auch der politische Meinungsmacher spricht, der Kämpfer für eine söldnerfreie Eidgenossenschaft, so ist die letzte Motivation dieses Kampfes doch nicht eine politische. Der tiefste, die eigentlichen Motive des Politikers Zwingli aufdeckende Satz der Ermahnungsschrift lautet nämlich: «Krieg fremder Herren und Geld ist eine Schule der Laster und eine Mutter, die im Alter nichts anderes gebiert als verkümmerte Konskienzien, verkümmerte Gewissen.»[11] Seelsorge, Sorge um die belasteten Gewissen, das ist das eigentliche Motiv dieser frühen politischen Zwinglischrift. Seelsorge ist überhaupt, wenn man etwas tiefer gräbt, sein Movens. Man darf, will man Zwingli verstehen, nicht ausser Acht lassen, dass dieser politische Reformator, der sein Reformationswerk mit dem Tod auf dem Schlachtfeld beendete, dessen Reformation für das oberflächliche Betrachten als reine Politik, ja als Gewaltpolitik

---

Vgl. Z I 73,20–23, Zeugenaussagen und Predigtworte zu den Soldverträgen mit dem Ausland, 1521: «Sy tragind billich rote huet und mäntel; denn schütte man sy, so fallind duggaten und kronen herus; winde man sy, so ründt dines suns, bruoders, vatters und guoten fründts bluot herus.»

9 Z I 175f und besonders auch Z I 179,1–7: «Die ander gevarlikeit, die uns der herren und irs kriegens halb zuostat, ist, das daruss nidertruckt würt die gemein gerechtigkeit, als gar ein alt gesprochen wort ist: Leges silent inter arma, das ist: Wo die waffen überhand habent, da muessent die gsatzt still ston und schwygen. Ouch ist das wort ‹kriegsrecht› nüt anderst dann gwalt. Bruch es, wie du wilt, und besinn es, wie du wilt, ist es nüt anderst dann gwalt.»

10 Z I 188.

11 Z I 185.

erscheinen könnte, man darf, sage ich, nicht vergessen, dass Zwingli sein ganzes Werk immer wieder unter das Motto des Christuswortes stellte: «Kommt zu mir, all ihr Geplagten und Beladenen: Ich will euch erquicken.» (Mt 11,28). Ein Christuswort, dessen seelsorgerliche Dichte nicht zu überbieten ist, ist Leit- und Wahlspruch des politischen Reformators Ulrich Zwingli.[12] Wer also bei Zwingli durchstösst durch die raue politische Schale, die sein Wesen auszumachen scheint, der stösst auf einen wundersam weichen und süssen Kern, auf den eigentlichen Zwingli, und der heisst: Sorge um die verkümmerten Gewissen, Hirtendienst.

2. Zwinglis Pfarrerbild

Harte Schale – weicher, süsser Kern, dieses Strukturmerkmal des zwinglischen Werkes und seiner Theologie zeigt sich auch, wenn wir einen kurzen Blick auf sein Bild vom Seelsorger werfen. Zwingli ist der erste Reformator, der sich explizit über das Pfarramt auslässt. 1523, anlässlich der für die Schweizer Reformation entscheidenden zweiten Zürcher Disputation, wo über die Abschaffung der Bilder und über die Messreform debattiert wurde, sah Zwingli den Kairos gekommen, seine Gedanken zum Hirtenamt darzulegen. Die zahlreichen Pfarrer, die an der Disputation teilnahmen, baten ihn auch um eine evangelische Dienstanweisung. Es kann sich hier nicht darum handeln, die ganze Zwinglischrift «Der Hirte» zu analysieren und wertend vorzulegen. Einige Gedanken daraus mögen uns aber Zwinglis Pfarrerbild und damit sein Verständnis von Seelsorge andeuten. Als raue Schale wären zunächst einmal Zwinglis Zertrümmerung des mittelalterlichen Amtsverständnisses und die harte Kritik an der mittelalterlichen Amtspraxis zu bezeichnen. Nachdem er sich ausführlich zum Thema des wahren und falschen Hirten geäussert hat, legt er ein Liste vor, «daran du die falschen Hirten erkennen kannst»[13]. Anhand dieser Liste lässt sich Zwinglis Pfarrerbild gewissermassen aus der Ablehnung knapp und in wesentlichen Zügen zusammenfassen.

---

[12] Seit der frühen reformatorischen Schrift Zwinglis vom April 1522, «Von Erkiesen und Freiheit der Speisen», stehen auf dem Titelblatt fast aller seiner Werke: «Christus Mathei 11 – Kumend zu mir alle die arbeitend und beladen sind und ich wil üch ruow machen. Dess walt Got.» (Z I 81 u. a.).

[13] Z III 59,8.

Punkt 7 lautet: «Diejenigen, die die Namen der Hirten tragen, aber weltlich herrschen, sind die schlimmsten Wölfe»[14], und Punkt 1 verdeutlicht noch: «Alle, die nicht lehren, sind nichts als Wölfe, ob sie schon Hirten und Bischöfe und Könige genannt sind.»[15] Es gehört zur rauen Schale des zwinglischen Pfarrerbildes, dass er, um es darzustellen, das mittelalterliche Amtsverständnis zerschlagen muss. Die mittelalterliche Kirche hatte die Menschen seelsorgerlich in ein System von kirchlich sakramentalen Geborgenheiten eingebettet. Sie appellierte weniger an das Wissen der Gläubigen als an ihr Gefühl, in einem grossen Ganzen eingebettet und gehalten zu sein. Sehr schön hat François Villon (1431–ca. 1463) dieses mittelalterliche fromme Existenzverständnis dargestellt im Gedicht über seine unwissende Mutter, die nicht lesen und nicht schreiben kann, aber in ihrem Leben von den Bildern und dem Kirchenraum geleitet und gehalten wird.[16]

Die Reformation aber konnte das mittelalterliche kirchliche Leben nur als arge Verwechslung von Dienen und Herrschen interpretieren. Anstatt dass der Mensch unterrichtet und zur Mündigkeit geführt wird, wird er (immer nach der Vorstellung der Reformation) von der Kirche gegängelt. Das geschieht, sagt Zwingli, nicht aus Irrtum, sondern aus Interesse. Die mittelalterliche Kirche klagt angesichts der werdenden Reformation: «Wir sehen, dass der ungenähte Rock Christi übel getrennt wird, und die christliche Kirche, welche Christus sich selbst verordnet und mit seinem rosafarbigen Blut gewonnen und erhalten hat, übel zerrüttet wird etc.» Und Zwingli spottet: «Welcher Gläubige möchte nicht weinen, wenn solche Leute den schmerzlichen Tod und das Blut Christi vorhalten? Wenn sie aber ihre Rede zu Ende bringen, siehst du da, ob

---

14 Z III 59,27 f.

15 Z III 59,9–11.

16 François *Villon*: Le Testament, Verse 893–903, aus der «Ballade que Villon feist a la requeste de sa mère pour prier Notre Dame»:
«... Femme je suis pouvrette et ancienne,
qui riens ne scay; oncques lettre ne lus.
Au moustier voy dont suis paroissienne
Paradis paint, ou sont harpes et lus,
Et ung enfer ou dampnez sont boullus:
L'ung me fait paour, l'autre joye et liesse.
La joye avoir me fay, haulte Deesse,
A qui pecheurs doivent tous recourir,
Comblez de foy, sans fainte ne paresse:
En ceste foy je vueil vivre et mourir ...»

Christus oder ob die Geldkisten ihnen am Herzen liegen, denn das Ende lautet gewöhnlich so: Man (also die Reformation) will nichts mehr auf die Satzungen der Väter halten (daraus haben sie die Pfrundlehen, Pensionen, jährlichen Kirchgelder, Bauschätze und die jämmerliche Gewalt ihrer Rechte).»[17] Zwingli bringt gerade diese versteckten Interessen der mittelalterlichen Seelsorgepraxis in seiner Liste zur Sprache. Er thematisiert sie und hebt sie so ins Licht des Bewusstseins.

Punkt 8 lautet: «Diejenigen, welche Reichtümer zusammenlegen, Sack, Tasche, Speicher und Keller füllen, sind wahre Raubwölfe. Diejenigen, welche die Armen nicht achten, sondern sie drücken und beschweren lassen, sind falsche Hirten.»[18] Die Reformation Zwinglis kennt den Unterschied von seelischer und ökonomischer Situation des Menschen nicht. Sie geht den Menschen als Ganzen, also auch den Menschen mit seiner Magenfrage an. Darum hat die reformatorische Seelsorge einen ersten Schwerpunkt in der Armenpflege. Reformatorische Theologie ist Theologie der Armut, oder sie ist nicht reformatorische Theologie. Darum ist der reformatorische Pfarrer stets Seelsorger, Soziologe und Sozialarbeiter in einem. Das hat die Reformation zuerst mit Zwinglis Hirtenschrift deutlich auf den Leuchter gestellt. Entweder ist der Pfarrer sozial (religiös-sozial möchte man fast sagen, wenn das nicht ein Anachronismus wäre), oder er ist nicht ein reformatorischer Pfarrer und verfällt der Zwinglikritik vom Wolf im Schafspelz.

Es wird heute niemand ernstlich bestreiten, dass die mittelalterliche Kirche zur Zeit der aufkommenden Massenarmut und der aufkeimenden Kriminalisierung der Armen im 15. und 16. Jahrhundert an diesem Punkt besonders sündigte, die Armen vergass und ihre bauliche Selbstdarstellung pflegte. Calvin wird fünfzehn Jahre nach Zwingli die reformatorische Kritik am seelsorgerlichen Versagen der spätmittelalterlichen Kirche, besonders ihrer hohen Prälaten, auf die prägnante Formel bringen: «Sie sagen, Seelen erbauen, bauen aber vor allem Paläste.»[19] Es ist aber auch klar, dass diese Mahnung an die Seelsorger nicht zeitlich und konfessionell beschränkt ist, sondern überkonfessionell und stets aktuell bleibt.

Die zwinglische Pfarrerkritik geht aber noch tiefer. Er kritisiert nicht nur die soziale Insensibilität des Klerus, sondern auch deren tieferen, näm-

[17] Z III 45,19–46,3.
[18] Z III 59,29–60,2.
[19] Calvini Opera (CO) 6,598: «… et, comme i'ay dit, s'edifient des maisons pour l'aisance et commodité de leurs corps, au lieu d'edifier l'eglise de Dieu.»

lich politischen Grund. «Diejenigen, welche wohl lehren, [...] aber die grössten Ärgernisgeber, die Häupter, nicht anrühren, sondern ihre Tyrannei wachsen lassen, sind schmeichelnde Wölfe und Verräter des Volkes.»[20] Hier wird der Seelsorger zum Politiker. Der Seelsorger verfehlt sein Amt, wenn sein Lehren, seine Schriftauslegung, nicht diese aktuelle herrschaftskritische Dimension aufweist. Die Armut, die ja der Seelsorge besonders empfohlen ist, ist kein Naturzustand, sie ist vielmehr Produkt und Resultat ganz bestimmter Besitz- und Herrschaftsverhältnisse. Wo der Seelsorger diesen politischen Schritt der Herrschaftskritik nicht tut, da zementiert seine fromme Seelsorge die herrschende Ungerechtigkeit, und da wandelt sich sein Hirtentum in Wolfsart und Verrat am Volk. Ist also die Postulierung des politischen Seelsorgers die Quintessenz und tiefste Aussage von Zwinglis Pfarrerbild? Nein, gewiss gehört diese Dimension, dieses garstige politische Lied, zur rauen Schale, zum Augenfälligen an Zwinglis Pfarrerbild. Die Liste seiner Pfarrerkritik, und so spiegelbildlich seine Pfarrervorstellung, steht aber unter einem letzten Verschluss:

Punkt 9: «Dabei ist leicht zu verstehen, dass alle die falsche Hirten sind, die vom Schöpfer abführen und auf die Kreatur hinlenken.»[21] Dass die Kirche ihren Dienstauftrag verfälscht, zum Herrschaftsauftrag umbiegt und so asozial, systemkonform und zum Hirtendienst unfähig wird, das kommt nicht von ungefähr und ist kein Betriebsunfall. Zwingli sieht im Sakramentalismus des Mittelalters, also in der mittelalterlichen Verdinglichung des Heiligen, eine fatale Verwechslung. An Stelle Gottes des Schöpfers, an Stelle des *creators* tritt die *creatura*. Die Ehre, die dem Schöpfer zukommt, wenn der Mensch richtig leben und atmen will, wird auf das Geschöpf gebogen, und aus dieser Verkehrung kommt dann der ganze Zerfall. Krieg statt Frieden heisst jetzt der Normalzustand. Der Sozialkörper zerfällt: Eigennutz tritt an Stelle des gemeinen Nutzens. Die Kirche zerfällt: Statt Dienst an Mensch und Gott leistet sie im Geheimen oder sogar unverschämt offen der Herrschaft des Bauches und des Mammons Vorschub.[22] Zwingli steht mit dieser Formel der Verwechslung von Schöpfer und Geschöpf gewissermassen in einer eigenständigen Weiterführung zentraler Gedanken Augustins. Augustin hat bekanntlich die Sünde des Menschen beschrieben und als falsche Ausrichtung der Liebe bestimmt.

[20] Z III 59,18–21.
[21] Z III 60,3 f.
[22] Vgl. oben Anm. 17.

Statt auf Gott richtet sich die Liebe auf das Selbst des Menschen zurück.[23] An Stelle des ruhig, glücklich und frei machenden *amor dei* tritt der unfrei machende, zerstörerische *amor sui*, die Selbstliebe an Stelle der Gottesliebe. Zwinglis Formel ist eine erhellende Weiterführung dieser psychologischen Vorstellungen und Sachverhalte hinein in Dimensionen des Sozialen und Politischen, ja des Kosmischen: «Alle die sind falsche Hirten, die vom Schöpfer abführen und auf die Kreatur hinlenken.» Mit diesen Zügen ist Zwinglis Pfarrerbild umschrieben, negativ als Kritik am mittelalterlichen Amtsverständnis und zugleich positiv: der Pfarrer als Hirt der Armen, als Kämpfer gegen Unterdrückung und Tyrannei der Mächtigen und endlich als Kämpfer für die Ehre Gottes. So unabdinglich das nun alles zu Zwinglis Pfarrerbild gehört, es ist doch noch nicht der Kern der Sache, nicht der Kern der Seelsorge, sondern deren Schale. Auf den Einwand, dieses raue Pfarrerideal, der Pfarrer als Kämpfer sogar gegen die Tyrannei der Mächtigen, führe ja den Hirten stracks ins Martyrium, antwortet Zwingli kurz und entschieden: Ja, diese Moglichkeit liegt auf der Hand, aber nicht einmal der Tod kann dem wahren Hirten und Seelsorger etwas anhaben, weil er in Gottes Liebe steht, die erschienen ist in Jesus Christus. Und nun erst umschreibt Zwingli den Kern und Stern der Seelsorge, nämlich die Liebe, Gottes Liebe, die in der Übernahme des Hirtendienstes Jesu Christi durch die Seelsorger weitergeht und weiterfliesst auf die Gemeinde: «Darum ist die Liebe notwendig, dass alle Dinge nach ihr gerichtet und gemessen werden. Denn der Zimmermann sieht nicht so grad mit dem Auge, sodass er nicht ein Richtscheit nötig hätte. So ist auch alle Tapferkeit, Kunst und Glaube unnütz, sie werde denn nach der Liebe gerichtet. [...] So soll der Hirte Gottes alle Dinge aus Liebe tun, die Schafe Gottes zu mehren und zu stärken; bald soll er sanft, dann hart sein, je nachdem die Schafe es erfordern und Gott es haben will. Kurz: Wo die Liebe ist, da trifft sie das Rechte, da geht man nimmer müssig, man vermehrt fort und fort die Ehre Gottes und vermag dabei alle Dinge zu dulden, denn ohne die Liebe fällt der Mensch leicht in Hochmut, ja, wo die Liebe Gottes nicht ist, da ist alles nur Hochmut.»[24] Das ist der süsse Kern, die wahre Seelsorge, die Liebe, sie allein trifft das Rechte, seelsorgerlich, sozial und politisch.

---

[23] «Fecerunt itaque civitates duas amores duo, terrenam scilicet amor sui usque ad contemptum Dei, caelestam vero amor Dei usque ad contemptum sui» (*Augustin*, De civ. Dei, 14, 28/CSEL 40, 56.30–57,1).

[24] Z III 41,3–7; 19–26.

Man könnte hier schliessen mit dem Hinweis, dass damit alles zum Thema Seelsorge und Politik bei Zwingli gesagt ist. Man könnte schliessen mit der einprägsamen Augustin-Formel, in deren Tradition Zwingli wiederum steht: «Ama et fac, quod vis.» (Liebe und tue, was du willst).[25] Dennoch ist es nicht ratsam, hier abzubrechen, denn auch die Liebe, sobald sie zum menschlichen Handeln geworden ist, ist wie alles Menschliche der Erprobung und der Interpretation bedürftig. Zwingli hat in engstem Zusammenhang mit der Hirtenschrift einen seiner besten reformatorischen Traktate verfasst. Er trägt die Überschrift: «Von göttlicher und menschlicher Gerechtigkeit» und liest sich wie ein Kommentar zu seinem Pfarrerbild, gewissermassen wie eine sozialethische und politische Interpretation seines seelsorgerlichen Kernsatzes: «Wo die Liebe ist, da trifft sie das Rechte.»

3. Seelsorge zuvor: die göttliche Gerechtigkeit

Wer von Luthers Zwinglibild ausgeht, erwartet von einer sozialethischen Zwinglischrift genaue Angaben, wie Politik ‹christlich› gestaltet werden soll, und von der Seelsorge etwas moralische Weisung. Für das traditionelle Zwinglibild in Deutschland ist ja Zwingli entweder ein Humanist, der noch nicht ganz zur Reformation und ihrem radikalen Verständnis menschlicher Unzulänglichkeit vor Gott durchgedrungen ist, oder eben sogar ein Schwärmer, der den reformatorischen Ansatz gesetzlich verfälscht und so das Evangelium veräusserlicht hat.[26] Aber gerade Zwinglis sozialpolitische Hauptschrift «Von göttlicher und menschlicher Gerechtigkeit» belehrt uns eines Besseren. So gut wie die übrigen Reformatoren weiss Zwingli um den unendlichen Abstand zwischen Gott und Mensch. Auch er hat die ersten Kapitel des Römerbriefes und überhaupt Botschaft und Theologie des Paulus zur Kenntnis genommen und weiss, dass der Mensch vor Gott nichts zu rühmen hat.[27] Denn die Gerechtigkeit Gottes

---

[25] *Augustin,* zu Ev. Joh 7,8, wörtlich: «Dilige et quod vis fac!»

[26] Vgl. oben Anm. 6.

[27] Eine genaue Pauluslektüre Zwinglis ist schon für das Jahr 1516 belegbar. Diese Hinwendung zu Paulus ist natürlich mit Zwinglis reformatorischer Wende nicht identisch, gehört aber in deren Zusammenhang und ist im Übrigen im Kontext eines erstarkenden Paulinismus vor der Reformation anzusiedeln; vgl. dazu Alexandre *Ganoczy* und Stefan *Scheld*: «Die Wiedergeburt des

ist ja kein abstrakter Begriff, sondern «ein verzehrend Feuer, bei dem niemand wohnen kann, der irgendetwas an sich hat, das der Natur des Feuers zuwider ist»[28]. Die Gerechtigkeit Gottes ist also nicht ein bisschen moralische Aufrüstung und Wohlanständigkeit, nicht ein bisschen Nettsein zueinander, sondern Liebe, «Liebe bis zuletzt» (Joh 13,1), Liebe der Bergpredigt! Nun weiss Zwingli so gut wie Luther, dass diese Gerechtigkeit nur geschenkte Gerechtigkeit sein kann und diese Liebe schlicht das bare Wunder ist. Die erste Aufgabe des Seelsorgers, des Hirten, ist es darum, diese Gerechtigkeit zu predigen, von diesem Geschenk zu reden, dem Menschen das Evangelium zu verkünden. Zwingli setzt als guter Seelsorger in allen seinen Schriften das Evangelium an die Spitze, auch hier. Der Mensch, auf sich gesehen, muss an der Forderung Gottes zerbrechen, vergehen, verbrennen. «Aber diesen unseren Jammer und unsere Ohnmacht hat Gott gesehen und aus Erbarmen darüber ein Mittel gefunden, durch welches seine Gerechtigkeit durch uns versöhnt werde, damit wir bei ihm wohnen mögen: Er hat seinen Sohn Mensch werden lassen, indem derselbe von der reinen Jungfrau Maria durch den Heiligen Geist ohne Sünde empfangen war, damit sein Herz, welches ohne alle Sünde und Anfechtung war (denn er wurde nicht wie wir in Sünden empfangen, Ps 51,7), allenthalben rein wäre; denn da er, der unschuldig war, für uns schuldige Sünder den Tod erlitten, tat er für uns der so schönen Gerechtigkeit Gottes genüge, da ihr sonst kein Mensch genugtun kann; und so hat er für uns verdient, dass wir zu Gott kommen können aus seiner freien Gnade und Gabe. Wer solches hört und fest daran glaubt, der wird selig.»[29] Gott selbst hat dafür gesorgt, dass unser Inneres, unsere Seele, nicht umkomme. Sein Evangelium steht da. Es ist stark genug, auch unseren schwersten ‹Prästen›, unsere Krankheit zum Tod, zu heilen. Und so lebt unser innere Mensch, ob wir gleich in Schuld und Not sterben. Das ist der genuin reformatorische Glaubensjubel, von Zwingli angestimmt, so gut wie von Luther und Calvin; der süsse Kern auch der Theologie Zwinglis: die Rechtfertigung des Sünders, die

Paulinismus im europäischen Humanismus», in: Die Hermeneutik Calvins – Geistesgeschichtliche Voraussetzungen und Grundzüge (VIEG 114), Wiesbaden 1983, 22–48.

[28] Z II 476,18–21: «Denn got ist ein ewig verzerend fhür [Feuer], by dem nieman wonen mag, der ützid [etwas] an im hat, das dem fhür ungezäm [unbezwingbar] oder wider ist; sunder was by im wonen wil, muoss heilig unnd fromm und luter und rein sin, als ouch er ist.»

[29] Z II 477,28–478,5.

Sündenvergebung, die Seelsorge, die umfassende und integrale Hilfe, mit der die Reformation steht und fällt: «Kommt her zu mir, die ihr mühsam und beladen seid – die ihr leidet an euren, an der Welt und aller Kreatur Grenzen und Enge –, ich will euch Ruhe geben!»

Nun ist aber dieser Ruf nicht ein Theologumenon Zwinglis, nicht das Wort eines Reformators, sondern der Ruf, die Frohbotschaft Jesu Christi, das Wort Gottes. Dieses Wort ist *verbum efficax* (wirksames Wort). Es bewirkt, was es sagt, es schenkt, was es fordert. Und da tut sich nun doch ein Unterschied zu Luther kund.[30] Wenn Luther in einer Konzentration ohnegleichen auf die göttliche Gerechtigkeit schaut und so auf die wunderbare Rechtfertigung des inneren Menschen und in allem Blicken nach aussen Schwärmerei wittert, Veräusserlichung des Evangeliums, so unterstreicht Zwingli das *verbum efficax*, das gefüllte Wortgeschehen, und betont göttliche, rechtfertigende und darum auch menschliche, geschenkte Gerechtigkeit: «Von göttlicher und menschlicher gerechtigkeit, wie sie zemen sehind und standind.»[31] In einem theologisch ungemein gefüllten und interessanten Abschnitt zu Beginn seiner Gerechtigkeitsschrift entwickelt Zwingli diese, auf den Menschen sich auswirkende, ihn anspornende und mitnehmende göttliche Gerechtigkeit als das Geheimnis der Ethik: «Und ob du verzweifeln musst an dem, was Gott von dir fordert, dass du demselben nicht nachkommen mögest, so sollst du doch nicht an dem verzweifeln, der alle unsere Mühseligkeiten und [...] Gebrechen bezahlt, getragen und gebüsst hat; sondern du erlernst aus dem Worte des göttlichen Gesetzes, welch ein hohes Gut Gott sei; denn er ist selbst die Frömmigkeit, die er uns vorschreibt, und hält sich stets nach seinem Gebote. Er ist nicht den Tyrannen gleich, die wohl viel Gesetze vorschreiben, aber selbst diese nicht halten, was Christus auch von den Pharisäern und Schriftgelehrten der Juden schalt (Lk 11,46). Und so wirst du demnach fort und fort streben, dich dem göttlichen Willen immer gleichförmiger zu gestalten, bis du zum vollkommenen Manne herangewachsen bist, nach

[30] Zur Frage des Verhältnisses von Luther und Zwingli im Blick auf den reformatorischen Ansatz von beiden vgl. die sehr dichten und gehaltvollen Aussagen von Gottfried W. *Locher*, a. a. O. 89 f.

[31] Eine knappe und luzide Darstellung von Zwinglis Ethik besonders nach dessen Traktat «Von göttlicher und menschlicher Gerechtigkeit» 1523 bietet Arthur *Rich* in seinem Vortrag vom 22.1.1969 zur Feier «450 Jahre Züricher Reformation», «Zwingli als sozialpolitischer Denker», in: Zwingliana 13/1, 1969, 67–89.

dem Vollmasse Christi (Eph 4,13), und wirst nie wähnen, genug getan zu haben, dagegen wirst du deine Zuversicht unverwandt auf Gott setzen und was du auch Gutes wirkest, nicht dir, sondern Gott zuschreiben.»[32] Es gibt jetzt schon in diesem Äon den guten Kampf des Glaubens, in dem sich im Leben des Menschen die göttliche Gerechtigkeit positiv auswirkt. Ja, mehr und mehr wird die göttliche zur menschlichen Gerechtigkeit. Aber das ist und bleibt keine individuelle Sache, sondern der wahre Glaube drängt zur äusseren und so politischen Konkretion. Seelsorge bekommt eine eminent politische Dimension, oder wie es Zwingli einmal in einem Brief an einen von Luthers Konzentration auf den inneren Menschen beeindruckten Freund schrieb: «Regnum Christi etiam externum»[33], das Reich, die Sache Christi, hat auch äussere Konsequenzen. In diesem Brief an Blarer in Konstanz meint dieses betonte *etiam*, diese göttliche und menschliche Gerechtigkeit, eine Korrektur an einer rein statisch verstandenen und gehandhabten Zwei-Reiche-Lehre im Einflussbereich Luthers. Das *etiam externum* bei Zwingli meint aber nicht eine Veräusserlichung des Evangeliums, sondern sagt, dass Christi Reich nicht nur in den Herzen, sondern auch in der Welt seine Wirkung haben will. Man begreift eigentlich, dass konservative Kräfte in der damaligen Eidgenossenschaft in Zwinglis Konzept einer in die Welt hinein wirkenden göttlichen Gerechtigkeit Revolution witterten und so den herrschenden Kreisen vor Zwingli Angst machen wollten. Nicht ohne Grund und Anlass, denn auf Zwinglis Predigt hin kommt es auf dem platten Land zu Weigerungen der Bauern, die riesigen Zinslasten an Adel und Herrschaft in der Stadt abzuführen. Krasse Unterschiede zwischen reich und arm, wie sie am Ausgang des Mittelalters sich entwickelt hatten, können nicht der göttlichen Gerechtigkeit entsprechen. Im Urzustand der Gottesebenbildlichkeit, unter der göttlichen Gerechtigkeit, «als Adam grub und Eva spann – wo war denn da der Edelmann?» Oder wie sagte es doch Zwinglis Hirt: «Diejenigen, welche wohl lehren, und zwar das Wort Gottes lehren, aber die grössten Ärgernisgeber, die Häupter (weltliche Herrschaften), nicht anrühren, sondern ihre Tyrannei wachsen lassen, sind schmeichelnde Wölfe und Verräter des Volkes.»[34]

---

32 Z II 478,30–479,12.

33 Vgl. die Übersetzung und vorzügliche Kommentierung dieses Briefes durch Hans Rudolf *Lavater*: «Regnum Christi etiam externum – Huldrych Zwinglis Brief vom 4. Mai 1528 an Ambrosius Blarer in Konstanz», in: Zwingliana 15/5, 1981, 338–381.

34 Vgl. oben Anm. 20.

Zwinglis Konzeption der auf die Welt und den Menschen einwirkenden göttlichen ‹schönen› Gerechtigkeit hat heute über den politischen Bereich hinaus auch noch – man möchte das fast prophetisch nennen – einen ökologischen Aspekt. Zwingli nennt die göttliche Gerechtigkeit oft auch die ‹schöne› Gerechtigkeit. Er arbeitet also mit ästhetischen Kategorien. «Die göttliche Gerechtigkeit ist so lauter und schön an ihr selbst, wie sie uns zu sein auffordert.»[35] Schönheit ist die Gabe Gottes an den Menschen in der unzerstörten Natur. So verstanden hat Schönheit eine seelsorgerliche Dimension. Eine verbetonierte Welt aber ist nicht mehr schön. Ein sterbender Wald hat nichts Seelsorgerliches. Wohl aber wirkt seelsorgerlich auf den Menschen eine schöne Wiese, eine Blume, ein gesunder Baum und eine unverschandelte Landschaft. «Die göttliche Gerechtigkeit ist so lauter und schön an ihr selbst.» Ich meine, das dürfte heute ein Satz sein, nicht nur von politischer, sondern auch von ökologischer und damit seelsorgerlicher Relevanz. Es ist ja höchste Zeit, dass wir merken, wie unsere Seele nicht nur, aber auch und zudem noch integral von der schönen Gerechtigkeit, von der Schönheit, vom Gottesgeschenk einer schönen Natur und Schöpfung lebt.

Zurück zu Zwinglis Gerechtigkeitskonzept und so zu seinem Verständnis von Seelsorge und Politik. An zwei Beispielen soll nun abschliessend illustriert werden, wie Zwingli neben der schönen göttlichen Gerechtigkeit die arme menschliche Gerechtigkeit versteht und handhabt.

4. Menschliche Gerechtigkeit am Beispiel von Zins und Eigentum

Die klare und radikale Forderung der göttlichen Gerechtigkeit heisst: Liebe Gott und den Nächsten! Für Luther hat das die sozialethische Konsequenz, dass der Mensch seinem Nächsten mit seinem Eigentum zu helfen habe.[36] Zwingli denkt hier radikaler: Die göttliche Gerechtigkeit hebt das Eigentum auf, mehr noch, sie hat es nie gewollt. Im Lichte der göttlichen Gerechtigkeit kann es zur Eigentumsfrage nur heissen: ‹Omnia sunt communia› (Alles ist gemeinsam). Die Bauern und die Herren seiner

[35] Z II 149,18 f.

[36] Zur Frage des Eigentums bei Luther vgl. Gottfried W. *Locher*: «Luther. Die Heilsgewissheit des Christen und sein Eigentum», in: Der Eigentumsbegriff als Problem der evangelischen Theologie (SDGSTH 5), Zürich 1962, 21–28.

Zeit hatten Zwingli darin recht verstanden: Seine Reformation ist ein Angriff auf die Eigentumsordnung seiner Zeit und ist bis heute ein Nein zur Wirtschaftsordnung, die auf Eigentum und Zins beruht, geblieben: «Christus nennt mit Recht den Reichtum ungerecht, erstens, weil wir das zu unserem Eigentum erklären, was allein Gottes ist, sodann, weil wir dasjenige, was Gottes ist und uns zur Verwaltung anvertraut worden, nicht nach seinem Willen gebrauchen. So sind auch alle Zinsen ungöttlich.»[37] Solche Zwinglisätze ergeben eine ständige Unruhe in einer allzu gemütlichen christlichen Hinnahme des Status quo von reich und arm. Dennoch ist Zwingli den sozialrevolutionären Tendenzen seiner Zeit, gehegt von Bauern und Täufern, nicht gefolgt, sondern er ist ihnen entgegengetreten. Zwingli weiss genau, dass ja in der Heiligen Schrift auch das Gebot steht: «Du sollst nicht stehlen!», und das setzt Eigentum voraus. Hier setzt nun Zwinglis Lehre von der menschlichen Gerechtigkeit an. Wer in der faktisch vorliegenden Welt des Eigentums, der Gewalt und der Sünde nur mit der göttlichen Gerechtigkeit argumentieren und leben will, der verkennt, dass diese uns entgangen ist. Nicht entgangen ist uns in der Gnade Gottes die menschliche Gerechtigkeit, die Gabe des Rechtes, der Gebote: Du sollst nicht stehlen, nicht lügen, nicht töten usw.! Der Christ als Bürger wird nun allen Fleiss darauf verwenden, dass diese Gebote im Schwange bleiben und ihnen Nachachtung verschafft wird. Nicht weil er damit Gott gefallen könnte und an seine Heiligkeit herankäme, sondern damit in dieser Welt das Chaos nicht ausbreche. Die menschliche Gerechtigkeit ist somit, gemessen an der göttlichen, eine vorläufige und begrenzte Sache. Kein schönes, sondern ein hartes Ding, eine arme Gerechtigkeit, wie Zwingli immer wieder betont, aber eine Hilfe, letztlich eine Hilfe Gottes zum Leben in der gefallenen Welt. «Denn sollte uns die arme menschliche Gerechtigkeit erst auch entgehen, wie uns die göttliche entgangen ist, so wäre menschliche Gesellschaft nüt anders denn die Leben der unvernünftigen Tiere. Welcher stärker dem wäger!»[38] Macht träte an die Stelle von Recht. Für die Gesellschaft bedeutete das den Ausbruch eines schrankenlosen Sozialdarwinismus.

Darum sagt Zwingli, entgegen dem radikalen Flügel der Reformation, nun doch Ja zu Eigentum und Zins. Man hat das immer wieder als opportunistische Kompromissbereitschaft deuten wollen. Im Grunde vertrete

[37] Z II 515,28–516,4.

[38] Z II 488,1–4. «Welcher stärker dem wäger!» (Der Stärkere setzt sich durch!)

Zwingli doch eine Zwei-Reiche-Lehre und gestehe so dem ökonomischen und politischen Komplex eine Eigengesetzlichkeit zu. Die Täufer waren beispielsweise damit nicht einverstanden, dass Zwingli der Obrigkeit das letzte Wort bei der Abschaffung der Messe in Zürich überliess. Diese gottesdienstliche und theologische Zentralfrage sei doch eine Sache des göttlichen und nicht des menschlichen Rechtes. Für die Täufer, die einstigen Schüler und Genossen Zwinglis, gab es da nur ein Entweder-oder, entweder göttliches oder menschliches Recht. Aber so ist Zwingli falsch verstanden. Sein Votum zur Zinsfrage zeigt das deutlich. Er sagt Ja zu Zins und Eigentum, aber nicht unbeschränkt Ja. Wo Zins zur Ausbeutung umschlägt und so zu krassem Unrecht, da ruft er: Nein!; da mahnt er zur sozialen Vernunft, denn diese ist eine Funktion der menschlichen Gerechtigkeit, die es auf alle Fälle zu beachten gilt: «Aber die Obrigkeit soll mit allem Ernste dem Missbrauch mit den Zinsen vorbauen. Hierbei möchte ich einen Rat erteilen; und zwar rate ich hier wie ein Mensch, wie auch Paulus solches den Korinthern tat (1Kor 7,12). Soll ich das Wort Gottes lehren, so spreche ich, ihr sollt leihen, ohne etwas dafür zu hoffen. Da ich aber hier sehe, dass wir die Vollkommenheit der göttlichen Gerechtigkeit nicht kosten wollen, sorge ich, dass alle, welche Zinsen besitzen, die Summen des Gutes, darauf der Zins haftet, schätzen lassen und alsdann nach dem Massstabe des geliehenen Geldes einen Teil der Früchte nehmen. Sonst besorge ich sehr, dass sich viele Menschen mit der Zinsnahme mehr versündigen, als was mit der menschlichen Schwachheit entschuldigt werden könnte. Ja ich fürchte, dass sie mit vorbedachter Bosheit ihres Herzens sich dabei so habsüchtig benehmen, dass sie mit vollem Rechte vor Gott Schelmen gescholten werden.»[39] Die Alternative, Zins oder kein Zins, ist also falsch wie die Alternative, göttliche oder menschliche Gerechtigkeit. In dieser gefallenen Welt heisst der Weg verantwortbarer Sozialethik: göttliche *und* menschliche Gerechtigkeit, wobei der menschlichen Gerechtigkeit durch die göttliche ständig Richtung und Tendenz angegeben werden muss. Darum ist die Predigt der göttlichen Gerechtigkeit ständig nötig auch im Bereiche der menschlichen Gerechtigkeit. Staat und Gesellschaft und so der Bereich der menschlichen Gerechtigkeit leben von der göttlichen Gerechtigkeit, so wie der Erdboden vom herabfallenden Regen allein lebt und fruchtbar wird. «Denn das Wort Gottes will durchaus offenbar werden. Wie Schnee und Regen vom Himmel fällt, die Erde

[39] Z II 518,3–14.

tränkt und fruchtbar macht, dass sie sprosset: so verhält es sich mit dem Worte Gottes (Jes 55,10f). Es bleibt nicht ohne Wirkung. Darum soll keine Obrigkeit sich unterfangen, wider das Wort Gottes zu kämpfen, wenngleich daraus offenbar wird, wie arm und elend ihre Gerechtigkeit sei; sie sind Menschen und haben das Gebrechen der menschlichen Ohnmacht mit allen Menschen gemein; darum sollen sie hören, was Gott von ihnen und allen Menschen fordert, damit sich niemand mit armer menschlicher Gerechtigkeit begnüge und dadurch vor Gott verdammt werde.»[40]

Zwingli geht allerdings in der Erörterung des Eigentums und des Zinses noch einen Schritt weiter und verlässt die sozialethisch-politische Dimension der menschlichen Gerechtigkeit. Er verlässt letztlich das Feld vernünftiger theologischer Debatte und Beweisführung und betritt wiederum den Boden der Seelsorge. Der Rekurs der radikalen Zwingli-Schüler vor der Eigentumsfrage auf die göttliche Gerechtigkeit ist ja insofern kurzschlüssig, als diese Leute nicht sehen wollen, dass auch sie in diesem vergehenden Äon noch von Fesseln gebunden sind. Sie unterschätzen die Tücke des Mammons, der Reiche *und* Arme, Welt- *und* Christenmenschen knutet. Zwingli weiss um diese Fessel.[41] Darum durchzieht ein Hauch von Bussfertigkeit seine sozialpolitischen Schriften. Sein tiefstes Wort zur Eigentums- und Zinsfrage in seiner Gerechtigkeitsschrift trägt denn auch ausgesprochen seelsorgerlichen Charakter: «Darum (nun rede ich Gottes Wort) sorge niemand zu sehr, wie er sein Leben fortbringen wolle. Gott speist die Raben und andere Vögel, die nichts sammeln oder Vorräte machen, er bekleidet die Blumen des Feldes. Wie viel mehr sind wir in den Augen des Herrn wert? Getrost, er wird auch uns und unsere Kinder speisen. Die grossen Missbräuche stammen alle aus dem Unglauben und aus der Unkenntnis Gottes. Dieser wolle alle Menschen erleuchten, dass sie ihn erkennen und ihn über alles lieben; alsdann wird dieses Gebrechen aus der menschlichen Gesellschaft ohne irgendeine Störung verschwinden. Amen.»[42]

[40] Z II 495,9–18.
[41] Vgl. Z II 485,5: «Wir sind vor got alle schelmen.»
[42] Z II 518,15–23.

5. Zwingli und die Gewalt

Zwinglis Votum zur menschlichen Gerechtigkeit in der Zinsfrage überzeugt. Es trifft uns auch heute noch so vollmächtig, wie uns sonst nur das Neue Testament trifft, richtet und aufrichtet, etwa wenn wir hören: «All eure Sorge werft auf ihn [Gott], denn er kümmert sich um euch» (1Petr 5,7). Haben uns auch heute sein Votum zur Friedensfrage, seine Stellungnahme zur und sein Umgang mit der Gewalt im Bereiche der menschlichen Gerechtigkeit etwas zu sagen? Wie ist sein Tod auf dem Schlachtfeld zu deuten und zu verstehen?

Im Zweiten Kappeler Krieg war Zürich der angegriffene Teil.[43] Nach dem Überraschungsangriff der Innerschweizer manövrierte die militärische Führung der Zürcher so ungeschickt, dass der Sieg den Innerschweizern leicht zufiel. Diese waren aber nicht imstande, ihren billigen Sieg zu Ungunsten der Reformation in der Schweiz voll auszuwerten. So kam es bald nach der Schlacht zu einem für beide Teile annehmbaren Frieden; und es wurde die Schlacht, in der Zwingli fiel, politisch zur Episode. Dennoch wirft sie Fragen auf, die für das Verständnis der Theologie Zwinglis und der reformatorischen Ethik überhaupt von grosser Bedeutung sind. Hat Zwingli, am Krieg teilnehmend, ihn in der ersten Phase sogar fördernd, die göttliche Gerechtigkeit zugunsten der menschlichen verraten, und ist er so letztlich an und in seinem Hirtenamt gescheitert?

Wir erinnern nochmals an Zwinglis frühe humanistisch-pazifistische Predigt, an seine starken und wirksamen Worte gegen die Reislauferei. In diesem Pazifismus spiegelt sich das Proprium der schweizerischen Reformation. Es verschmolzen sich in ihr eine religiöse und eine soziale Dimension zu einer unauflösbaren Einheit. Anhand des Reislaufens und seiner Hintergründe und Hintermänner erkannte Zwingli mehr und mehr den militärisch-politisch-sozial-kirchlichen Komplex, der die Substanz der alten Eidgenossenschaft krebsartig zerfrass. Diesen attackierte er mit prophetischer Leidenschaft, um den Kriegs- und Geldgeist der alten Welt zu sprengen und so den armen Leuten zu helfen, damit sie nicht mehr auf der Schlachtbank der grossen Weltpolitik geopfert würden für die Interessen

[43] Zum Zweiten Kappeler Krieg vgl. die umfassende Monografie von Helmut *Meyer*: Der Zweite Kappeler Krieg. Die Krise der Schweizerischen Reformation, Zürich 1976, und Gottfried W. *Locher*, a.a.O. (vgl. oben Anm. 5) 502–553, Kap. XIX: «Kampf, Krise, Katastrophe und Bestand».

Weniger. Dazu brauchte es den Geist des Evangeliums. Das war Zwinglis Einsicht und Überzeugung. Das Evangelium muss wiedergeboren werden, wenn die Welt sich ändern soll. Und wo es wieder geboren wird, da ändert sich auch die Welt: «Renascente enim euangelio non pauca signa dantur immutandi orbis.»[44] Darum verlangt Zwingli die freie Predigt des Evangeliums in der ganzen Eidgenossenschaft. Anders kann sie nicht genesen. Zwinglis spätere Kriegsbereitschaft ist also nicht prinzipieller Art, sondern sie ist differenziert zu sehen. Dasselbe gilt von seinem frühen Pazifismus erasmisch-humanistischer Prägung. Hier handelte es sich um die Freude am Krieg, die gewisse Könige damals an den Tag legten. Dazu kann Zwingli, der diese Dinge mit eigenen Augen gesehen hatte, nur Nein sagen. Was diese Mächte treiben, ist gegen göttliche und menschliche Gerechtigkeit, und so zerstört Solddienst in seinem Gefolge nicht nur den Leib, sondern auch die Seele.[45]

Die Kappeler Kriege aber sind Bürgerkriege, von Zürich aus gesehen jedoch blosse Polizeiaktionen: Zwingli will den Untertanen in der Innerschweiz grössere religiöse Freiheit von der Herrschaft der alten Kirche und der sie finanziell stützenden Kreise bringen durch die Ermöglichung der freien evangelischen Predigt. Sie sollte Anstösse liefern zur sozialen und wirtschaftlichen Veränderung und Gesundung des Landes.[46] Hier geht es ihm nicht um die schöne, sondern um die arme menschliche Gerechtigkeit. Es ist nicht von ungefähr, dass ein bekannter innerschweizerischer Söldnerführer ihm den Todesstreich gab.[47] Wir könnten es zugespitzt und paradox so sagen: Zwingli ist gefallen mit dem Schwert in der Hand, als Krieger gegen den Krieg, als Märtyrer gegen den Kriegsgeist und die Kriegsideologie der alten Eidgenossenschaft, als Zeuge der armen menschlichen Gerechtigkeit.

---

44 Z XIV 425,1 f.

45 Vgl. oben Anm. 11.

46 Vgl. Z III 113,16f: «Darumb losend dem gotzwort [hört auf das Wort Gottes]; denn das wirt üch allein widerumb ze recht bringen.» (Eine treue und ernstliche Vermahnung an die Eidgenossen, 2. Mai 1524).

47 Vgl. dazu Gottfried W. *Locher*, a. a. O. (vgl. Anm. 5), 533; Das ganze lochersche Werk und besonders diese Ausführungen zu Zwinglis Politik und ihrem Scheitern auf dem Schlachtfeld zu Kappel zeichnen sich aus durch eine überzeugende theologische und historische Urteilskraft, aber auch durch ein tiefes Mitgehen und eine existenzielle Betroffenheit vom Gang der schweizerischen Reformationsgeschichte.

Seine Teilnahme am Kappeler Krieg macht ihn also keineswegs zum Kirchenvater heutiger ‹christlicher› Atomkriegsbereitschaft. Vielleicht aber können sich christliche Guerilleros in der Dritten Welt heute auf ihn berufen in ihrem bewaffneten Kampf um menschliche Gerechtigkeit. Wie diese Kämpfer heute, so bemühte sich Zwingli um eine ‹Maximalisierung› von Recht bei gleichzeitiger ‹Minimalisierung› von Gewalt. Da die arme menschliche Gerechtigkeit nicht ohne Gewalt auskommt (das macht ja eben ihre Armut aus), war für Zwingli ein Bürgerkrieg ein Mittel zur Durchsetzung von Recht, und so meinen heute christliche Kämpfer in der Dritten Welt, in extremen Situationen vom passiven zum aktiven Widerstand schreiten zu müssen und zu dürfen.

Zwinglis Tod ist ein Zeugnis dafür, dass der Verkünder der göttlichen Gerechtigkeit bereit sein muss, sein Leben für die menschliche Gerechtigkeit in die Bresche zu stellen. Er ist ein Vorspiel des bald folgenden tausendfachen Märtyrertodes der Hugenotten im 16. Jahrhundert. Sein Tod ist aber wiederum so einzigartig, dass er nicht als nachzuahmendes Beispiel in Frage kommt, so wenig wir im 20. Jahrhundert die Situation und Entscheidung kämpfender Christen in Südafrika und Südamerika generalisierend auf unsere Landstriche und unser europäisches Christentum übertragen konnten und können. Es kann auch sein, dass es da für uns gar nichts nachzuahmen gibt, weder bei Zwingli, noch bei den christlichen Guerilleros heute. Um der Integrität unseres christlichen Glaubens willen, meine ich, müssen wir hier mit positiven oder negativen Urteilen sehr zurückhaltend sein. Ein letztes Urteil über Menschen und ihre Entscheidungen in solch extremen Situationen steht uns nicht zu. Nicht die Weltgeschichte und auch nicht die christliche Kirche ist das Weltgericht, sondern Gott allein ist da Richter. Zwingli aber ist auch als Prophet ein schuldiger Mensch und auch als Märtyrer nicht frei von Irrtum. Es braucht nicht so zu sein, aber es könnte so sein, wie der Pazifist und religiös-soziale Theologe Leonhard Ragaz vor siebzig Jahren anlässlich des 400. Todestages Zwinglis auf dem Schlachtfeld von Kappel sagte: «Es ist klar, dass dieser Grosse nicht ohne eigene Schuld an dieser Stätte gefallen ist. Dies sagen, heisst nicht, seine Grösse antasten. Grosse Menschen können gerade als solche in grosse Schuld verfallen.

Es war Schuld, sagen wir lieber: Es war schuldiger Irrtum, wenn Zwingli versuchte, mit dem Schwert das Tor zu öffnen, das seine Gegner für das, was ihm die Wahrheit war, verschlossen hatten. Echter Glaube braucht nicht das Schwert. Er weiss, dass er auch durch verschlossene Tore gehen kann, wenn es Gott erlaubt und will …

Darum ist dieses Schlachtfeld auch ein Ort des Gerichtes, des Gerichtes über den Weg der Gewalt, und damit auch über Zwingli. Das muss mit aller Schärfe gesehen und gesagt sein. Es sollte so nicht gehen! Dieses Gericht musste sein zur Rettung der Sache Zwinglis. In seinem Blute hat er seinen Irrtum gesühnt. Durch seinen Tod ist sein Schwert aus einem Schwert der Gewalt zu einem Schwert des Geistes geworden.»[48]

Es kann so sein, wie Ragaz sagt, es muss nicht so sein. Darum soll auch Ragaz gegenüber Zwingli nicht das letzte Wort haben, sondern es soll gelten: Soli deo gloria – Gott allein die Ehre!

[48] Leonhard *Ragaz*: «Zwinglis Tod – Rede auf dem Schlachtfeld zu Kappel am Todestag Zwinglis»; der Text ist im Oktoberheft 1931 der Neuen Wege erschienen, hier zit. nach dem Neudruck Neue Wege 1984, Nr. 10, 41.

II. Pfarramt und Pfarrerbild bei Ulrich Zwingli

1. Von der Kutte zum Pfarramt

Der Abbruch des Kathedralenbaus im Spätmittelalter kam gewiss nicht zufällig, sondern er ist ein Hinweis auf ein tiefes ekklesiologisches Unbehagen in der damaligen Zeit. Irgendwie muss der Mensch im späten Mittelalter an der Kirche, oder besser gesagt an ihrer spätmittelalterlichen Erscheinungsform, irre geworden sein.[1] Das Papsttum zu Rom hatte zwar die lange Phase der Reformkonzilien überraschend gut überstanden. Es konnte im frühen 16. Jahrhundert politisch ein gewichtiges Wort zur Weltgestaltung mitsprechen; aber die Idee, dass der Antichrist mitten in der Kirche sitze, ja dass der Papst der Antichrist sei, existierte seit den Tagen des Franziskanerspiritualen Olivi.[2] Sie wartete nur noch darauf,

---

1 Über die Entstehung der Gotik und die Bedeutung ihrer Transzendenz ist oft nachgedacht worden; vgl. z. B. K. *Goldammer*: Kirchliche Kunst im Mittelalter, Der Sakralbau, Die Kirche in ihrer Geschichte. Ein Handbuch, hrsg. von K.D. Schmidt und E. Wolf, Fasz. G, 198 ff. In der Frage nach dem überraschenden Abbruch der Gotik lassen uns die Handbücher, so weit ich sehe, etwas im Stich. Nahe an die Sache heran kommt wohl die unprofessionelle aber kluge Beobachtung und Überlegung von George *Sand* anlässlich ihrer berühmten Reise nach Mallorca 1838/39 zusammen mit Frédéric Chopin in der gotischen Kathedrale in Palma:

> «Auf den Schlusssteinen des Gewölbes der Seitenschiffe erscheinen zahlreiche Waffenschilde. Ihr Wappen im Hause Gottes zu deponieren, bedeutete für die mallorcanischen Edelmänner ein Privileg, das sie zu einem hohen Preis bezahlten, und dank dieser Eitelkeitssteuer konnte die Kathedrale in einem Jahrhundert beendet werden, in dem die Frömmigkeit ziemlich zurückgegangen war. Man müsste sehr ungerecht sein, um nur den Mallorcanern eine zu der Zeit allen adeligen Frommen gemeinsame Schwäche zuzuschreiben.» (George *Sand*: Ein Winter auf Mallorca, deutsch Barcelona 1982, 86).

2 Zur Antichristidee im Mittelalter vgl. G.A. *Benrath* in: TRE 3,24–28; zu Olivi vgl. B. *Tierney*: Ursprünge der päpstlichen Unfehlbarkeit, in: Fehlbar? Eine Bilanz, hrsg. von H. Küng, Zürich/Einsiedeln/Köln, 1973, 121–145. Petrus Olivi (1248–1298), Franziskaner-Spiritualer und Joachimit, schürte die Angst vor einem zukünftigen «mystischen Antichristen», der als Pseudopapst die Armutsregel der Franziskaner ausser Kraft setzen werde.

ganz neu formuliert als Flächenbrand wirksam zu werden. Was Olivi seiner Zeit ins Ohr geflüstert hatte, sollten zweihundert Jahre später die Wittenbergische Nachtigall und ihre Mitsänger von den Dächern pfeifen.[3] Die Kirche als päpstlich-autoritäres System war der Zeit tief suspekt geworden. Die Christenheit war reif für eine neue Ekklesiologie. Luthers reformatorische Wende schlug sich für eine äussere Betrachtung nicht sofort ekklesiologisch nieder. Noch tief in die zwanziger Jahre hinein ist sein persönliches Erscheinungsbild nicht das eines evangelischen Pfarrers, sondern das eines mittelalterlichen Augustinermönchs.[4] Doch der äussere Schein trügt. Mit der Entdeckung des *articulus stantis et cadentis ecclesiae* war in nuce bereits die ganze Ethik umgebaut und mit dem «Neubau der Sittlichkeit»[5] musste auch die Ekklesiologie erneuert werden. An Stelle der bisherigen Doppelung von Priestern und Laien[6] thematisierte Luther mit dem Traktat «Dass eine christliche Versammlung oder Gemeinde Recht und Macht habe, über alle Lehre zu urteilen und Lehrer zu berufen,

---

3 Vgl. Hans *Sachs*: Die Wittenbergisch Nachtigall, in: Hans Sachs und die Reformation. In Gedichten und Prosastücken. Herausgegeben und eingeleitet von R. *Zoozmann*, Dresden 1904, 29:

«Ir Christen, merkt die trostling Wort,
So man euch fecht hie oder dort,
Lat euch kein Tyrannei abtreiben,
Tut bei dem Wort Gottes beleiben, …
Es wirt doch kommen an das Ent
Des waren Entchrists Regiment …»

Dasselbe Zeitgefühl spricht aus Niklaus Manuel Deutschs Spiel «Von des Papstes und Christi Gegensatz», Bilderfolge, Bern 1523. Vgl. dazu Paul *Zinsli*: Niklaus Manuel der Schriftsteller, in: Niklaus Manuel Deutsch, Maler – Dichter – Staatsmann, Kunstmuseum, Bern, 1979, 82.

4 Luther legte die Mönchskutte erst im Herbst 1524 ab und trug dann die weltliche Kleidung des Gelehrten. Vgl. U. *Köpf*: Martin Luther als Mönch, in: Luther 55/1984, 66–84, bes. 77. Luther suchte bis 1525 die Ehe nicht; anders Zwingli, der schon im Frühjahr 1522 mit der Witwe Anna Reinhart die «heimliche Ehe» einging, die er zwei Jahre später durch öffentlichen Kirchgang sanktionierte. Vgl. dazu G. W. *Locher*: Die zwinglische Reformation im Rahmen der europäischen Kirchengeschichte, Göttingen 1979, 102–105.

5 Vgl. K. *Holl*: Der Neubau der Sittlichkeit (1919), in: Gesammelte Aufsätze zur Kirchengeschichte, Bd. I: Luther, Tübingen [7]1948, 155–287.

6 Vgl. *Luther*: An den christlichen Adel deutscher Nation von des christlichen Standes Besserung (1520). Die erste Mauer der Romanisten besteht in der Unterscheidung von Priester- und Laienstand mit der Überordnung des Priesterstandes bei eigenem geistlichem Recht. Vgl. WA 6,407 f.

ein- und abzusetzen, aus der Schrift begründet und nachgewiesen» (1523)[7] die mündige Gemeinde. An die Stelle der vom Priester und letztlich vom römischen Lehramt autoritär geführten Laienschaft tritt jetzt die auf das Wort der Schrift hörende Gemeinde, die als *creatura verbi* nicht nur das Recht, sondern auch die Pflicht hat, alle Lehre und Predigt zu prüfen. Die reformatorische Lehre vom Priestertum aller Gläubigen und somit von der Unmöglichkeit zweier Klassen in der einen Kirche ist damit formuliert und erweist sofort ihre ekklesiologische Sprengkraft. «Denn das kann niemand leugnen, dass jeder Christ Gottes Wort hat und von Gott gelehrt und zum Priester gestellt ist.»[8] Die ganze durch das Evangelium geborene Gemeinde steht jetzt im Predigtamt. Legitimiert durch 1Kor 14,39f («Um prophetisches Reden sollt ihr wetteifern ...») sieht Luther die Gemeinde unter dem Predigtauftrag: «Diesen Spruch lass dir zu einer Grundlage werden, die keine Ungewissheit zulässt. Er gewährt ja der christlichen Gemeinde so überaus reichlich die Macht zu predigen, predigen zu lassen und zu berufen. Im besonderen Falle der Not beruft eben dieser Spruch jeden einzelnen, ohne dass Menschen berufen. Denn wir sollen keinen Zweifel daran haben, dass die Gemeinde, die das Evangelium hat, unter sich selber den erwählen und berufen kann und soll, der an ihrer Stelle das Wort lehrt.»[9] Ja, wenn Not am Mann ist, d. h. wenn es die Liebe erfordert, soll jeder Christ predigen. «Wenn er an einem Platze ist, wo es keine Christen gibt, so braucht er keine weitere Berufung als die, dass er ein Christ ist, der innerlich von Gott berufen und gesalbt ist. Da ist er verpflichtet, den irrenden Heiden oder Unchristen das Evangelium zu predigen und zu lehren, wie es die Bruderliebe zur Pflicht macht, auch wenn ihn kein Mensch dazu beruft.»[10]

Luther hat sich in der Folge in seinem exegetischen und homiletischen Werk oft gehaltvoll zum Prediger und zum Predigtamt geäussert. Aus seinen vielen vereinzelten Worten zum Pfarramt und zur Pfarrerarbeit liesse sich ohne weiteres ein farbiges und plastisches Pfarrerbild Luthers nachzeichnen: «Eines Predigers Amt ist eigentlich darauf gerichtet, dass er immerdar liebe, predige, helfe, rate, und die Hörer zum Glauben und zur

[7] Calwer Luther-Ausgabe, 4, 190–201 = WA 11, 408–416.
[8] Calwer Luther-Ausgabe, 4, 195 = WA 11, 411, 31 f.
[9] Calwer Luther-Ausgabe, 4, 97 = WA 11, 413, 17–22.
[10] Calwer Luther-Ausgabe, 4, 96 = WA 11,412, 16–20.

Liebe anhalte.»[11] In der Vorlesung von 1523/24 zum Deuteronomium führt er zur Pfarrerexistenz aus: «Die Prediger des Wortes sollen sich nicht auf die Nahrungssorgen einlassen und sich von allem enthalten, damit sie dem Herrn wohlgefallen, der ihr Erbe ist. Nämlich das Wort ist ihr Gut und Reichtum, durch das sie Gott dienen und das Volk erhalten, um das versprochene Land zu besitzen, nämlich das Heil der Seelen.»[12] Die Züge des lutherschen Pfarrerbildes sind farbig, vielfältig und greifen tief ins praktische Leben ein. Trotz dieser Vielfalt wird das Bild aber zusammengehalten und begründet durch das reformatorische Wortverständnis. *Verbum efficax*, das Wort macht das Amt. «Alle Prediger sollen gewiss sein, dass sie sagen können: Gott sagt's, das ist Gottes Wort; und wenn ich das Wort Gottes predige, so ist's soviel, als wenn ich schwöre. Wer nun des nicht gewiss ist und nicht sagen kann: Gott redet's, der mag das Predigen wohl lassen; denn er wird nichts Gutes schaffen.»[13]

Neben diesen grundlegenden Einsichten, die verstreut in seinem ganzen Werke erscheinen, hat Luther – soweit ich sehe – keine zusammenhängende Schrift zum Thema Pfarrerexistenz verfasst.[14] Das ist einerseits verwunderlich, weil ja die Reformation der Kirche nun steht und fällt mit der Frage nach dem Verhältnis des neu entdeckten allgemeinen Priestertums zum Predigtamt der Reformation. Diese Frage, wie die Frage nach dem neuen Verständnis der politischen Herrschaft, bedurfte einer grundsätzlichen Klärung, die Luther 1523 mit der magistralen Schrift «Von weltlicher Obrigkeit» lieferte. Andererseits ist dieses Schweigen wiederum nicht verwunderlich. Luther selbst spielt ja mit seiner ganzen Existenz den Wandel vom alten zum neuen Verständnis des Amtes durch. Die Sache liegt ihm so nahe, dass er sie nicht thematisieren muss. Seine Existenz aus dem wiedergewonnenen Wort und Evangelium spricht für sich.

[11] WA 16, 192, 16–18; Predigt vom 26.2.1538 zu 1Thess 1; Lutherlexikon, Hrsg. K. *Aland*, Göttingen ^{4}1982, 261.

[12] WA 14, 685, 22–25; zit. nach Aland, Lutherlexikon, 260.

[13] WA 20, 578,25–29: Predigt vom 25.11.1526 zu Jer 23,5–8; zit. n. Aland, Lutherlexikon, 260.

[14] Am ehesten könnte man noch denken an WA 12, 160–196: «De instituendis ministris ecclesiae» (1523), ein Votum Luthers zur verworrenen kirchlichen Situation in Böhmen, und an WA 50, 488–653: «Von Konzilien und Kirchen» (1539); vgl. bes. Punkt 5. Eine umfangreiche Sammlung von Textpassagen Luthers zum Thema liegt vor in: Das evangelische Pfarramt in D. M. Luthers Ansichten. Mit dessen eigenen Worten dargestellt von F. *Gessert,* Bremen (Wilhelm Kaiser Verlag) 1826.

Das Pfarrerbild Luthers ist Luther selbst. Zudem ist ihm die Hauptsache, die Theologie des Predigtamtes, die Existenz aus dem Wort, so klar, dass er auf die Darlegung ihrer praktischen Erscheinungsform verzichten kann. Sie wird sich durchsetzen wie der neue Tag. Ferner, eine allzu grosse Sorge um die Praxis der Wortexistenz könnte das aus dem Evangelium neugeborene Predigtamt dem Gesetz und der Gesetzlichkeit ausliefern und alles verderben. Da sei Gott vor! Wie so oft verlässt ihn in der Praxis der Reformation der Gestaltungswille.

Der Dank und der Ruhm, in frühester Stunde der Reformation zusammenhängend und umfassend die neue Pfarrerexistenz bedacht zu haben, kommt Ulrich Zwingli zu. Er hatte bereits in den Anfangsjahren der Zürcher Reformation die Wichtigkeit der Fragestellung und der Praxisanweisung einer neuen Pfarrerexistenz für das Reformationsgeschehen erkannt und gleich in zwei Schriften sich zum reformatorischen Pfarramt theologisch und praktisch umfassend und tiefdringend geäussert.[15] Zur zweiten Zürcher Disputation war im Oktober 1523 die ganze Geistlichkeit aus Stadt und Landschaft Zürich zusammengeströmt. Etwa 350 Kleriker sassen am dritten Tag unter Zwinglis Kanzel und er ergriff die Gelegenheit, dieser desorientierten spätmittelalterlichen Geistlichkeit handfeste Weisung zum Verständnis ihres Amtes zu geben. Seine Dienstanweisung an die Brüder im Amt zur Stunde der Reformation war – wie könnte es bei Zwingli anders sein? – Verkündigung des Evangeliums als Exegese der entscheidenden Bibelstellen zum Amt in der Kirche. «Beobachtungen, die er sonst schon gemacht und die sich ihm gerade auf diesem Religionsgespräch wieder aufgedrängt haben mochten, werden ihn von der Dringlichkeit eines solchen Aufrufes zu eben dieser Zeit überzeugt haben.»[16] Als Zwingli im Frühjahr 1524 seine Predigt vom dritten Tag der Zürcher Disputation zu einem umfangreichen Traktat überarbeitet herausgab, stellte er sie unter den Titel «Der Hirt», in Erinnerung und Parallele zum «Hirt des Hermas» aus der Zeit der apostolischen Väter. Der «Hirt des Hermas» war in der Reformationszeit nur noch dem Titel nach bekannt. Der Text galt als verloren. Zwingli dachte, so wie eine Hirtenschrift zur Zeit der Geburt der Kirche nützlich war, so müsste ihre Neufassung in der

[15] «Der Hirt» (1523, Z III 1–68) und «Von dem Predigtamt» (1524, Z V 369–433).

[16] O. *Farner*: Zwinglis Hauptschriften Bd. 1, 167 (Einführung zu «Der Hirt»).

Stunde der Wiedergeburt der Kirche nötig und nützlich sein. In diesem Sinne äusserte sich Zwingli im Widmungsschreiben der Hirtenschrift an den reformatorisch gesinnten Freund Jakob Schurtanner, Pfarrer im appenzellischen Dorf Teuffen.[17]

Schon vom 30.6.1525 datiert die andere Zwinglischrift, die ausführlich «Von dem Predigtamt» handelt. Völlig anders ist ihr Anlass: Die Täufer in Zwinglis Umgebung haben den reformatorischen Durchbruch zum allgemeinen Priestertum der Gläubigen als Lizenz zur Errichtung einer völlig freien, amtlosen Kirche verstanden. Diesem Verständnis resp. Missverständnis von Reformation, das das Werk Zwinglis in Zürich vom ersten Moment an aufs Höchste gefährdete, trat er mit seiner Schrift «Von dem Predigtamt» sofort entgegen. Von der Fragestellung nach Zwinglis Pfarrerbild her kann man dem Urteil Walther Köhlers nicht zustimmen, der als Herausgeber der Zwingliwerke im *Corpus Reformatorum* einleitend sagt: «Die [...] Zwingli-Schrift gehört in die Reihe der das Täufertum bekämpfenden Werke des Reformators; sie hat mit Homiletik und pfarramtlicher Tätigkeit so gut wie nichts zu schaffen.»[18] Eine aufmerksame Lektüre der Predigtamtsschrift unter der Fragestellung nach dem Pfarrerbild zeigt vielmehr ein recht deutliches Profil des reformatorischen Pfarrers, ja die Zusammenschau der beiden Schriften ergibt eigentlich erst das volle, abgerundete Pfarrerbild Zwinglis. Ist das Pfarrerbild der Hirtenschrift von Zwinglis steilem Idealismus der ersten Stunde der Reformation geprägt, so ist die antitäuferische Schrift «Von dem Predigtamt» vom reformatorischen Realismus des Pfarrers und Leutpriesters Zwingli in der spätmittelalterlichen Welt und Stadt Zürich beeinflusst. Wir wollen gerade auf diese realistische Seite des zwinglischen Pfarrerbildes einen ersten tieferdringenden Blick werfen.

[17] Z III 6,7–14: «Denn als du wol weist, wie Hieronymus von Herma bezügt, dass der in griechischer sprach ein buoch gemacht, und den ‹Hirten› genennet, das gar wol by den alten Christen verwänet sye, also hab ich offt gewünscht, das einer harfürträte (so doch zuo diser zyt vil gotzvörchtiger und gelerter menner sind), der uns denselben abgangnen hirten widrumb mit warer trüw ersatzte, damit ein yeder rechte hirten vor den falschen erkiesen möchte.»

[18] Z IV 369.

2. Das Pfarramt als Strukturelement in der Gemeinde

Der Unbekümmertheit Luthers in ekklesiologischer Hinsicht («... das kann niemand leugnen, dass jeder Christ Gottes Wort hat und von Gott gelehrt und zum Priester gesalbt ist ...»[19]) konnte sich Zwingli nie hingeben. Das gleichzeitig mit der Zürcher Reformation in die Geschichte getretene Täufertum zwingt ihn schon zu Beginn der Reformation in Zürich, chaotischen Vorstellungen über die christliche Gemeinde entgegenzutreten. Reformation ist nicht ekklesiologische Narrenfreiheit, sondern am Ganzen des Wortes Gottes geschultes und gemessenes Formgefühl. Der römische *abusus* der Macht in der Kirche ist gewiss offensichtlich, aber er hebt den *usus* des Amtes in der Gemeinde, das im Worte begründet ist, nicht auf. «Der bapst hatt allen sinen huffen der geleerten damit fürbracht: Ja, sy verhütind, das ghein irrtumb entstand. Noch [dennoch] so habend sy zu unseren zyten offenlich geweert, das die waarheyt nit harfur kame. Sol aber darumb sich selbs ein yeder ufwerfen, er sye eyn apostel, leerer oder euangelist? Nein.»[20]

Neben der Begründung des Predigtamtes als Ordnungsfaktor im Worte Gottes ist dem Humanisten Zwingli zudem jede Ordnungslosigkeit zuwider. Gewiss ist Bildung nicht identisch mit dem christlichen Glauben, nicht identisch mit dem Ziehen Gottes und seines Geistes, aber die Verachtung der alten Sprachen ist kein Zeichen von Geist, sondern höchstens das Gegenteil, also schlicht Ungeist und Sünde als Dummheit und Lüge. «Es ist waar und gwüss, dass's menschlich hertz zuo gott nit keert wirdt denn allein durch den ziehenden gott, gott geb, wie vil der mensch geleert sye; noch [dennoch] muoss man verstand der geschrifft haben von dero wägen, die iro gwalt tuond. Dann der glychssnery [Heuchelei] ist nüts ze vil. Sy gdar [wagt es] sich wol darstellen, als ob sy ein geyst sye. So man aber demnach findt, dass ir red gottes wort nit glychförmig ist, so erkent man, welches glychssnery ist.»[21]

Besonders drei Wesenszüge prägen Zwinglis antitäuferisches Pfarrerbild: Die breitesten Ausführungen Zwinglis in der Schrift «Von dem Predigtamt» gelten der Berufung des Pfarrers und der Kontrolle seines Lehrens

---

19 Calwer Luther-Ausgabe 4,195 = WA 11,411,31 f.
20 Z IV 390,31–35.
21 Z IV 417,28–418,4.

und Predigens. Das allgemeine Priestertum der Gläubigen hebt das Amt des Predigers nicht auf, sondern begründet es; und umgekehrt: Das allgemeine Priestertum ist nicht identisch mit der Autorität in der Kirche. Dem gleichmacherischen Geistanspruch der Täufer setzt Zwingli die seriöse Lektüre und Auslegung der Schrift entgegen. «Es fuogt ouch nit, dass sy hie ynredend uss 1. Pet 2. [1Petr 2,5;9]: ‹Wir sind all priester›; dann ich red hie nit von gewycht [geweiht] syn oder nit, sunder von dem ampt des lerenden. Es ist waar, wir sind all gewycht gnuog zuo der pfaffheyt [...] Aber wir sind ye nit all apostel und bischoff 1. Cor. 12,29. Und ob einer glych ein bischoff ist, zimpt im nit eim andren sin chütt [Herde] schaafen oder bistumb ze faren [einzudringen] wie er wil.»[22] Ja, Zwingli sieht in dem ekklesiologischen Gleichheitsanspruch der Täufer, ähnlich wie Luther fast gleichzeitig im politischen Gleichheitsanspruch der Bauern, das Chaos und damit den Endchrist, den Antichrist hereinbrechen. «Weiss wol, dass eim yeden zimpt, mit yedem von gott ze reden, sich mit imm ze erinneren [zu besprechen]. Aber das sich eim yeden zimme in einem winckel anzeheben, was er wil, one verwilligung und bescheyd der kilchen, die inn unnd syn fürnemmen urteylen sol, oder eim yeden zimme sich ufzewerffen für einen lerer oder pfarrer, der in einer glöubigen kilchen (‹glöubig› nenn ich nit alle, die sich *christglöubig* ussgebend, sunder die dem euangelio trüwlich gloubend, unnd das fry predigen lassend) usss eygner bewegnus dar möge ston unnd sagen, was er wölle, das red [nenne] ich nitt allein fräfen [frevelhaft] und böss, sunder *antchristisch* sin.»[23]

Zwingli gibt sich in seelsorgerlicher Verantwortung alle Mühe, den Täufern gegenüber den Schriftbeweis für das geordnete Predigtamt zu ziehen. Unter den einschlägigen Stellen des Neuen Testaments arbeitet er besonders mit der Ämterlehre in Eph 4,11–14.[24] Die Aussendungsrede (Mt 10,6–16) sucht er dem täuferischen Zugriff zu entwinden.[25] Auch abgelegene Bibelstellen wie Num 16 können Zwinglis Gedankengang

22 Z IV 430,25–431,3.
23 Z IV 430,14–23.
24 Vgl. Z IV 390–393.
25 Vgl. Z IV 420–427. Zwinglis Schrift «Von dem Predigtamt» ist wahrscheinlich mitmotiviert durch den Brief des nicht weiter bekannten Laien und ‹Lesers› Markus Murer aus der Grafschaft Toggenburg. Murer vertrat in einer Anfrage an Zwingli eine extreme Laienposition: «Got zücht welchen er will; er macht alein die unglerten glert.» (Z VIII 373,33f). Vgl. W. *Köhler*: Einleitung zu Zwingli, «Von dem Predigtamt», Z IV 369–379.

illustrieren: Die falschen, d. h. die selbsternannten Pfarrer verschlingt die Erde, wie die Rotte Korachs (Num 16,33) unterging.[26] Zwinglis zentrales Anliegen angesichts der täuferischen Geisttreiberei und ihres Drängens in die Gemeindeleitung ist die Kontrolle des Pfarrers durch die Gemeinde.[27] Wenn gemäss Mt 3,17 und 7,5 nicht einmal Jesus sich selber zum Priester machte, wie viel mehr ist dann das Pfarramt in Zürich und andernorts durch Berufung und Sendung auszuweisen.[28]

Die Kontrolle des Pfarrers durch die Gemeinde geschieht durch die Kontrolle seiner Predigt und seines Lehrens an der Schrift. Zwingli stellt dazu gleich eingangs der Predigtschrift den hermeneutischen Schlüssel bereit: «Ir ampt aber ist: das euangelium predigen, das ist: die welt leeren gott und sich selbs erkennen. Wenn nun der mensch sich selbs erkennt, muoss er in missval syn selbs kummen. Daruss muoss denn rüwen und besserung volgen, so veer er gott erkennt. Demnach kumpt aber erst nüwe verzwyflung. So der mensch sich selbs so sündtlich findt, das er besserens noturfftig sye, und sich bessret taglich, noch so findt er ein sölichen gebrästen, versumnus und unvolkomenheyt, das er zuo gott ze kummen verzwyflet. Da thuot man im denn das heyl, das uns gott durch sinen sun gnädigklich geschenckt hatt, uf. Das ist das ampt der botten, und ist das aller höchst ampt unter allen [...]»[29] Gotteserkenntnis und Selbsterkenntnis als hermeneutischer Schlüssel zur Kontrolle der Berufung, das könnte ein Passepartout sein, der zu allen Schlössern passt; aber Zwingli versteht das natürlich nicht so. Vielmehr bekommt der zu kontrollierende und auch kontrollierbare Lehrgehalt der Verkündigung bei Zwingli in täuferischer Front ein ganz scharfes Profil. «Gottes wort heysst der obergheyt ghorsam sin, sy sye glöubig oder nit [Röm 13,1]. So lerend die, es mög ghein Christ ein obrer sin, da sich doch das widerspil erfindt 1. Tim 6. [1Tim 6,2] und 1. Petri 2. [1Petr 2,13–18], Ephes. 6. [Eph 6,5–9]. Daran man sieht, dass sy mit der leer und mit dem widertouff wider gott und

---

[26] Vgl. Z IV 42 ff.

[27] K. Manz und andere Täuferführer drängten in Gemeindeämter, wurden aber ihrer Ansichten wegen ferngehalten; vgl. Z IV 387, Anm. 22, zu Bullingers Bericht über diese Vorgänge.

[28] Z IV 423,11–15: «Usss welchen kundtschafften [neutestamentlichen Beweisstellen] allen wir sehend, das die sendung so not ist, ee und sich einer offenlich predgens annemme, das ouch Christus Jesus den gewalt syner sendung in vil wäg [öfters] offnet [kundtut], selbs und durch anderer kundtschafft.»

[29] Z IV 391,10–20.

christlichen friden reychend. Unnd wenn sy glych tusend eyd darwider schwuorind, dennoch wurd es offembar. Sobald der getoufften menge so gross wär, das sy sich hoffind ze erretten, wurdind sy sich wider alle obergheyt legen und dem keyser, das ist: obren, nit geben, das sy im schuldig wärind (Mt 22,2).»[30] Der Streitpunkt mit den Täufern ist nach Zwingli die Frage von weltlicher und kirchlicher Autorität im Konnex von Gottes- und Selbsterkenntnis. In antitäuferischer Front wird für Zwinglis Pfarrerbild die rechte Haltung zur Obrigkeit zum Schibboleth. Zwinglis Pfarrer wird dadurch allerdings nicht, wie die Täufer meinen, der Obrigkeit ausgeliefert, vielmehr fasst der Pfarrer in seiner Person all das zusammen, was Amt nach der Schrift meint: Das Priestertum aller Gläubigen setzt ihn der Gemeinde gleich und unterstellt ihn ihrer Kontrolle, nicht etwa der Kontrolle der Obrigkeit. Sein Lehramt stellt ihn der Gemeinde gegenüber und ermöglicht dieser das Hören, also die reformatorische Distanz zum eigenen Geist. Bewusst spricht Zwingli hier nicht von den verschiedenen Ämtern in der Schrift, sondern konzentriert in reformatorischer Freiheit alles auf das eine Amt. «Und ist also das prophetenampt, das bischoff- oder pfarrerampt, das euangelistenampt alles ein ampt.»[31] Es geht bei dieser Konzentration auf das eine Amt um den Zugriff Gottes auf die Gemeinde. Sie soll hören, bevor sie spricht und entscheidet. Dafür ist der Pfarrer das Zeichen. Aber auch er steht unter diesem Zugriff. Er spricht nicht aus dem Eigenen. Er steht vielmehr unter dem göttlichen Muss. Dieses ist zwar kontrollierbar und durch die Gemeinde zu kontrollieren; aber dadurch wird seine herausgehobene, der Gemeinde gegenüberstehende Stellung nicht aufgehoben, «dann, wie ich angezeygt hab, so begärte myn fleysch entledigot sin von allem ampt des predigens, und wurde wol narung überkommen; dann der mich geschaffen hat, der wurde mir ouch narung geben; aber eben derselb wil mich von dem ampt nit lassen. Ich hab vil jar darumb geworben; so gibt er mir ye länger ye mee ze thun in synem wort. Er sei gelobt!»[32]

Die erste und grundlegende Dimension von Zwinglis Pfarrerbild ist also dessen göttliche Berufung und Sendung auf dem Hintergrund der Berufung und Sendung Jesu Christi. Der zweite Aspekt scheint dem zu wider-

[30] Z IV 427,26–35.
[31] Z IV 398,1 f.
[32] Z IV 415,6–12.

sprechen, ja scheint den ersten überhaupt aufzuheben. Zwinglis Pfarrer in der Schrift vom Predigtamt ist der bezahlte, der besoldete Pfarrer. Nach dem Himmel die Erde, nach dem Göttlichen das Irdische! Das antitäuferische Pfarrerbild Zwinglis strotzt vor Weltlichkeit. Der Grund dafür ist ein zweifacher: Einmal geht es Zwingli um die Rückweisung und Ablehnung der täuferischen Verstiegenheiten, dann aber will er auch und erst recht den biblischen Realismus in der Amtsvorstellung ernst nehmen und getreu nachzeichnen.

Mit einer gewissen intuitiven Sicherheit und Kühnheit griffen die Täufer zur Begründung ihres ungebundenen Herumschweifens und Predigens auf die synoptische Aussendungsrede Mt 10 parr. zurück. Christsein besteht doch in der Nachfolge und das heisst nach synoptischer Tradition: Verkündigung ohne festen Ort, ohne Aussicht auf irdischen Lohn und vor allem ohne Sorge um Nahrung und irdische Existenz. Zwingli kennt natürlich sein Matthäusevangelium auch und hatte diese Aspekte bereits selbst gegen die verweltlichte spätmittelalterliche Amtsauffassung ins Feld geführt. «Darumb ich all weg gesagt hab, dass die, so sich under den Christen ruomend apostel sin, als die hohen bischoff und prelaten söltind ouch weder sack noch seckel fuoren. So tuond sy, dass der tüfel selbs nit könde lätzer [verkehrter] tuon. Sy predgend gar nit, wellend aber apostel genempt werden; und kommend mit eim trossz, damit sy die tyrannen diser welt überwindend [übertreffen]. Ist nit möglich, dass sy apostel oder botten sygind; dann sy nit alleyn dem wort nit nachwandlend, sunder gar nit fuerend [sondern sie geben sich gar nicht damit ab].»[33]

Es ist für Zwingli nun leicht zu zeigen, dass die Täufer diesen synoptischen Aspekt des Predigtamtes überspitzen und andere Aspekte des Neuen Testaments missachten. Er argumentiert immer im grossen Rahmen der Auslegung und Anwendung von Eph 4,11–14, und zieht auch die einschlägigen Stellen zum Amtsverständnis der Pastoralbriefe bei. «Man sicht ouch an den worten Pauli, [...] das er einen bischoff unnd euangelisten für ein ding halt, da er 2. Tim 4. [2Tim 4,2] also spricht: ‹Predig das wort, lig ob senfft [sanft], ruch [rau], straff, beschillt, erman, tröst in aller duldmuot und lere›, etc. Was ist das anders weder eyns bischoffs, eins propheten, eins hirten ampt? Diss ampt ist der leer halb nüts [nichts] anders weder ouch das apostelampt; aber darinn ist der underscheyd, dass die apostel wandler oder reyser [Reisende] warend, so wonet ein yeder bischoff sässhafft an

[33] Z IV 393,15–23.

dem ort, da er bischoff oder pfarrer ist. Die apostel dorfftend gheyn besitzung habenn, so zimpt den pfarrern eygens [Eigentum] ze habenn, wie aber häll [deutlich] werden muoss, obglych die nydigen ufruorigen rotter ein anders leerend by den einualtigen.»[34]

In der Folge sieht sich Zwingli allerdings gezwungen, die ökonomische Basis seiner Pfarrerarbeit offenzulegen. Er tut das nicht gern,[35] aber der Kampf mit den Täufern um das rechte Pfarrerbild darf nun eben nicht ein Wortgefecht bleiben. Die Fakten müssen auf den Tisch. Zwingli muss auch und erst recht in den ökonomischen Belangen seines Lebens glaubwürdig bleiben. Glauben und Leben dürfen gerade beim reformatorischen Pfarrer auch *in oeconomicis* nicht auseinanderklaffen. Das ideologische Gezänk soll verstummen und sprechen soll die ökonomische Realität. Die Täufer wollen Zwinglis Position erschüttern, indem sie ihm Reichtum andichten und ihn der Habsucht bezichtigen, der sie «urchristliche» ökonomische Unbekümmertheit ihrer Prediger gegenüberstellen. Sie wollen Zwingli auf dem Glatteis seines eigenen Schriftprinzips zu Fall bringen. Zwingli stellt richtig: Statt der 300 Gulden Pfrundlohn, den sie ihm angerechnet hatten, hat er nur 60 Gulden verdient und dies nur inklusive einer Art «Gemeindezulage» von Propst und Kapitel. Dabei hatte er unterdessen für eine ständig wachsende Pfarrfamilie zu sorgen. Er legt auch das Vermögen seiner Frau Anna Reinhart offen. Es ist so bescheiden wie die Lebensführung seiner Frau und seines Hauses; bescheiden, aber sicher und ernsthaft verwaltet, wie es einem christlichen Hausvater geziemt. Nur keine falsche Sorglosigkeit, keine spätmittelalterliche Liederlichkeit, die die Täufer mit ihrem Lebensstil nur schlecht als neuen Glaubensmut ausgeben können! Ihr Verhalten, ihr so genannter christlicher Lebensstil ist nicht Geist, sondern Versuchung.[36]

[34] Z IV 399,7–19. Zur neutestamentlichen Ämterlehre vgl. J. *Roloff*: Das Amt und die Ämter im Neuen Testament, in: Theologische Beiträge 1984/5, 201–218. In vorbildlicher Klarheit werden hier die verschieden Schichten der urchristlichen Ämterentwicklung, hervorgehend aus dem Amte Jesu Christi, offengelegt. Es ist selbstverständlich, dass weder Zwingli noch die Täufer wirklich Einblick hatten in das Werden der Ämter im Urchristentum. Zwingli allerdings sieht klar, dass, entgegen allem Biblizismus, die Amtsstruktur sich im Wandel der Zeiten veränderte; vgl. oben Anm. 31.

[35] Z IV 406,30–407,1: «So vil zwingend mich die unfridsamen predger ze reden von minen dingen wider allen mynen willen!»

[36] Z IV 431,32–432,6: «Es erfindt [zeigt] sich ouch, dass ir werck, das ist: die irem wort losend, nüts denn zwyträchtig lüt und begirig zytlicher dingen, ouch

Neben dem Hinweis darauf, dass auch im Neuen Testament von der Besoldung der Amtsträger die Rede sei,[37] bringt Zwingli eine Reihe weiterer soziologischer Argumente gegen die prinzipielle Armut der Pfarrer und für eine bescheidene, aber ausreichende Besoldung. Widerstünde man der täuferischen Versuchung nicht, so würde wiederum die Kirche dem Bettelunwesen ausgeliefert, das die spätmittelalterliche Stadt mit Hilfe der reformatorischen Sozialethik gerade daran ist abzuschaffen, damit die Gemeinschaft und der Einzelne sozial genesen können.[38] Zwingli weiss genau, dass er mit seinen Gaben nach mittelalterlicher Bettelart besser stehen könnte als mit dem bescheidenen reformatorischen Pfarrergehalt. Sollte sich aber das alte freiwillige Besoldungssystem durchziehen, so wäre es um die Reformation der Kirche bereits geschehen. Denn die Reformatoren und auch die Täufer, die den alten Adam immer wieder unterschätzen, sind ja nur Menschen. Alle Tapferkeit der Lehre würde bald durch die schnöde Rücksicht auf die freiwilligen Geldgeber korrumpiert.[39] Zwinglis weiser Rat, sein Pfarrideal, ist der Pfarrer,

---

richlich [rachsüchtig] werdend, die vormals ruowig, gotzvörchtig und fridsam warend. Daran man sicht, das es ein anfächtung ist, nit ein geyst. Und kumpt aber der tüfel so verborgenlich in einer so hechten [lichten] gestallt (2. Cor 11,14), dass die einvaltigen wänend, es sye ein geyst. Aber iro vil hebend an ze sehen, dass es ein selbswolgevallen ist. Gott wölle uns allen näbel und betrug von unseren ougen nemmen, damit wir klarlich sinen willen lernind und thuogind.» Zu Zwinglis ergreifender Offenlegung seiner finanziellen Situation vgl. Z IV 406 f.

37 Z IV 408,11–13: «Ietz wöllend wir mit kundschafft [Beweisstellen] bewären, dass ouch zuo der apostel zyten söliche sässhafte, versähne [mit Hab und Gut versehene] pfarrer euangelisten, propheten oder bischoff gewäsen sind.»

38 Zur Frage von Reformation und Bettel vgl. H. *Scholl*: Die Kirche und die Armen in der reformierten Tradition, in: RKZ 3/1983, 64–73.

39 Z IV 404,31–405,19: «Ich sach [sah] wol, hette ich die pfruond hinggeben, das min gutzel [Bettel] angieng; dann ich weyss gar wol, was die andächtigen münchspredicanten oder lässmeyster ergutzlet habend. Mir ward ouch wyt über hundert guldin von besundren lüten [Privatpersonen] järlich zuogesagt, und hettind mine herren mir hundert darzuo ggeben, und hette ich mich sust ouch in den gutzel geschicket, wie vil zuotraglicher wär mir der gewäsen weder ein pfruond! Was wär aber daruss erwachsen? Dass ouch mine nachkommen glych den gutzelwäg gangen wärind, wie ouch ich gethon hette, unnd wär alle dapfergheyt der leer zuo eim schmeychlen verkert worden. So nun dem gyt [Habsucht] nieman ze witzig [weis] noch ze stark ist, glych als wol als anderen anfechtungen, und gott uns in vil wäg versuocht, hab ich mich eyner eynvaltigenn [einfachen] korherrenpfruond wol lassen begnugenn, darumb, dass ich sich [sehe] das es wyt das best ist, dass man eym pfarrer eyn zimm-

der weder zu wenig noch zu viel Lohn und Besitz sein Eigen nennt. In den Bahnen einer aristotelischen Mässigungslehre sich bewegend, die hier mit biblischem Realitätssinn parallel läuft, weiss Zwingli: Zu wenig und zu viel verderben alles Spiel. «Es ist aber me dapfergheyt zu wartenn an dem, der uff eyn pründ bestädt ist [einen festen Lohn bekommt], so verr er recht lere, weder der all stund furcht, er werde verstossenn.»[40] Das gilt gegenüber allem Zuwenig an Ökonomie im reformatorischen Pfarrerbild. Aber Zwingli wendet sich auch, im alten Zürich bereits ahnend, was die Zukunft bringen könnte, gegen das Zuviel an Pfarrökonomie. «Darby gevallend mir ouch seer übel die predicanten, denen man grosse summen geben muoss, oder aber sy wöllend nit predigen.»[41] Zwingli weiss genau, dass die reformatorische Pfarrerexistenz nicht nur, aber auch mit der Ökonomie und ihrer rechten Handhabung steht und fällt.

Noch eine dritte Dimension prägt Zwinglis antitäuferisches Pfarrerbild, besser gesagt wird gerade in seiner Auseinandersetzung mit den Täufern besonders plastisch und deutlich. Die Täufer der ersten Stunde in Zürich verwechseln allgemeines Priestertum mit geistiger Einfalt. So, wie sie den göttlichen Sinn der Ökonomie verkennen, verachten sie auch sträflich die göttliche Gabe des Intellekts, das Charisma der Theologie.[42] Auch hier

---

tiche, bestympte narung alle jar geb. Damit darff im nyemant heymlich zuozeschiebenn. Denn wär dess gutzels gewonet, der stellt sich all wäg, als ob er nüts hab, unnd nimpt damit alles, das im werdenn mag. Wenn er aber ein gwüsse pfruond hat, so darff niemand erbärmd mit im ze habenn; denn man weisst wol, dass er ein zimmlich usskomen hat; und ist der schädlich gutzel darmit gantz und gar abgestellt.»

40 Z IV 406,6–8.

41 Z IV 406,13 f. Ähnliche, aber auch weiterführende Überlegungen zum Pfarrerlohn stellten eine Generation nach Zwingli die Hugenotten in Frankreich an, allen voran Pierre Viret in Nîmes; vgl. H. *Scholl*: Die Kirche und die Armen in der reformierten Tradition, in: RKZ 3/1983, 70. Nach Viret besteht die Gefahr für die hugenottischen Pfarrer nicht darin, dass sie zu wenig tapfer sind wegen ihrer ökonomischen Situation, sondern dass sie intellektuell versimpeln bei zu wenig Lohn oder verfetten und zu bequem werden bei zu viel Lohn. Offensichtlich veränderte sich die Pfarrerexistenz und ihre Problematik mit dem Wandel der reformatorischen Stunde.

42 Calvin wird, die Reformation in diesem Punkte zusammenfassend und abschliessend, wie Zwingli vom Humanismus herkommend, über den menschlichen Intellekt und den Heiligen Geist nachdenken, das Vorhandensein des Intellektes beim Menschen auch nach dem Fall staunend zur Kenntnis nehmen und gegen jede schwärmerische Verachtung des Intellekts anführen. CO

sind ihr Tun und Reden kurzschlüssig. Zwingli weiss bei aller Schonung der einfachen Leute von peinlichen Täuferauftritten zu erzählen, die ihre Unbildung krass herausstellten und sich so der Lächerlichkeit preisgaben. «Ich sag gheyn gassenmär [allgemeines Gerücht]; ich weyss ort, da sy die geschrifft nitt habend können läsen, sy habend daran gaggset [mühsam daran herumbuchstabiert], dass man vermerckt [gemerkt] hat, dass sy's erst lernetend.»[43] Es geht Zwingli nicht darum, sich über die Ungebildeten lustig zu machen. Aus ihm spricht nicht die Verachtung des Humanisten für das einfache Volk, sondern die Sorge um die Wahrheit. Zwar weist er die dumme Dreistigkeit seiner Gegner in die Schranken und spottet: Kaum können die Täufer lesen, prophezeien sie schon und spielen sprachliches Können, ehrliche fleissige Geistesarbeit aus gegen billige Geisttreiberei. Wahrscheinlich hat er Murer im Blick: «Man darff der zungen nüts [man braucht die Kenntnis der Sprachen nicht]; wir könnend [verstehen] die geschrifft wol als wol [ebenso gut] als die, so vil spraachen könnend; es ligt am geyst und nit an der kunst.»[44] Auf diesem dunklen Hintergrund aber singt Zwingli nun das Hohe Lied der humanistischen Intelligenz als unabdingbar für das Pfarramt. Natürlich fällt Bildung und Glaube nicht zusammen. Der ziehende Gott allein kehrt die Herzen der Menschen zu sich. Aber das richtige Verständnis der Schrift ist nötig, weil ihr sonst von unverantwortlichen Leuten Gewalt angetan wird. Genaue Kenntnisse der hebräischen und griechischen Sprache sind darum für den Pfarrer im Predigtamt und in der Gemeindeleitung unumgänglich. Um diese Kunst in Zürich zu realisieren, schlägt Zwingli vor, das alte Priestertum vor Ort absterben zu lassen und das frei werdende Kirchengut teils für die Armen, teils für die Errichtung eines biblischen Sprachinstituts einzusetzen.[45] Das Lesenlernen und dann das Lesen der Bibel in der Übersetzung allein genügt nicht. Diese oberflächliche Schulung bläht als Scheinbildung die

---

33,576 (Serm. Job 12,7ff): «... quand Dieu aura donné bon esprit a un homme, [...] qu'il luy aura donné faculté et grace pour instruire les autres: si on n'en tient conte, et qu'on repousse tout cela: il est certain que le Saint Esprit est comme foulé aux pieds.» Diese Zusammenhänge sind umsichtig dargelegt bei W. *Krusche*: Das Wirken des Heiligen Geistes nach Calvin, Göttingen 1957, 33–125 (Kap. III: Der Heilige Geist und der Mensch).

43 Z IV 419,20–420,2.

44 Z IV 417,25–27.

45 Der Vorschlag wird in Zürich rasch realisiert. Es entstand die so genannte «Prophezei». Vgl. G. W. *Locher*: Die zwinglische Reformation, 1979, 161; sowie U. *Gäbler*: Huldrych Zwingli. Leben und Werk, Zürich 2004, 92–94.

Leute nur auf. So ist das nun einmal mit dem «prästen», der Sünde des Menschen, die sich auch immer in Dummheit ausdrückt und auslebt. Es gilt also, vom aufblähenden Wissen zur wahren Bildung durchzudringen. Diese braucht den ganzen Vorgang der biblischen Hermeneutik, die ohne die alten Sprachen nicht auskommt und die auch auf die humanistische Disputation zur Wahrheitsfindung angewiesen ist. Zwinglis Pfarrer verachtet nicht im Bildungsdünkel das Volk, er hofft vielmehr auf seine Bildungsfähigkeit und rechnet mit ihr.[46]

In der Gestalt des Pfarrers konzentriert und manifestiert sich in «Von dem Predigtamt» das reformatorische Wortverständnis. Mit der Gemeinde zusammen untersteht der Pfarrer dem Wort, aber er steht der Gemeinde mit dem Wort auch gegenüber, denn das allgemeine Priestertum der Gläubigen hebt ja das Predigtamt nicht auf, sondern ermöglicht es. «Wir söllend nit alle predger sin.»[47] Neben diesem gemeinreformatorischen Verständnis des Pfarramts, das sich gegen das täuferische Missverständnis des allgemeinen Priestertums richtet, aber auch gegen das römische Priesterverständnis, das laut kanonischem Recht nur menschlichen Rechtes ist, sind die anderen Aspekte des Pfarrerbildes genuin zwinglisch: Der Pfarrer ist der besoldete Funktionär der Gemeinde, die hier in Zürich identisch ist mit der Stadt bzw. mit dem Staat Zürich; und er ist der humanistisch gebildete und geschulte Ausleger und Hermeneut der Bibel. Er steht für die humanistische Bildung und Kultur der spätmittelalterlichen Stadt. Es ist unübersehbar, dass diese Hauptzüge des zwinglischen Pfarrerbildes Ordnungsfaktoren, Strukturfaktoren der frühbürgerlichen Welt des 16. Jahr-

[46] Vgl. Z IV 418,24–419,6: «Darumb ir unnd andre land nach gelegenheyt der sachenn mit gott mögend die unnützen geystlichenn lassen absterben, unnd ires guots einen teyl an die armen gmeynd verwenden, den andren daran, das etlich glert üwrem land zu guotem unnd zuoflucht [Hilfe] in den zungen [Sprachen] erzogen werdind; denn sust stadt [besteht] grosse gevar by dem lesen, das zuo diser zyt so gemeyn ist, da man wol sicht, dass vil me dero, die lesend, alleyn gelert und beschwetzt [beredt, geschwätzig] werdend weder [statt] fromm und gotzvörchtig. Dieselben varend demnach mit eim yeden fräfel harfür, der doch in ursprünglicher spraach und sinn nit grund hat; die kan man demnach ouch mit dem rechten verstand überwinden.»

[47] Z IV 419,7–11: «Wir söllend nit all predger sin, als Paulus anzeygt 1. Corinth. 12. [1Kor 12,29]: ‹Sind wir all apostel? Sind wir all propheten? Sind wir all lerer?› etc., als ob er spräch: Neyn. Darumb eyn grosse vermessenheyt ist an die selbstgesandten predger, das sy inenn selbs alle ämpter zuolegend, und was sy nit könnend, verachtend.»

hunderts darstellen. Der (bescheiden) besoldete Pfarrer wird zu einem Ordnungsfaktor ersten Grades im Kampf gegen das Gespenst der Armut, das die spätmittelalterliche Stadt in Schrecken versetzte.[48] So geben sich der reformatorische Pfarrer und die frühbürgerliche, reformwillige Stadt die Hand. Mit der politischen Vorstellungswelt der spätmittelalterlichen Stadt lässt sich das Wesen des zwinglischen Pfarramts ausdrücken: Aus dem inklusiven täuferischen Verständnis des allgemeinen Priestertums, sagt Zwingli, entsteht so viel Schaden und Unordnung, wie wenn in der Stadt jeder Bürger Bürgermeister werden wollte.[49] Der bescheiden, aber ökonomisch sicher situierte Pfarrer, der sein prophetisches Reden durch sorgfältige humanistische Studien absichert und so das Pfarramt vor jeder Unordnung feit, und der Bürgermeister, diese beiden bilden das Gespann, das die frühneuzeitliche Gesellschaft auf die Bahn der Ordnung und des sozialen Friedens lenkt.[50] Das Täufertum hat für diese Aspekte des Pfarramts kein Sensorium, es verachtet und bekämpft sie vielmehr und kann darum einem gesellschaftlich verantwortlichen Christenmenschen nicht gefallen.[51] Dennoch wäre es falsch, angesichts des Unbehagens des Stadtbürgers Zwingli gegenüber dem täuferisch-unbürgerlichen Chaos das zwinglische Pfarramt einfach als ideologischen Ableger der spätmittelalterlichen Stadt im Raum der Kirche zu sehen. Stadt und Reformation sind auch bei Zwingli keinesfalls identisch. Die sichere ökonomische Basis des Pfarramtes und die humanistische Bildung seines Trägers kommen

---

48 Zur Frage der Armut im Spätmittelalter vgl. D. *Food*: Art. «Armut», in ^{1}TRE 1,96; sowie M. *Mollat*: Die Armen im Mittelalter, München 1984, 174–268.

49 Z IV 430,23–28: «Dann nit weniger irrtumb entston wurdind weder so in einer statt ein yeder wölte burgermeister sin, der ein burger war. Es fuogt ouch nit, dass sy hie ynredend uss 1. Pet. 2. [1Petr 2,9]: ‹Wir sind all priester›; dann ich red hie nit von gewycht [geweiht] syn oder nit, sunder von dem ampt des lerenden.»

50 In der wichtigen Studie von B. *Moeller*: Reichsstadt und Reformation, Berlin 1962/1987, die die Reformationsforschung der letzten Jahrzehnte sehr angeregt hat, ist dieser Aspekt nicht untersucht worden. Ansätze dazu finden sich bei H. A. *Obermann*: Werden und Wertung der Reformation, Tübingen 1977, 263–266 und bei B. *Hamm*: Zwinglis Reformation der Freiheit, 1988, 104 f.

51 Z IV 432,25–28: «... der widertouff wirt all wäg dem meren teil der frommen, rüwigen Christen nit gevallen usss der ursach, das die widertöuffer glych erlernet [erkannt] werden, dass sy uff die gmeind [Gütergemeinschaft] und hynwerffen der regimentenn [Abschaffung der weltlichen Herrschaft] reichend [zielen].»

zwar dem Gemeinnutz, dem *bonum commune*,[52] entgegen, aber Zwingli liefert damit den Pfarrer keineswegs der spätmittelalterlichen Stadt aus, sondern er will mit diesen Dimensionen seines Pfarrerbildes den Täufern und seiner Zeit überhaupt deutlich sagen, dass nur der ökonomisch unabhängige und sprachlich gebildete und sich bildende Mensch den Dienst des Wortes zum Nutzen aller sinnvoll und kompetent ausführen kann.

3. Pfarramt und *bonum commune* I – Das hässliche Gesicht des Eigennutzes

Ohne Ordnung geht es nicht, aber der zwinglische Pfarrer ist nicht der Ordnungshüter des Status quo. Zwinglis Schrift «Von dem Predigtamt», die auf den ersten Blick das Pfarrerbild des ängstlichen Besitzbürgers zu spiegeln scheint, schliesst mit einer Zusammenfassung der Pfarreraufgaben. Gegenüber den Wiedertäufern, die auf Gütergemeinschaft und Abschaffung der weltlichen Obrigkeit zielen, setzt Zwingli den reformatorischen Pfarrer und mahnt: «Darumb strytend als die weydlichen reyser [tüchtige Krieger]; verlassend üwer ort und ampt nitt.»[53] Diese Bemühungen sollen darin bestehen: Die Schafe sind von Sünden rein zu halten, Gottesfurcht und Nächstenliebe sollen gepflegt und zum gemeinsamen Leben soll angehalten werden und der Pfarrer hat zu lehren und zu predigen,

---

[52] Dieser aus der aristotelischen Scholastik stammende zentrale Begriff bei *Thomas von Aquin* (Summa theol. 11.1,93,1) ist in der neueren katholischen Theologie in seiner Bedeutung wieder gewürdigt worden von M. D. *Chenu*: Die Arbeit und der göttliche Kosmos. Versuch einer Theologie der Arbeit, übersetzt und eingeleitet von K. *Schmitt*, Mainz 1956; vgl. besonders 123 und 155–57. Für Chenu steht dieser thomasische Begriff zunächst einmal für den erstaunlichen Zusammenhang der Konzentrations- und Freiheitsbewegung in der Geistesgeschichte des 13. Jahrhunderts. Es ist unübersehbar, dass Zwingli und später auch Calvin in die Geschichte der Entwicklung dieser Vorstellungen hineingehören. So einzigartig die Reformation des 16. Jahrhunderts sich auch darstellt, sie hat gerade in ihrer soziologisch-kulturellen Dimension bedeutsame Wurzeln im Thomismus. Grundsätzliche Überlegungen und Untersuchungen zu diesen Zusammenhängen sind Forschungsdesiderate. Wertvolle Hinweise liefern bereits G. W. *Locher*: Die zwinglische Reformation, 1977, 63 und 208; neuerdings B. *Hamm*: Zwinglis Reformation der Freiheit, 1988, 134f (die bisherigen Ansätze zusammenfassend).

[53] Z IV 433,7 f.

dass «man das eewig mitt dem zytlichen nit verliere»[54]. Nun stimmt aber diese Zusammenfassung der Pfarreraufgaben nur zum Teil und nur sehr bedingt zum Inhalt der Schrift vom Predigtamt. Dieses Resümee weist vielmehr auf ganz andere Züge des zwinglischen Pfarrerbildes. Anders gesagt: Der scheinbar so ruhige, realistisch-bürgerliche Inhalt der Predigtamtschrift ist nur eine Hülle für weitere Dimensionen, ja für ganz andere Akzente in Zwinglis Pfarrerbild. Offen liegen diese in Zwinglis Schrift «Der Hirt», die er noch ohne die antitäuferische Einengung und Abgrenzung in den ersten Stunden der Zürcher Reformation entwickelte und den etwas gemütlich gewordenen spätmittelalterlichen Klerikern vorführte. Die sanfte bürgerliche Schale des zwinglisch-antitäuferischen Pfarrerbildes erweist sich plötzlich als Gefäss mit revolutionärem Inhalt von grosser Sprengkraft.

Das späte Mittelalter kennt eine beredte Klage über den Zerfall der menschlichen Gesellschaft. Dabei ist es besonders die spätmittelalterliche Stadt, die das Anschauungsmaterial bietet für das verderbliche Walten des Eigennutzes. Der künstlerische Ausdruck dieses Zeitgefühls zeigt sich wohl am schönsten in einem Flugblatt von Hans Sachs, entstanden um 1530. Das ungemein dichte Bild trägt den Titel «Die brüderlich lieb hat keyn Füss mer»[55]. Der Einblattholzschnitt zeigt eine Frauengestalt an einem Holzstrunk lehnend mit abgeschlagenen Füssen. An ihren Brüsten trägt sie zwei Säuglinge. Im Mittelfeld des Bildes flieht eine teuflische Gestalt mit gezücktem, blutigem Schwert in die Tiefe des dunklen Waldes. Im Hintergrund erscheint, an einem See gelegen, die Silhouette einer spätmittelalterlichen Stadt. Über die Frau ohne Füsse beugt sich mitleidend der Dichter. Der Textfluss des Blattes gibt das Gespräch der beiden wieder: Die Charitas, die Liebe unter den Menschen, ist vor dem Eigennutz, ihrem ärgsten Feind, der aber den Zeitgeist prägt und beherrscht, aus der Stadt in den Wald geflohen. Sie klagt:

---

[54] Z IV 432,30–433,1 f.

[55] In: Flugblätter der Reformation und des Bauernkrieges. 50 Blätter aus der Sammlung des Schlossmuseums Gotha, hrsg. von Hermann *Meuche*: Katalog von Ingeborg Neumeister, Insel-Verlag Leipzig 1976. Eine Beschreibung des Blattes ebd. 82. Die folgenden Zitate sind dem Hans-Sachs-Text des Flugblattes entnommen; Druck und also Bild des Blattes stammen von Antony *Formschneyder*, Augspurg. Das Blatt ist als Unikat erhalten, vgl. Abbildung auf dem Buchumschlag.

«Ich bin die Edel Charitas
Die menschlichs gschlechts ain muter was
Das ich entpfieng/gebar/und neret
Erzug/erhielt/straffet und leret
Ordnet/beschützet wol und eben
Inn brüderlich Christlichem leben
Inn vollem gnügem für unnd hin
Weil ich mein wonung het bey jn.»

Der Dichter möchte nichts anderes, als dass sie schleunigst zurückkehre in die Stadt, aber das ist nicht so einfach:

«Ich sprach/wie hat sich das ghandelt?
Das du hast menschlich gschlecht verlassen/
Sie sprach/ich hab gehabt unmassen
Ain grimmen feind der mich durchecht
Der hat mich von menschlichem gschlecht
Vertriben gar auss allen lendern
Auss hoch/mitlen/und nidern stendern
Der hat mich hie geworffen nider
Und mich beraubet meiner glider
Des darff ich zuo den menschen nicht/
Ich sprach wer ist der bösewicht?
Der trewloss feinde alles guots/
Sie sprach er ist der aigen nutz
Das grewlich/tückisch/geitzig thier/»

Alles wäre gerettet und geheilt, wenn die Charitas wieder Einzug hielte in der Stadt der Menschen. Das ist auch des Dichters grösster Wunsch:

«Ich sprach/O tugentreycher schatz
Kum noch/thür und thor steet dir offen
Und eyl/dieweil noch ist zuo hoffen
Das dem ubel zuo helffen sey
Sie sprach/mein will ist guot darbey
Sichst nit das ich kain fuoss mehr hab
Weil mir sie hat gebissen ab
Der aygennutz/ich kan nit gon

Muoss furthin hie mein wonung hon
Ainig allain in diser wildt.»

Die Parabel schliesst mit endzeitlichen Gedanken und ergeht sich in apokalyptischer Stimmung. Gottes Gerichtstag muss nahe sein. Das Gesicht des Bösen ist klar und unverkennbar: Eigennutz. Die Parabel, entstanden im Umkreis von Reformation und Bauernkrieg, analysiert den Schaden der Gesellschaft wie Zwingli: Eigennutz ist das Übel der Zeit. Der Feind der Gesellschaft ist auch der Hemmschuh aller Reformation. In diesem soziologischen Verstehenshorizont ist Zwinglis Grundtext zur Erfassung seines Pfarrerbildes geschrieben. Zwingli widmet seine Hirtenschrift dem ersten hoffnungsvollen reformationsgesinnten Mann im kleinen Kanton Appenzell. Im jüngsten und kleinsten Land der Eidgenossenschaft ist noch zu hoffen, dem Übel abzuhelfen. «Es ist wol ze verhoffen, dass, wie sy under den orten der loblichen Eydgnoschafft das letst sind [Appenzell trat 1513 der Eidgenossenschaft bei], im glouben nit die kleinsten noch letsten werdind; dann sy nit in der mitte lustbarlicher landen, da die gefärd eigens nutzes und wollusts aller gröst sind, sonder an einem ruhen [rauen] ort ligend, da die fromm einvaltigheit mag verhüt [bewahrt] weden.»[56] Zwinglis Hirtenschrift ist genau in dieser Front des Eigennutzes geschrieben. Der falsche Hirte, die dunkle Folie für Zwinglis Bild vom guten Hirten, ist nichts anderes als das hässliche klerikale Gesicht des Eigennutzes. In seiner Summa zum falschen Hirten fasst Zwingli in zehn Punkten dieses hässliche Bild zusammen. Diese Summa lässt sich gut in drei Hauptdefekten des mittelalterlichen Pfarramtes wiedergeben:[57]

Der erste Kritikpunkt Zwinglis an der spätmittelalterlichen Hirtenexistenz ist der, dass dieser Hirtendienst nur dem Eigennutz des Pfarrers und des ganzen Klerus dient. Diese Hirten sind Hirten, die sich selber weiden. Ja, aus dem biblisch begründeten Hirtendienst von Evangeliumsverkündigung und Seelsorge ist eine reine Wolfsexistenz geworden! Der Hir-

[56] Z III 10,25–30, aus Zwinglis Widmung an seinen Freund Schurtanner in Appenzell, März 1524.

[57] Zum Folgenden vgl. Kapitel I: «Seelsorge und Politik bei Ulrich Zwingli.» Eine gute Analyse der Hirtenschrift – allerdings nicht unter der Fragestellung nach Zwinglis Pfarrerbild – bietet auch F. *Büsser*: Schrift und Dienst bei Zwingli, in: 1484–1984. Zwingli und die Zürcher Reformation, hrsg. von der Präsidialabteilung der Stadt Zürich aus Anlass des 500. Geburtstags von Huldrych Zwingli, Zürich 1984.

tendienst erscheint umfunktioniert zur Herrschaftsausübung. Es sind besonders die Punkte 7 und 1–3 der zwinglischen Liste vom falschen Hirten, die diese Umkehrung thematisieren: «7. Welche namen der hirten tragend und aber weltlich herschend, sind die bösten werwolffen.»[58] In Punkt 1 legt Zwingli den Finger auf den aus reformatorischer Rückschau wundesten Punkt im spätmittelalterlichen Amtsverständnis: Es gibt zahlreiche Kleriker gerade in leitender Stellung, die völlig ohne Verkündigungsdienst ihr Amt verwalten. Zwingli hebt mit seinem ersten Kritikpunkt das ganze mittelalterliche und zum Teil schon altkirchliche System der Sakramentskirche aus den Angeln: «1. Alle, so nit lerend, sind nütz [nichts] denn wolff, ob sy schon hirten, byschoff oder küng genennet werdind. Sich [sieh] hieby, wie vil sind der lerenden bischoffen?»[59] Zwinglis Kritik geht allerdings tiefer als nur bis zu der Äusserlichkeit, dass viele Bischöfe nicht predigen, sondern diese Aufgabe im Spätmittelalter weitgehend an den niederen Klerus delegiert haben. Diese Organisationsform ist für ihn vielmehr das Symptom einer tiefsitzenden Krankheit der Kirche und ihres Amtsverständnisses. Auf die reformatorische Kritik an der spätmittelalterlichen Kirche reagierte diese bekanntlich mit der Klage über die Zerreissung der Einheit. Seit den Tagen Cyprians und seines Traktates «De unitate ecclesiae» war diese Klage eine scharfe Waffe gegen schismatische Regungen: Welch ein Frevel ist es doch, den einen ungenähten Rock Christi zu zerschneiden! Aber Zwingli lässt sich von dieser Klage nicht beeindrucken, er analysiert sie in der Hirtenschrift. Sie ist am Ende des Mittelalters nicht mehr echt, sondern interessengebunden und damit verlogen: Sie sagen «Christen», meinen aber ihre Geldkisten.[60] In Punkt 6 verschärft er seine Kritik noch: «6. Welche der armen nit achtend, sy vertrucken lassend und beschwären, sind valsch hirten.» Und in dieselbe Richtung weist Punkt 8: «8. Welche rychtag [Reichtum] zesamenlegend, sack, seckel, spycher und keller füllend, sind ware werwolffen.»[61] Durch den Eigennutz ist der Kleriker im Mittelalter zu einem Instrument der Ausbeutung der Armen geworden, zum Hirten, der sich selber weidet. Calvin wird fünfzehn Jahre später diese Kritik am mittelalterlichen Amtsverständnis und an der damaligen Amtswirklichkeit auf die knappe For-

[58] Z III 59,27 f.

[59] Z III 59,9–11.

[60] Vgl. die ganze zwinglische Analyse dieser Zusammenhänge in Z III 45,19–47,8, die er mit viel angriffigem Humor vorträgt.

[61] Z III 59,25f und 59,29 f.

mel bringen: «Sie sagen Seelen erbauen, bauen aber vor allem Paläste.»[62] Es ist bekanntlich ein Kennzeichen der Reformation Zwinglis, dass sie im sozialen Bereich anhebt und den Finger auf die Gemeinschaftswunden der Zeit legt. Darum kritisiert Zwingli am mittelalterlichen Hirten auch zuerst dessen soziale Unsensibilität. Bei aller Zeitbedingtheit seiner Kritik weist seine Anfrage die Hirten aller Zeiten auf die Notwendigkeit der Übereinstimmung von Wort und Werk im Hirtendienst. Der Punkt 5 seiner Negativliste bleibt zeitlos gültig: «5. Welche nit mit den wercken übend, das sy mit dem wort lerend, sind nütz [nichts nütze] under dem *christenen* volck, brechend [reissen nieder] vil me mit den wercken, dann sy mit dem wort buwind.»[63] Hirten, die sich selber weiden: So sieht die Klerikerfratze des Eigennutzes aus. Es gilt von ihnen im 16. Jahrhundert und zu allen Zeiten: «Und nun bald mit inen von [weg von] den schaafen, oder aber sy fressend's gar.»[64]

Der Eigennutz entstellt allerdings das Pfarramt noch mehr, als es Zwingli in seiner Sozialkritik bisher offenlegte. Der Punkt 4 seiner Negativliste verdient dabei besondere Beachtung. «4. Welche schon lerend, und lerend ouch das wort gottes, und aber die grösten verergerer, die höupter, nit anrürend, sonder ir tyranny wachssen lassend, sind schmeychlend wolff oder verräter des volcks.»[65] Die Fratze des Eigennutzes im Klerikerstand hat eine nicht zu übersehende politische Note. Die Ausbeutung des Volkes durch das Frömmigkeitssystem des späten Mittelalters geht ja Hand in Hand mit Willen und Einwilligung der politischen Führung. In früher Stunde der Reformation ist Zwingli der Analytiker der politischen Lage. Er weiss, dass der rechte Hirte nicht nur die kirchlichen und sozialen, sondern auch die politischen Zustände seiner Zeit aus den Angeln heben, oder wenigstens wirklich und unüberhörbar kritisieren muss um der Glaubwürdigkeit seiner Arbeit, seiner Amtsführung willen. Umgekehrt gesagt, die Hirtenfratze des Eigennutzes ist der unpolitische Pfarrer, der mit der Ausrede «ja keinen Aufruhr stiften» auf die nötige politische Herrschaftskritik verzichtet. Es ist deutlich, dass Zwingli hier über die Kritik am Spätmittelalter hinausgeht und auch schon innerreformatorische Entwicklungen ins Auge fasst. Es gibt leider die unmögliche Möglichkeit, das Wort Gottes zu lehren und dabei die politischen Tyrannen in Ruhe zu las-

62 CO 6,597 (Calvin in seiner Auseinandersetzung mit den Nikodemiten).
63 Z III 59,22–24.
64 Z III 60,1 f.
65 Z III 59,18–21.

sen. Es ist nach Zwingli ein wesentliches Kennzeichen des falschen Hirten, dass er vor dem politischen Schritt der Herrschaftskritik zurückweicht und damit mit seinem pastoralen Tun Ungerechtigkeiten und ungerechte Strukturen zementiert und so den Hirtendienst in Wolfswesen verkehrt. «Man predget, das zuo uffruoren dienet [altgläubiger Vorwurf gegen die reformatorische Predigt] – (aber das sy die welt in ire verzinsung und eigenschaft gebracht, des sy doch gheinen grund habend, das wyl sy nit beduncken zuo uffruoren reichen. Unnd ist doch kund, dass alle uffruorenn, die uff erdrich ye gewäsen, allein uss übertrang [übermässiger Bedrückung] der gewaltigen erwachssen sind). Und derglychen gebrästen vil fuorend sy zuoletst harin, daran man sicht, das sy mit erdichtem schin den gnädigen handel Jesu Christi, unsers herren, iren anfechtungen [eigentlichen Absichten] fürwelbend [zum Vorwand dienen lassen].»[66] Pfarrer als politische Leisetreter missbrauchen ihr Amt und fallen unter Zwinglis Verdikt: «... Christus hat gghein sölichs xind me gehebt.»[67] Solche Dienerschaft hat Christus nicht gehabt!

Der Pfarrer als sozialer Schmarotzer und politischer Leisetreter: Diese gravierenden Vorwürfe sind aber immer noch nicht Zwinglis schärfste Kritik an der spätmittelalterlichen Amtswirklichkeit. Zwinglis Liste zum falschen Hirten schliesst mit «9. Daby ouch lychtlich verstanden wirt, das alle die valsche hirten sind, die an die creaturen von [weg von] dem schöpfer fürend.»[68] Zwingli kann mit der Formel «vom Schöpfer weg auf das Geschöpf lenken» alles zusammenfassen, was er am spätmittelalterlichen Amtsverständnis kritisiert und ablehnt: die Vernachlässigung der Wortverkündigung zugunsten der Kirchengesetze, die Verkehrung des kirchlichen Dienstauftrages in Herrschaftsstrukturen usw. Überall geschieht das Gleiche: An die Stelle des *creators* wird die *creatura* gesetzt. Die Ehre, die dem Schöpfer zukommt, wenn der Mensch richtig leben und atmen soll, wird auf das Geschöpf umgebogen. Aus dieser Verkehrung kommt der ganze Zerfall. Mit der Formel ‹*creator – creatura*› steht Zwingli in eigenständiger Art in der Nachfolge Augustins und variiert und verdichtet dessen Schema ‹*amor dei – amor sui*›. Es ist Berndt Hamm zuzustimmen,

---

66 Z III 46,22–47,4.

67 Z III 47,7 f.

68 Z III 60,3 f. Wahrscheinlich intendierte Zwingli eine Liste von 10 Negativpunkten. Dabei wäre Punkt 8 in zwei Punkte aufzulösen. Es scheint, dass Zwingli in der Eile, in der seine Schriften zu entstehen pflegten, diesen Dekalog aus dem Auge verlor.

wenn er in dieser Formel die Reformation Zwinglis überhaupt auf den Punkt gebracht sieht, indem Zwingli damit über Augustin hinaus auch die reformerischen Ansätze des Erasmus zurücklässt: «[...] der Gegensatz zwischen Schöpfer und Kreatur verdichtet und konkretisiert sich in Zwinglis Sicht zum Gegensatz zwischen dem biblischen Gotteswort und der gesamten kirchlichen Tradition von Menschenworten.»[69] Die wahre Gottes- und Menschenerkenntnis nicht richtig lehren und predigen,[70] weil sie die Ehre von Gott auf das Geschöpf ziehen, das macht den falschen Hirten aus, daraus resultiert die Hirtenfratze des Eigennutzes. Darum musste Reformation sein und mit ihr die Prägung eines ganz neuen Amtsverständnisses und Pfarrerbildes. Man könnte Zwinglis Pfarrerbild weitgehend *via negationis* in antitäuferischer und antirömischer Front erschliessen. Hier sei nun aber abschliessend noch der Versuch gewagt, das Pfarrerbild aus den positiven Ansätzen der zwinglischen Reformation nachzuzeichnen, wie sie besonders in der Hirtenschrift vorliegen.

4. Pfarramt und *bonum commune* II – Nit fürchten ist der Harnisch

Wenn das mittelalterliche Pfarrerbild durch den Eigennutz entstellt und geprägt ist, so bedeutet Reformation Heilung von Eigennutz durch Selbstverleugnung, Busse und *tolerantia crucis*. Zwinglis grundlegende Ausführungen zur Pfarrerexistenz zu Beginn der Reformation lesen sich daher wie ein berufsspezifisches Vorspiel zu Calvins Zusammenfassung der *vita christiana* zum Abschluss der Reformation in der letzten Ausgabe der *Institutio* (Inst III 6ff). «So eigen muoss der hirt gottes sin, dass er ouch vatter und muoter, die gott sunst heisst lieb haben und eeren, so sy inn hinderstellig [abtrünnig] machtind, hassen muoss. Und sind diese gebott alle nit allein der hirten, sonder aller menschen: doch fürnemlich und zum ersten reichend sy uff den hirten.»[71] Zwingli hat wohl die im Mittelalter

[69] B. *Hamm*: Zwinglis Reformation der Freiheit, 1988, 25 ff. Hamms Ausführungen sind sehr hilfreich und klärend gerade auch im Blick auf die Genese der zwinglischen Gedanken. Sie wären aber noch auf Zwinglis Abendmahlslehre auszuweiten.

[70] Z IV 391,10 f.

[71] Z III 15,17–21.

oft praktizierte Verquickung von Kirchen- und Familienpolitik im Auge, indem er gerade mit diesem, den Menschen aus den verwandtschaftlichen Bindungen herauslösenden Jesuswort seine Überlegungen zum Hirtendienst beginnt. Aber nicht nur von der Familie, sondern von seinen Interessen überhaupt, von seinem Selbst muss sich der Hirt trennen. «Zum ersten muoss der mensch sich selbs verlöugnen, denn der will al weg etwas sin, vermögen, können. Hie muoss er glych als ein eigen man [Leibeigener] und verpflichter knecht versetzt und verworffen by im selbs sin, und allein uffsehen, was in gott heisss, nüt [nichts] uss sinen krefften noch wüssen thuon, sonder die einigen form, gott, ansehen und sin wort.»[72] Und so führt der Hirtendienst eigentlich täglich ans Kreuz. Hirtendienst ist nach Zwingli eine ständige *tolerantia crucis*, etwas also, wonach sich der natürliche Mensch gewiss nicht sehnt, vielmehr findet er täglich zahllose Menschen, die sich selbst nicht verleugnen.[73] Diese dezidierte Betonung des Nachfolgegedankens in Anlehnung an die Bergpredigt zeigt deutlich, dass man die Reformation Zwinglis in die spätmittelalterlichen Bussbewegungen einreihen kann, die sich um den Gedanken des *bonum commune* ranken. Auch Luthers 1. Ablassthese reiht reformatorisches Denken in die Bussbewegung ein.[74] Das Neue gegenüber den mittelalterlichen Bussbewegungen ist nun allerdings das radikal christologische Verständnis von Busse, Selbstverleugnung und *tolerantia crucis*. Nicht irgendein selbstgewähltes Pfarrerkreuz hat der Hirte auf sich zu nehmen, sondern das Kreuz Christi. Hirtendienst ist nicht eine beliebige mittelalterliche Imitatio-Frömmigkeit, sondern Nachfolge Christi in der Übernahme seines Kreuzes. Zwinglis Leitspruch, Mt 11,28–30, steht auch als Motto über der Hirtenschrift (verbunden mit Joh 10,11).[75] Hirtendienst gibt es, weil Jesus Christus der Hirte ist. So ist auch Zwinglis zusammenfassendes Wort zur Selbstverleugnung im Hirtendienst zu verstehen:

---

72 Z III 16,3–7.

73 Z III 16,10–14: «Hat ein mensch sich selbs verlöugnet und sicht [sieht] allein uff gott, so findt er täglich ein grössere zal dero, die sich selbs nit verlöugnet, weder die sich verlöugnet hand. Zwüschend welchen demnach als gwüsser stritt [Streit] ist als zwüschend fhür und wasser ...» – Zwingli selbst sehnte sich ja seinem Selbstzeugnis zufolge auch nicht einfach nach seinem Hirtenamt, vgl. oben Anm. 32.

74 WA 1,233: «Dominus et magister noster Jesus Christus dicendo: Penitentiam agite etc, omnem vitam fidelium penitentiam esse voluit.»

75 Z III 2. Vgl. dazu H. *Scholl*: Predigt zum Zwinglitag 1984, in RKZ 10/1984, 263–266.

«Also hat im [also hat auch] *Christus Jesus* selbs geton, all weg sinen willen des vatters willen underworffen, und alle crütz tragen, biss dass er zuo der eer kommen, das er zuo der grechten [rechten Hand] gotes sitzt.»[76] Diese christologische Konzentration des Hirtendienstes und damit die christologische Verankerung des Pfarrerbildes hat natürlich Folgen für den Dienst und die Aufgabe des Pfarrers. Sie sind nicht beliebig zu gestalten, sondern am Logos Gottes auszurichten, der Gesetz und Evangelium, Zuspruch und Anspruch umfasst.

Zum Hirtendienst in Aktion gilt nun nach Zwingli gewissermassen die Regel: Seelsorge oder das Evangelium zuvor.[77] G. W. Locher hat in verdienstvoller, die ältere Forschung bedeutsam korrigierender Weise oft darauf hingewiesen, dass Zwingli in allen wichtigen Werken an entscheidender Stelle die Christusbotschaft, das reformatorische *sola gratia* formuliert, meist in anselmschen Klängen.[78] So liegt beispielsweise in den «Auslegen der Schlussreden» gewissermassen die zwinglische Urfassung des Evangeliums vor: «Summa des euangelions ist, dass unser Herr Christus Jesus uns den willen seines himmlischen vaters kund geton und mit seiner unschuld vom tod erlöst und gott versöhnt hat.»[79] In der Hirtenschrift heisst die theologische Summa, mit der der Hirte an seine Aufgabe geschickt wird: «... das euangelium ist die botschafft der sichren gnaden gottes.»[80] Auf diesem Hintergrund beschreibt Zwingli den Hirtendienst als seelsorgerliche Predigt. Predigt als Seelsorge und Seelsorge als Predigt ist die Grunddimension des Hirtendienstes. Bei aller Reinheit der Gnadenbotschaft ist aber bei Zwingli dafür gesorgt, dass die Gemeindepredigt nicht zur lendenlahmen Verkündigung einer billigen Gnade ausartet. In beachtlicher Konzentration beschreibt er den Urdienst des Hirten anhand synoptischer Christusworte: «Demnach sol er [der Hirt] anheben ze predgen, wie Christus hat angehebt [Mt 4,17]: Bessrend üch. [...] Nun bessret sich gheiner, der nit weisst, wie böss er ist. Darumb muoss hier der prästen [Schwäche, Sünde] unnd demnach heil gepredget werden.»[81] Mit irgendwelchem Biblizismus hat das *sola scriptura*, mit dem der Hirte im Predigt-

---

[76] Z III 17,17–20.
[77] Zum Folgenden vgl. Kapitel I: «Seelsorge und Politik bei Ulrich Zwingli».
[78] Vgl. z. B. G. W. *Locher*: Huldrych Zwingli in neuer Sicht, 1969, 29 f.
[79] Z II 27,17 ff.
[80] Z III 18,221.
[81] Z III 18,13–17. Zu Zwinglis Verständnis von Gesetz und Evangelium in der Funktion der Predigt vgl. den ganzen Zusammenhang von Z III 18.

und Seelsorgedienst steht, nichts zu tun. Zwar geht Seelsorge nicht ohne genaue Kenntnis der Schrift vor sich. Es ist also nach Zwingli keiner einfach zum Seelsorger geboren, er kann aber zum Seelsorger werden in der strengen Schule der Heiligen Schrift. Letztlich aber steht auch dieses Erlernen des Hirtenberufes nicht in der Macht des wollenden und gutwilligen Menschen, sondern es liegt am Ziehen des Heiligen Geistes. Der Hirt muss alles «allein uss der heiligen biblischen gschrifft erlernen. Unnd ist das erlernen der buochstaben nütz, gott ziehe im denn das hertz, dass er dem wort glouben gebe, unnd es nit nach sinen anfechtungen ziehe, sondern fry lasse, wie das götlich inblassen angibt.»[82] Kurz, seelsorgerliche Kompetenz setzt voraus, dass der Hirte selber gehirtet ist. Er muss selber in der *vita christiana* drinstehen, die mit der Selbstverleugnung beginnt, und die ihn im Wunder Gottes zur Stimme Gottes selbst macht,[83] sodass er erst jetzt, aber jetzt auch effektiv und vollmächtig in der Seelsorge steht, nämlich im Verhüten, «das die gewäschnen [gewaschenen] schäfflin nit widerumb in das kat [Kot] fallind»[84].

Ist die Seelsorge so verstanden und gehandhabt, also letztlich als Akt des Heiligen Geistes, der die Menschen füreinander braucht, dann erst gibt es auch ein legitimes Reden vom Vorbildsein des Hirten, also nur auf dem Hintergrund aller Hirtenschaft, die Jesus Christus heisst. Das Vorbild wird dann besonders darin bestehen, «das er mit der tat nit breche, das er mit worten lert»[85]. Nur so entspricht er der göttlichen Wirklichkeit, die allein den Ursprung wahrer Autorität qua definitione darstellt. «Denn locus ab autoritate gilt negative by gott, darumb, das er ein so volkommens guot, das im nütz gebrästen mag [dass es ihm an nichts gebrechen kann]; also mag ouch nieman ützid [irgendetwas] erfinden dass das götlich bessren oder ersetzen müg. Also muss er sich in den dingen ein bildner vortragen [sich als Erzieher erweisen], die eim vatter zustand. Der tribt nit böggenspil [Narrenwerk], das er damit sinen kinden abgyle [etwas abbettle], sonder sicht er [sondern er sieht darauf], das sy zu einem unvermassgeten [unbefleckten] läben erzogen werdind, früntlich, unschädlich, zymlich [sittsam] sygind in allen dingen, unnd alle unmass fliehind. Darinn muoss sich ouch der hirt üben. Darumb wirdt er

[82] Z III 22,14–18.
[83] Z III 18,4f: «... darumb, das gheiner ze weyden komlich [geeignet] ist, er sye dann in im selbs nit daheimen, sonder gott wone in im und rede uss im.»
[84] Z III 19,5 f.
[85] Z III 20,12 f.

von Christo ein hussvatter oder husshalter genennet.»[86] Es handelt sich also in diesen Gedankengängen Zwinglis nicht um eine Abwertung des Wortes gegenüber der Tat, wie neuzeitliches Tatchristentum es gern bei ihm finden möchte.[87] Wenn Zwingli in der Hirtenschrift Wort und Beispiel einander gegenüberstellt, dann nur in diesem pneumatologischen Seinsverständnis, in dem der wahre Hirtendienst stattfinden kann und faktisch auch vor sich geht. In diesem Sinne gilt dann auch: «Nietend sich nun die lerenden nitt [geben sich nun [...] nicht Mühe] inn den dingen, die sy lerend, so sind sy nitt recht. Übend sy sich aber in den dingenn, die sy uss gott lerend, so lert das läbendig byspil me [mehr] denn hunderttusend wort.»[88]

Zwingli hat bekanntlich seine Predigten nicht aufgeschrieben. Anders als von Luther und Calvin existiert von Zwingli kaum eine nachgeschriebene Predigttradition, sodass wir uns kein sicheres Bild seiner seelsorgerlichen Predigtarbeit machen können. Wir sind aber in der guten Lage zu wissen, wie seine Predigt gewirkt hat. Thomas Platter, der einstige Walliser Hirtenbub und nachmalige Basler Humanist und Buchdrucker, berichtet in seinen autobiografischen Aufzeichnungen über seine geistlichen Erfahrungen unter Zwinglis Kanzel: «Ich habe oft mit meinen Gesellen für das Papsttum gekämpft, bis einmal da predigte Magister Ulrich in der Sälnower Kirchweih vor Sälnow im Hof das Evangelium Johannis im 10. Kapitel; Ich bin ein guter Hirte usw. Das legte er so gewaltig aus, dass ich wähnte, es zöge mich einer bei dem Haar über mich; zeigte auch an, wie Gott das Blut der verlorenen Schäflein würde an den Händen der Hirten suchen, die an ihrem Verderben schuldig wären. Da gedachte ich: hat es diese Meinung, so ade Pfaffenwerk! Kein Pfaff werd ich nimmermehr, [...] Noch hatte man Messe und Götzen in Zürich.»[89]

Die andere Seite des Hirtendienstes liesse sich ohne weiteres *ex negativo* aus den Punkten der Liste zum falschen Hirten darstellen. Die Ausführun-

---

86 Z III 20,29–21,9.

87 Zum Wandel des Zwinglibildes und des Verständnisses seiner Theologie in den Jahrhunderten vgl. U. *Gäbler*: Huldrych Zwingli, Leben und Werk, 2004, 142–146, sowie die dort genannte Literatur.

88 Z III 21,16–19.

89 Thomas und Felix *Platters* und Theodor Agrippa *d'Aubignés* Lebensbeschreibungen, hrsg. von O. *Fischer*, München 1911, 641.

gen Zwinglis zu dieser Seite der Sache sind schon rein quantitativ so beachtlich, dass sie das Pfarrerbild Zwinglis prägten und immer noch prägen. Zwinglis Hirte ist der Pfarrer, der sich in die Politik einmischt und zwar auf der Seite der Bedrängten, der Pfarrer als Stimme der Sprachlosen, mit Bonhoeffer: «Tu den Mund auf für die Stummen.»

Zwingli weiss, dass politische Herrschaft die Tendenz in sich trägt, zum Ausbeutungsmechanismus zu degenerieren. Er erfasst und reflektiert viel politische Wirklichkeit des 16. Jahrhunderts, wenn er sagt, dass «der mer teyl des gwalts, der das schwert halt, me [mehr] uss gyt [Habsucht], muotwillen, frävel und allein zuo höhung und wollest, weder [als] uss liebe und forcht gottes die grechtigheit züdienet [handhaben] [...] Gegen iren underthonen ist es nütz denn bochen [wütend sich gebärden], straffen, schinden, schaben, verzynsen [ungerechte Steuern erheben], versetzen [ungebührlich belasten] [...]»[90] Was der Hirte in dieser prekären Situation zu tun hat, kann nach Zwingli nicht zweifelhaft sein: «Schry! Hör nit uff!»[91] Dabei soll der Hirte nicht nach dem Erfolg seiner Predigt fragen. Es gilt in der politischen Predigt nicht das Erfolgsprinzip, denn dieses würde den Umgang mit dem Gotteswort wiederum menschlichem Ermessen ausliefern.[92]

Man kann in diesem Zusammenhang Zwinglis Sicherheit im Umgang mit der Schrift nur bewundern. Mit einem gewaltigen Schriftbeweis durch das Alte Testament sichert und legitimiert er die politische und sozialkritische, man möchte fast sagen die religiös-soziale Predigt.[93] Meistens sind es Prophetengeschichten, die vom Gegenüber von Prophet und König sprechen, die Zwingli gehaltvoll und umsichtig für seine eigene Zeit exegesiert. Die David-Batseba-Natan-Episode z. B. gibt ihm Gelegenheit, ein

---

90 Z III 24,15–20.

91 Z III 25,29–26,3: «Schry! Hör nit uff! Erheb din stimm als ein trumeten [Trompete] und verkünd minem volck ire laster, also merckend wir wol, das der hirt schuldig ist wider alle fygend [Feinde] harfür ze tretten zuo schirm der schaaffen; ouch das er die schaaff uss dem wuost der sünden hebe; dann wo das nit, so bedörft man gheines hirten.»

92 Z III 32,17–22: «Denn gott wusst wol, das Hierobeam nit abston ward: noch [dennoch] schickt er sinen propheten zuo im. Welches wider die hirten ist, die ir schwigen damit entschuldigend, dass sy wüssind, das ir reden nütz helffe. Dann Christus hat by den ungloübigen Juden darumb nit uffgehört ze leren, dass er wusst, dass sy sin leer nit annamend.»

93 Der alttestamentliche Schriftbeweis für die politische Predigt umfasst im «Hirt» die Seiten Z II 27,2–35,23.

starkes Wort zum sexuellen Trauma seiner Zeit zu sagen.[94] Das Verhältnis Micha–Ahab und der falsche Prophet Zedekia (1Kön 22) bieten Zwingli Anlass, die verlogene Politik des Papstes anzugreifen, der Friede sagte und seine eigenen Interessen meinte.[95] Die Bibel erschliesst ihm die politische Wirklichkeit und umgekehrt bekommt sein politisches Wirken erst mit dem Schriftbeweis seine Dichte und Originalität. Bibellesen heisst Zwinglis politischer Slogan für den Hirtendienst.

Mit sicherer Hand setzt Zwingli mit dem Schriftbeweis an in der Exodustradition. Die Herausführung des Gottesvolkes aus der ägyptischen Knechtschaft geht weiter. Gerade das Reformationsgeschehen ist davon der unübersehbare und auch wunderbare Beweis. Hier schlägt Zwinglis neues Zeitgefühl voll durch: Nie zuvor in der ganzen Kirchengeschichte ist das Wort Gottes so wirkungsvoll ergangen. Gottes befreiendes Tun ist für Zwingli mit den Händen zu greifen. Für den Hirten heisst das aber: «Darumb wee dem hirten, der zuo disen zyten, darinn ouch die kinder und dorechtigen ze reden bericht [fähig] sind, schwygt, und das liecht under der mess [Mass, Scheffel] verstellet [stellt] und das werck gottes traglich [träge] thuot, unnd das volck gottes nit hilfft erledigen [erlösen, befreien].»[96]

Zwinglis Hirte wird durch die politische Predigt zur eschatologischen Gestalt. Das besagt nun aber gerade nicht, dass er (wie Luther es sehen wollte) zum hoffnungslosen politischen Optimisten und so Utopisten, zum politischen Macher würde.[97] Zwingli lässt seinen Schriftbeweis für das politische Amt des Hirten nämlich nicht im Alten Testament enden, sondern er zieht ihn hin auf Johannes den Täufer. In ihm kommt die Prophetie erst zu ihrem Ende und in Christus zu ihrer Erfüllung. Mit diesem «Schriftbeweis» erweist sich Zwingli auch und gerade in der frühen Stunde der Reformation in seiner Darlegung des politischen Hirtendienstes als biblischer Realist: Johannes der Täufer wird getötet. So ist auch

[94] Z III 31,14–16: «Was tuond nun die blawen [kraftlosen] Hirten, die an der gwaltigen eebrüch sich täglich stossend und denocht nit werend, sonder offt darzuo helffend […]?»

[95] Z III 34,26–29: «Und so offt sy [die päpstlichen Politiker] von fryden hand [haben] angehept [angefangen] ze reden, ist dasselbig all weg uff iren vorteyl beschehen, und der Krieg demnach grösser worden, das eim noch hüt bi tag grussen [grausen] muoss, so bald er sy hört von fryden reden.»

[96] Z III 28,5–9.

[97] *Luther*, WA TR 553: «Zwinglius voluit esse gigas.»

dem echten Hirten das Martyrium stets vor Augen, aber danach fragt er nicht. Sein Auftrag ist klar. Zwingli verschiebt plötzlich seine Terminologie und spricht nicht mehr nur von Hirten, sondern von Amtsleuten Gottes. Ihr Amt ist es, mit der weltlichen Obrigkeit oder gegen sie die öffentlichen Laster und die politischen Sünden zu bekämpfen unter Einsatz des Lebens. «Wert [hilft] der gwalt mit, so mag man die laster dess mit [mit desto] grösserem friden hintryben [wegschaffen]; hilft er nit mit, so muoss der hirt die hut dran binden [die Haut, das Leben dafür einsetzen] [...]»[98] So oder so gilt: Der «prophet [soll] nimmer schlaffen.»[99]

Zwinglis Hirte ist nicht der politische Macher, sondern der gehorsame Wächter im prophetischen Amt der Kirche. Er hat in seinem Dienst keine Macht und Mittel als die Predigt des Gotteswortes, mit der er wie ein Schaf unter die Wölfe gesandt ist, «damit alle kraft und eer gott und sinem Wort heymköme [zukomme]»[100]. Weil aber der Hirt das Wort hat, hat er auch die im Wort gründende Furchtlosigkeit, und so erklingt gerade in der Hirtenschrift der berühmte Zwinglisatz: «Nit förchten ist der harnesch [Harnisch].»[101] Dieser Satz singt also nicht das Lied des braven furchtlosen Mannes, sondern er markiert in Zwinglis Pfarrerbild die Extra-Dimension der Reformation. Der Harnisch des Hirten in seinem ungleichen Kampf mit den Grossen und Schranzen dieser Welt ist Christus, der die Welt überwunden hat. «Aber hierinn steckt unser gwüsser trost, das er der überwinder der welt sye. Und so wir sine trüwe diener, werde er dieselben ouch für uns überwinden. Darumb söllind wir nun fröhlich sin. Als ouch Moses zuo den kindren Israels spricht exod. 14: Der herr wirdt für üch stryten, und ir werdend still darzuo sin, schwygen und ruowen. Also sol der hirt die arbeyt sines herren volbringen, und demnach inn lassen walten und schirmen.»[102]

Indem Zwingli am Schluss seines Gedankenganges zur politischen Predigt nochmals die Exodustradition aufnimmt, endet er auf höherer Kehre dort, wo er begonnen hat. Zwingli profiliert sich damit in seiner Hirtenschrift als Theologe der Befreiung. Seelsorge und Politik bilden in der Pre-

[98] Z III 36,14–16.
[99] Ebd. G. W. *Locher*: Zwingli in neuer Sicht, 40, Anm. 54, weist darauf hin, dass Zwingli in seiner Frühzeit für den Pfarrer die Termini Hirt, Pastor, Wächter und episcopus braucht und später fast immer: Prophet.
[100] Z III 38,15 f.
[101] Z III 39,16.
[102] Z III 39,28–34.

digt des zwinglischen Hirten eine Einheit. Das Reich Christi ist eben innerlich und auch äusserlich – etiam externum –[103], und Zwinglis Pfarrerbild muss und kann so zum Zeugnis werden für die eine nach Gottes Willen nicht teilbare Wirklichkeit: der Pfarrer als Wächter des göttlichen Rechtes in Staat und Gesellschaft. In der Hirtenschrift hat Zwingli diese Sicht und Seite des Pfarramtes erstmals in extenso ausgeführt.[104] Zwingli ist seither auch in der neueren und neuesten Forschung oft als frühbürgerlicher Sozialrevolutionär, in welchem sich die Neuzeit ankünde, gewürdigt und gewertet worden.[105] Aufschlussreicher aber bleibt es, wenn wir Zwingli in seiner eigenen Tradition stehend sehen. Zwinglis Hirtenschrift ist weitgehend durch das vom Eigennutz entstellte Pfarrerbild des Spätmittelalters motiviert worden. Diesem Bild setzt er den Hirten als Diener des gemeinen Nutzens entgegen und stellt so seine Überlegungen in den Umkreis der mittelalterlich-thomistischen Debatte um das *bonum commune*.[106] Der Pfarrer ist der Künder und Wächter des göttlichen Willens in dem durch die Stadt geprägten und strukturierten Sozialkörper des Spätmittelalters. Da seine Predigt Inneres und Äusseres, Seelsorge und Politik verbindet, dient sie der Ganzheit des Menschen und der Integrität und Identität der Gesellschaft. So heilt sie den spätmittelalterlichen Menschen vom «prästen» des Eigennutzes und macht ihn fähig und bereit, zum Besten der Stadt dem gemeinen Nutzen, dem *bonum commune* zu

[103] Vgl. dazu den aufschlussreichen Aufsatz von H. R. *Lavater*: Regnum Christi etiam externum – Huldrych Zwinglis Brief vom 4. Mai 1528 an Ambrosius Blarer in Konstanz, in: Zwingliana 15/5, 338–382.

[104] Vgl. W. P. *Stephens*: The Theology of Huldrych Zwingli, Oxford 1986, 305.

[105] So, also von der bürgerlichen Zukunft her interpretiert ihn vor allem die marxistische Reformationsforschung, vgl. A. *Laube*/M. *Steinmetz* /G. *Vogler*: Illustrierte Geschichte der deutschen frühbürgerlichen Revolution, Berlin 1974, 154 ff.

[106] Den Begriff des *corpus christianum*, in dessen Umfeld Zwingli natürlich auch zu sehen ist (vgl. dazu B. *Brockelmann*: Das Corpus Christianum bei Zwingli, Breslau 1938, Neudruck Aalen 1983), hält man hier besser fern; er ist zu weit gefasst und trifft die spätmittelalterliche Stadtwelt kaum mehr, in der Zwinglis Hirte leibt und lebt. Richtig G. W. *Locher*: Die zwinglische Reformation, 171: «Damit lebt diese Reformationsbewegung unreflektiert noch im mittelalterlichen Ideal des *corpus christianum*, nur konzentriert es sich jetzt auf den kleinen Bereich eines städtisch-ländlichen Gemeinwesens und nicht mehr auf ein universales Imperium.» Ähnlich urteilt B. *Moeller*: Reichsstadt und Reformation, 1987, 49.

dienen. Das ursprüngliche Pfarrerideal, greifbar in der Hirtenschrift von 1523/24, von ihm selbst aber bis zu seinem Tod vorgelebt, enthält unübersehbar viel wertvolle spätmittelalterlich-thomistische Glaubenssubstanz. Eine neue Wendung bekommt die Sache mit dem Auftreten der Täufer und mit dem in ihrem Auftreten beginnenden modernen Individualismus. Von der Schrift über das Predigtamt an betont Zwingli den Ordnungscharakter des Pfarramtes bis hin zur materialistisch-bürgerlichen Existenzfrage nach dem rechten Lohn für den Pfarrer. Erst in dieser Front beginnt die Herausarbeitung und Artikulation eines bürgerlichen Pfarrerbildes. Dabei handelt es sich nicht um einen Bruch in Zwinglis Gedanken, sondern um eine ihm aufgezwungene und nötige Weiterführung und Anwendung seiner Hirtenidee. Das alte Pfarrerideal Zwinglis muss ja auch in der nun anbrechenden neuen Zeit einer vielfach zerbrechenden Glaubenseinheit weiterleben. Mit dem Auftreten der Täufer wird das spätmittelalterlich-reformatorische Pfarrerbild nicht ersetzt durch das frühbürgerliche, durch den Pfarrer als Ordnungsgaranten, vielmehr bleibt auch dieses frühbürgerliche Bild angereichert mit dem explosiven reformatorischen Gehalt. Der Lohn des reformatorischen Pfarrers lässt sich zwar nach 1525 in Gulden und Franken angeben. Gerade der reformatorische Pfarrer mit seiner frühbürgerlichen Familie muss mit diesem Lohn leben. Er will ja vorbildlich zeigen, im Gegensatz zu aller spätmittelalterlichen Verlotterung, was Familie und väterliche Verantwortung heisst, um der Glaubwürdigkeit seiner Predigt und Botschaft willen. Aber der wahre Hirtenlohn ist das dennoch nicht. Der lässt sich nicht in Gulden und Franken ausdrücken und verrechnen. Der wahre Lohn des Hirten, auch in der zwinglisch-bürgerlichen Existenz, ist Gott! «[Ich] bin dein Schild. Dein Lohn wird sehr gross sein», heisst es in Gen 15,1. Dieser Vers wird zwar in Zwinglis Hirtenschrift nicht zitiert, dafür aber sagt er: «Also folgt, dass uff den lon gheiner sehen mag, der ein rechter hirt ist. Dann truwt [vertraut] er, der lon sye gwüsss, so ist der gloub vorhin richtig da. Ist der da, so volgt die liebe mit. So nun das vertruwen und die liebe vorhin da sind, so wirt uss denen gearbeitet und nit uss ufsehen [im Hinblick auf] des lons. Die knecht sehend uff den lon, aber die sün [Söhne] sehend nit uff den lon, sonder arbeytend mit trüwn in ires vatters xind [Gesinde, Haus], lassend den lon iren vatter bestimmen, ob und wie er wil. Nun sind wir sün Gottes Galat 4. [Galat 4,7]und miterben Christi Ro. 8. [Röm 8,17]. Warumb woltend wir denn als die unfryen knecht nun [nur] uff den lon sehen und nit allein auff die eer gottes, unsers vatters, unnd demnach den uns lassen erben [den uns lassen das Erbe zuteilen], wie im gevalt?»[107]

5. Pfarramt und *bonum commune* III – Die brüderliche Liebe hat wieder Füsse

Der Pfarrer als Seelsorger, d. h. als Verkünder der Vergebung und als sozialkritischer Prediger, als Diener des *bonum commune* in der spätmittelalterlichen Gesellschaft: Damit sind gewiss wesentliche Züge des zwinglischen Pfarrerbildes genannt und in ihren historischen Kontext verwiesen. Dennoch ist Zwinglis Hirte nicht einfach eine Zeiterscheinung des frühen 16. Jahrhunderts. Zu viele Aspekte des zwinglischen Pfarrerbildes weisen überzeitlichen Charakter auf. Man stimmt spontan zu. So haben der Pfarrer und die Pfarrerin heute in einer anders gewordenen Welt Sinn und Existenzberechtigung: als Stimme, die mit Vollmacht das Recht Gottes in einer vergehenden Welt ausruft, als Stimme, die der armen, vorläufigen menschlichen Ordnung und Gerechtigkeit Sinn und Ziel gibt in Gottes Gerechtigkeit,[108] die hinweist auf den Unterschied von *creator* und *creatura*, die spricht für die Stummen. Gerade so, redend, wirkend, eingreifend, wird sich der Hirte nicht als Besserwisser verstehen und aufführen, sondern als Zeuge des *bonum commune*, als Generalist.[109]

Dennoch ist damit die letzte und ureigenste Dimension, der entscheidende Zug in Zwinglis Pfarrerbild noch nicht angesprochen und erfasst. Auf der Höhe der Hirtenschrift erscheint ein Gedankengang, der in der

[107] Z III 44,14–25.

[108] Zwinglis Traktat «Von göttlicher und menschlicher Gerechtigkeit» (Z II 471–525) kann füglich zu den gehaltvollsten und wesentlichsten Schriften der gesamten Reformation gezählt werden. Er ist in engem zeitlichen und inhaltlichen Zusammenhang mit der Hirtenschrift entstanden und lässt sich auch als Predigthilfe für die Hirten interpretieren.

[109] So definiert und versteht M.D. Chenu die Existenz des Theologen in der modernen Welt. Es liegen keine Anzeichen vor, dass Chenu die Theologie Zwinglis oder gar die Hirtenschrift zur Kenntnis genommen hätte. Es ist aber kein Zufall, dass der bedeutendste Thomaskenner des 20. Jahrhunderts ein Zwingli verwandtes Pfarrerbild für die Gegenwart entwirft. Vgl. dazu besonders M. D. *Chenu*: Die Arbeit und der göttliche Kosmos, 1956, 88: «Innerhalb der christlichen Gemeinschaft hat der Theologe die Funktion des Weisen, die die Antike dem Philosophen übertragen hatte.»

bisherigen Sicht des zwinglischen Pfarrerbildes noch unerwähnt blieb. Er ist aber dessen Krönung! Zwingli stellt dem Pfarrer das Martyrium in Aussicht. Es gibt jetzt ein verständliches Zurückschrecken vor dieser Berufswahl und diesem «neuen» Berufsethos. Der spätmittelalterliche Kleriker unter Zwinglis Kanzel hat jetzt einen ganz besondern Elementarunterricht im Christenglauben nötig. Zwingli beginnt nun auch katechetisierend mit seinen Kollegen zu sprechen: «Hie wirst du die ersten gründ des gloubens [...] erlernen. [...] Gloubst du, das ein einiger, allmechtiger gott sye? Ja. [...] Hast du inn für einen vatter [...] ? Ja. [...] Du wirst ouch fröud haben, so du im gedienenn kanst? Ja.»[110] Die hier vorliegende kleine aber notwendige Katechese endet mit dem Lernziel: «Also der hirt gottes sol alle ding uss liebe thuon zuo merung und erbuwen der schaffen gottes [...]»[111] Der Hirte hat ja in seinem vielfältigen Dienst nicht nur in Todesverachtung zu glauben, sondern er hat zahllose kleine und grosse Entscheidungen zu treffen. Hirtenamt, Gemeindekybernese heisst Entscheiden. Was tun? Wie entscheiden? Zwingli scheint sich mit der Antwort auf den Bahnen des augustinischen Johanneskommentars zu bewegen: «Dilige et quod vis fac!»[112] Er zitiert aber nicht den johanneischen Liebesbegriff, sondern wendet sich Paulus (1Kor 13,4–8) zu und bezieht diese Stelle sehr frisch und eigenartig auf die Hirtenexistenz. Wie der beste Zimmermann zum Bau eines Hauses ein Richtmass benötigt – das Augenmass genügt nicht! –, so braucht auch der glaubensstärkste und kühnste Hirt ein Mass in seinen Entscheidungen: «Darumb ist die lieb notwendig, das alle ding nach iro gericht und gemessen werdind. Dann der zimmerman ist so grad mit dem ougenmess nitt, im ist ouch darzuo das richtschyt not. [...] Kurtz: Wo die liebe ist, da trifft es all weg, da gat man nimmer müssig; man wytret [vermehrt] für und für die eer gottes, und mag [vermag] man daby alle ding erlyden. Dann an [ohne] die liebe fallt der mensch lichtlich in hochmuot. Ja, wo die liebe gottes nit, da ist es alles nüt denn ein hochmuot.»[113]

Mit diesem Richtmass in Händen geht der zwinglische Hirte an den Gemeindeaufbau. Dieser wird beschrieben mit der reichen seelsorgerlichen Erfahrung des Zürcher Leutpriesters, und das Wirken im gewaltigen prophetischen Amt, in ständiger Reichweite des Martyriums, wird plötz-

[110] Z III 40,4 ff.
[111] Z III 41,19 f.
[112] *Augustin* zu Ev. Joh 7,8.
[113] Z III 41,3 ff.

lich zum kleinen, alltäglichen Hirtendienst, getragen von Menschenkenntnis und Geduld, wie nur die Liebe sie schenkt. «Glych als der hirt etliche schaaff schlecht [schlägt], etliche mit der Hand, etliche mit dem fuoss schübt [schiebt], etliche aber mit pfisen [Pfeifen] tribt, etliche mit dem gleck [Salz, Geleck] zöckt [lockt], aber etliche, so sy blöd [schwach] sind, treit [trägt], etliche daheim lasst, biss sy erstarchend, thuot er doch dis alles sinem herren ze guotem, das im die schäfflin gemeret, suber und xund [gesund] werdind. Also der hirt gottes sol alle ding uss liebe thuon zuo merung und erbuwen der schaffen gottes, yetz ruch, denn hert [hart] sin, nachdem die schaaff erfordernd und gott erliden mag.»[114] Kurz, Zwingli beschreibt hier das Pfarramt, wie es leibt und lebt.

Es besteht nicht die Gefahr, dass diese Liebe, die hier als das Heilmittel und Instrumentum des Pfarrers genannt ist, mit der idealistischen Allerweltsliebe netter, aber oft etwas lahmer Pfarrherren der pietistisch angehauchten Neuzeit zu verwechseln wäre. Der wahre Hirte Zwinglis kann nicht einfach lieben. Er ist kein Virtuose der Humanität. Zwinglis Liebesverständnis in der Hirtenschrift entspringt sorgfältiger reformatorischer Bibellektüre. Nicht nur der reformatorische Glaube, auch die reformatorisch verstandene Liebe hat eine Extra-Dimension, d. h. sie ist dem Hirten nicht einfach verfügbar. Letztlich ist sie immer Geschenk, Wunder, das sich nur dem Gebet gibt und erschliesst. «Wie man aber die liebe gottes überkome [erlange] wirt lichtlich in den worten Christi erlernet Jo. 6. [Joh 6,44]: Nieman kumpt zuo mir, es habe inn denn min vatter gezogen. Also kumpt gott anhangen von dem selbs zyehenden gott; dann gott selbs ist die liebe [1Joh 4,16]. Welcher nun in der liebe blybt, der blybt in gott, und gott blibt in im. Also wirdt not sin, das der hirt gott ernstlich anruoffe, das er inn mit dem fhür [Feuer] siner liebe anzünde.»[115] Zwingli stellt also diesen entscheidenden Abschnitt seiner Hirtenschrift unter den Verschluss der göttlichen Wirksamkeit. Den wahren Hirten gibt es so nicht. Er wird von Gott aber stets geschaffen durch dessen Ziehen, durch das ständige Wirken des Heiligen Geistes mit dem der Glaube in voller Gewissheit rechnet. «Darumb, welcher die liebe gottes haben wil, der bitte gott, das er im rechte erkantnus sines suns handel [besorge, gebe], recht vertruwen gebe, so ist die liebe schon da.»[116] Die Extra-Dimension

[114] Z III 41,14–22.
[115] Z III 41,27–42,3.
[116] Z III 42,27–29.

der Liebe drückt sich auch so aus, indem eigentlich die Liebe hier Synonym für Christus wird. Der Begriff ist von Gott her besetzt, Gott ist die Liebe.

Der zwinglische Hirt lässt sich verstehen und beschreiben als Diener und Instrument des gemeinen Nutzens, ja, aber letztlich nur in einem die spätmittelalterlichen soziologischen Gegebenheiten transzendentierenden Sinn. Die Extra-Dimension der Liebe weist den Hirtendienst in das Spezifikum des reformatorischen Denkens Zwinglis überhaupt ein. Als menschlicher Dienst ist Zwinglis Hirtendienst immer eine Sache der *creatura* und nicht des *creators*. Es haftet ihr darum immer etwas Vorläufiges, Begrenztes an. Aber die *creatura* kann im Wunder, durch das Geschenk der Liebe, Anteil haben am *creator*. Damit wird das Menschliche des Hirtendienstes nicht ab-, sondern aufgewertet. Es wird zum Zeichen, das auf Gott weist. Die ganze Heiligkeit des Pfarramtes, von der Zwingli zutiefst überzeugt ist, ruht in diesem seinem Zeichencharakter.[117] Damit ist aller Verkirchlichung und aller Pastorenherrlichkeit im Hirtendienst der Riegel geschoben. Hirtendienst bleibt *creatura*. Über dem herrschaftlichen Verständnis bzw. Missverständnis des Hirtenamtes ist dem Hirt innerreformatorisch ein für allemal der Stab gebrochen: *creatura* – «das Fleisch ist nichts nütze»! Dennoch bleibt es aber in seiner Faktizität als *creatura verbi divini* von höchster Relevanz und Spiritualität, denn «der Geist ists, der belebt». Gott will in Christus heute, durch sein Hirtenamt unter den Menschen sein. Und in diesem Sinn und Kontext gilt: Die brüderliche Liebe, die Edel Charitas, hat wieder Hand und Fuss. Darüber hat unter den Reformatoren keiner schöner, mitreissender und besser gesprochen als Zwingli in der Hirtenschrift.

[117] Z VI/II 813,71f: «Decimo credo prophetiae sive praedicationis munus sacrosanctum esse, ut quod ante omne officium sit summe necessarium.» (Fidei ratio). Ich treffe mich hier mit dem Buch von B. *Hamm*: Zwinglis Reformation der Freiheit, 1988, 33, Anm. 121, das in diesem Zusammenhang das Verständnis der zwinglischen Theologie gegenüber der lutheranischen Unterschätzung Zwinglis besonders schön fördert. Wenn auch Zwingli in Marburg durch seine Bevorzugung von Joh 6,63 («Das Fleisch ist nichts nütze») ein abwertendes Zeichenverständnis in seiner Abendmahlslehre richtig herausforderte, so ist doch mit Hamm darauf hinzuweisen, dass für das Verständnis der «Heiligung der Abendmahlselemente Brot und Wein [...] Zwinglis Vergleich mit der Hochschätzung des königlichen Ringes als des Zeichens unzertrennlicher Gemeinschaft und Treue» unumgänglich ist.

Von Zwinglis zentralem Anliegen her wird man nun aber auch seine viel zähere Schrift «Von dem Predigtamt» als erhellend und unaufgebbar in ihren Hauptaussagen finden, auch wenn heute glücklicherweise die Debatte zwischen Reformation und Täufertum weit über den Stand von 1525 hinausgeschritten ist. Dass das Pfarramt einen heilsamen, unaufgebbaren Ordnungsfaktor darstellt in seiner kleinen, bescheidenen Dienstexistenz, unter den materiellen Gegebenheiten des bürgerlichen, bei Zwingli sogar staatskirchlichen Lebens, ist allem charismatischen Chaos und aller geisttreiberischen Aufgeblasenheit als Anfrage entgegenzuhalten. In dieser bescheiden bürgerlichen Sicht ist Zwingli ein Vorläufer von Kierkegaards «Ritter des Glaubens», der bekanntlich, genau gesehen, auch einfach ein kleiner Bürger ist, der sich aufs Mittagessen freut.[118] Die *creatura* ist nicht der *creator*, aber im Geschenk und Wunder der Liebe wird aus dem bürgerlichen Pfarramt, wenn der Hirte treu ist, ein Quell der Gerechtigkeit und des Friedens, ein Organon der göttlichen Revolution. Der Hirte wahlt diesen Ort und diese Funktion nicht selbst. Er wird gewählt. Das Ziehen Gottes geht voran. In Demut hat der Hirte das anzuerkennen und mit seiner ganzen Existenz klar zu machen: Du bist nur Zeichen, nicht mehr!

In Freude aber kann er erkennen und sich in aller Unscheinbarkeit, Bescheidenheit und Anfechtung des Hirtenamtes darauf verlassen: Du bist Zeichen, hin auf Gott, den *creator*. Nicht weniger! Die Edel Charitas hat wieder Füsse – Hirtenfüsse, Hirtinnenfüsse! Warum nicht? – «Darumb söllend wir nun frölich sin!»[119]

---

[118] Vgl. S. A. *Kierkegaard*: Furcht und Zittern, Vorläufige Expektoration, Der Glaubensritter; hrsg. von E. Hirsch, E. Diederich Verlag, Düsseldorf/Köln 1962, 37 ff.

[119] Z III 39,28–30.

III. Wolfgang Fabricius Capitos reformatorische Eigenart

1. Capitos Weg zur Reformation

1.1. Vorbemerkungen – Der Kairos Capitos

Man kann gewiss Capitos kirchen- und dogmengeschichtliche Bedeutung nicht mit derjenigen Luthers, Zwinglis oder Calvins vergleichen. Schon der viel geringere Umfang seines literarischen Oeuvres[1] verweist ihn entschieden ins zweite Glied der reformatorischen Phalanx. Auch fallen einem bei Capito nicht Stunden von welthistorischer Tragweite auf, wie etwa die Stunde von Luthers Gang nach Worms oder seiner Stellungnahme im grossen deutschen Bauernkrieg 1525 oder Calvins Teilnahme an der Pariser Rektoratsrede 1533 oder seine Entscheidungen im Servetprozess 1553, alles historische Augenblicke, die das geistige Klima Europas auf lange Zeit hinaus bestimmten oder wenigstens mitbestimmten. Auch in Strassburg, wo Capito auf der Höhe seines Lebens 1523 bis 1546 als Reformator wirkte, stand er deutlich im Licht oder Schatten des stärkeren und wendigeren Martin Bucer. Capito spielte die zweite Geige, und er spielte sie manchmal sogar zum Schrecken Bucers und Zwinglis dissonant, etwa im freundlichen Umgang mit dem Wiedertäufer Cellarius und, noch viel verwirrender, 1531 in der Aufnahme des kaum zwanzigjährigen illuminanten, geheimnisvollen spanischen Jünglings Michael Servet in Strassburg.[2] Dennoch dürfte man auch von einem reformatorischen

---

1 Vgl. dazu die Capito-Bibliografien bei J. W. *Baum*: Capito und Butzer, Strassburgs Reformatoren nach ihrem handschriftlichen Briefschatze, ihren gedruckten Schriften und anderen gleichzeitigen Quellen dargestellt, Elberfeld 1860, 577–585; Beate *Stierle*: Capito als Humanist, Gütersloh 1974, 199–215; J. M. *Kittelson*: Wolfgang Capito, From Humanist to Reformer, Leiden 1975, 246–248.

2 Die Beziehungen Capitos zu Michael Servet berührt C. *Gerbert*: Geschichte der Strassburger Sektenbewegung zur Zeit der Reformation, 1889. Zu Servets Beziehungen zu Strassburg überhaupt bietet H. *Tollin*: Servet und die oberländischen Reformatoren, I: Michael Servet und Martin Butzer, Berlin und Mecklenburg 1880, immer noch das umfangreichste Material. Eine Gesamtsicht der

Kairos Capitos reden. Seine Stunde fällt in die gefährliche Krisenzeit der Reformation, als nach dem ersten fröhlichen Wildwuchs mit der *Confessio Augustana* und besonders mit dem Abendmahlsstreit sich eine Stagnation abzeichnete und in der Schweiz durch die Niederlage der Zürcher im Zweiten Kappelerkrieg plötzlich alles wieder auf dem Spiel stand. Besonders das politisch mächtige Bern, das die Reformation kurz zuvor zum guten Teil gegen den Willen der Bevölkerung durchgeführt hatte, geriet für einen Augenblick lang ins Wanken. Die Reformation drohte dort durch auseinanderstrebende Kräfte paralysiert zu werden und zu versanden. In dieser entscheidungsgeladenen Stunde erschien Capito zufällig in Bern. Die verstörte reformatorische Führung in Bern empfing ihn wie einen Engel des Herrn, denn er legte ihr einen Traktat auf den Tisch, mit welchem die fraglich gewordene Konsolidierung der Reformation in Bern doch möglich wurde. Es handelte sich um den heute unter dem Namen «Berner Synodus 1532» bekannten, besser gesagt, zu wenig bekannten Capito-Traktat, eine kleine Berufsanweisung für den reformatorischen Pfarrdienst.[3] Dieser dogmatisch-praktische Traktat zeichnet sich aus durch grosse Schönheit der Sprache und Eindringlichkeit des Gedankengangs. Aber nicht wegen dieses literarisch gelungenen Wurfs reden wir von einem Kairos Capitos, sondern weil durch sein Eingreifen 1532 der ins Stocken gekommene Wagen der Reformation bei näherer Betrachtung gesamteuropäisch neu in Schwung kam: Die überraschend doch erfolgte Konsolidierung in Bern ermöglichte die Reformation in der welschen Schweiz, und diese gibt in den dreissiger und vierziger Jahren Genf und damit der Reformation in Frankreich und in Westeuropa die nötige Rückendeckung.[4] Während nun um 1550 die Reformation in Deutsch-

---

theologischen und politisch-kulturellen Verhältnisse Strassburgs im 16. Jahrhundert liefert das Gemeinschaftswerk M. *Lienhard* / J. *Willer*: Strassburg und die Reformation, Die hohe Zeit der freien Reichsstadt, Kehl-Strassburg-Basel 1982.

3 O. E. *Strasser*: Capitos Beziehungen zu Bern, Gräfenhainichen 1927, 67–121. Textausgaben zum Berner Synodus in modernem Deutsch liegen vor von A. *Schädelin* (Bern 1953) und M. *Bieler* (Bern 1978). Eine wissenschaftliche Ausgabe, besorgt von einem Autorenkollektiv unter der Ägide von G. W. *Locher*, ist erschienen im Neukirchenverlag: Bd. I: Edition, 1983; Bd. II: Studien und Abhandlungen, 1988.

4 Zur Entwicklung der Reformation in der Westschweiz vgl. G. W. *Locher*: Die zwinglische Reformation im Rahmen der europäischen Kirchengeschichte, Göttingen und Zürich 1979, 554–567. Zur Wirksamkeit G. Farels, des wich-

land an ihre Grenze stösst, gelangt sie via Genf und Westeuropa erst eigentlich zu ihrer Weltbedeutung. In diesem Sinne dürfen, ja müssen wir von einem reformatorischen Kairos Capitos sprechen, der natürlich nicht einfach mit den Vorgängen in Bern 1532 identisch ist, sondern die ganze reformatorische Eigenart Capitos beinhaltet. Und so ist es zu begrüssen, dass heute die Reformationsforschung sich auch diesem Stern zweiter Grösse zuwendet, um Wesen und Bedeutung der Reformation zu erfassen und eine Frage, die weit über das rein historische Interesse hinausgeht und an unser aller theologische Existenz reicht, zu beantworten.[5]

1.2. Bemerkungen zum Werdegang Capitos

W. F. Capito, alias Wolfgang Köpfel, wurde wahrscheinlich anno 1478 als Kind einfacher Leute im Elsass geboren. Sein Vater war Schmied in der reichsfreien Stadt Hagenau. Heute ein kleiner Provinzflecken, war Hagenau im Spätmittelalter eine reichsfreie Stadt von einiger Bedeutung, ohne weiteres vergleichbar dem benachbarten Strassburg. Die wichtigen Religionsgespräche und letzten Einigungsversuche zwischen Protestanten und Katholiken um 1540 begannen bezeichnenderweise in Hagenau. Das geistige Klima Hagenaus und des ganzen Elsasses, das den heranwachsenden Capito umgab, war geprägt von der vorreformatorischen Predigt des Geiler von Kaisersberg.[6] Vorreformatorische Predigt, d. h. sachliche Kritik an der scholastischen Schultheologie, aber kein Frontalangriff auf sie. An

tigsten Reformators in der Westschweiz vor Calvin, ist immer noch der Sammelband zum 4. Jahrhundert der Neuenburger Reformation 1530–1930 grundlegend: Guillaume Farel 1485–1565, Biographie Nouvelle, Neuenburg und Paris 1930.

5 Dabei ist das Quellenmaterial zu Capito, verglichen etwa mit der riesigen Luther- und Calvinforschung, noch sehr wenig bearbeitet. Grundlegend ist immer noch die Biografie von J. W. *Baum*, vgl. Anm. 1. Vor 50 Jahren hat sich O. E. *Strasser* um die Erforschung und Erfassung Capitos verdient gemacht: Capitos Beziehungen zu Bern, Gräfenhainichen 1927, und La pensée théologique de Wolfgang Capito dans les dernieres années de sa vie, Neuenburg 1938. Allerdings bleiben bei O. E. Strasser Genese und Eigenart Capitos weitgehend unerwähnt. Diese Aufgabe ist erst in den siebziger Jahren im Zuge einer erneuerten und vertieften Reformationsforschung aufgegriffen worden, vgl. dazu die Arbeiten von B. *Stierle* und J. M. *Kittelson*, vgl. oben Anm. 1.

6 Zu Capitos Werdegang und zu seinem heimatlichen Nährboden im Elsass, das noch von der ethisch fundierten Imitatio-Frömmigkeit des Geiler von Kaisersberg (1445–1510) zehrte, vgl. B. *Stierle*, 17–21.

Stelle scholastischer Spitzfindigkeiten pocht Geiler auf den common sense und drängt auf einfaches praktisches Christentum. Also soziale Predigt, unterstrichen und ermöglicht durch das längst in voller Blüte stehende Leben der Städte. Die spätmittelalterliche Stadt wirkt stark sozialisierend. Diese Predigt meint aber nicht platten Ethizismus, sondern ist getragen und eingetaucht in das sanfte Licht oberdeutscher Mystik, die nicht in enthusiastischem Aufschwung gipfelt, sondern in einer inständigen Betonung der Nächstenliebe und des Wertes schlichter alltäglicher Arbeit. Zur Illustration dieses Stimmungsgehaltes denke man an das von schlichter Bürgerlichkeit strahlende Weihnachtsbild des Isenheimer Altars von Grünewald. In dieser soliden und sympathischen Laienfrömmigkeit des Spätmittelalters ist die reformatorische Gleichung Arbeit = Gottesdienst = Gebet[7] vorbereitet.

Auch der *humanistische* Einschlag ist bei Geiler von Kaisersberg unübersehbar. Es erwacht ein über die Scholastik hinausgreifendes Interesse an den Kirchenvätern. Vom Latein des Mittelalters wendet man sich zum griechischen Altertum und von dorther stösst man bald einmal vom schlechten Latein der Mönche zum gepflegten, ja sogar gestelzten Latein der Humanisten um 1500 vor. (Hier wird die Reformation eine Korrektur anbringen: Das Latein Calvins etwa wird elegant sein, aber nicht geschmäcklerisch, sondern ganz auf Sachlichkeit und Instrumentalität ausgerichtet.[8]) So herrscht um 1500 am Oberrhein ein ziemlich homogener Humanismus, der noch nicht in einen progressiven und einen konservativen Flügel durch das erste Auftreten Luthers herausgefordert und aufgespaltet ist.

Dieses milde Klima atmet der Theologiestudent Wolfgang Köpfel von Hagenau in Ingolstadt, Heidelberg und Freiburg ein. Man strebt unter der Flagge eines zahmen Humanismus hinaus über die mittelalterliche Tradition. Capito studiert von 1501 bis 1512, also lange und bereits in vorgerückten Jahren. Capito ist kein Senkrechtstarter, sondern ein recht-

7 Zur Vorbereitung des reformatorischen Berufs- und Arbeitsverständnisses in der deutschen Mystik vgl. Karl *Holl*: Die Geschichte des Wortes Beruf, 1924, in: Ges. Aufsätze III, 1928; vgl. auch P. *Althaus*: Die Ethik M. Luthers, Gütersloh 1965, 45 f.

8 Über die sehr verschieden gearteten Missbräuche des Lateins bei Mönchen und Humanisten im Spätmittelalter spottet der grosse Lacher des 16. Jahrhunderts François *Rabelais* in seinem satirisch-utopischen Roman «Gargantua und Pantagruel».

schaffener Sohn rechtschaffener, eher armer Eltern. Zu seinen Studiengenossen am Oberrhein zählt er Männer, deren Namen dreissig Jahre später oft gehört werden: Matthias Zell, der erste Reformator Strassburgs, Johannes Eck, der gefährliche nachmalige Luthergegner, Fabri, der spätere Kontrahent Zwinglis, und viele andere mehr. Aber um 1510 herrscht noch Ruhe für Wolfgang Köpfel. Die Welt ist für den bejahrten humanistischen Theologen im bald zwanzigsten Semester (ohne Hebraicum!) um 1510 noch in Ordnung.

Aber nun der Studienabschluss und der erste Schock. Nicht das Examen, sondern die Praxis! In Bruchsal wird der Humanist Wolfgang Köpfel Pfarrer. Der Umgang mit den abergläubischen spätmittelalterlichen Laien, Männlein und Weiblein, strapaziert die Zeit des Humanisten zu sehr. Ach, wie mühsam diese Gespräche mit der superstiziösen Feld-, Wald- und Wiesentheologie spätmittelalterlicher Frömmigkeit.[9] Aber zum Glück gibt es am Oberrhein neben dem «gemeinen Mann» und der «gemeinen Frau» auch noch den «bekehrten Juden». So nützt Capito seine ersten Pfarrjahre bereits zur Pfarrerweiterbildung. Er lernt Hebräisch, und zwar gut, sodass er bald eine brauchbare Hebräisch-Grammatik[10] verfassen kann und als Hebraist unter den humanistischen Theologen bekannt wird.

1515 freut er sich über den Ruf zum Basler Münsterpfarrer, und als solcher wird er automatisch in die junge Fakultät und die Theologenausbildung integriert. Welch ein Klima in Basel! Wolfgang Köpfels tägliches Brot heisst nun nicht mehr Gespräch mit dem gemeinen Volk, nein, in Basel ist der Humanismus in höchster Fahrt.[11] Eben gibt in dieser Stadt Erasmus das *Novum Testamentum Graece* heraus mit der für den Humanismus programmatischen Vorrede: Theologie als *philosophia christiana*,[12] als Bildung fürs ganze Volk. Bildung an der Schrift und an den Quel-

---

[9] J. W. *Baum*, 17, belegt diese Fakten mit einem Brief Capitos an U. v. Hutten vom 30.7.1519, also aus einer Zeit, wo Capito der eigene Abstand vom Spätmittelalter schon schärfer ins Bewusstsein trat.

[10] Erschienen 1518 bei Froben in Basel, vgl. Bibliografie J. W. *Baum*, 578 Nr. 7.

[11] Vgl. dazu R. *Wackernagel*: Geschichte der Stadt Basel III: Humanismus und Reformation in Basel, Basel 1924.

[12] J. Calvin und sein Freund, Rektor N. Cop, nahmen diese erasmischen Gedanken und Begriffe auf und führten sie reformatorisch weiter in der berühmten, für die Reformation in Frankreich epochalen Rektoratsrede vom 1. Nov. 1533 in Paris. Text vgl. Calvini Opera Selecta I,1ff, hrsg. von P. *Barth* (1926), 4–10. Vgl. auch Calvin Studienausgabe, Bd. 1.1, 1994, 1–25.

len. Da werden die Kirchenväter gedruckt, denn auch Drucker arbeiten in dieser Stadt, Froben, Oporin usw., Leuchten in dieser jungen wichtigen Kunst der Bücherherstellung. Und in Basel läuft der Briefverkehr zusammen, von England bis Rom, von Bern, Wittenberg, Paris und Spanien schreibt sich ein erlauchter Männerkreis und hält sich auf dem Laufenden in einer verbindlich schönen Gelehrtensprache. Jetzt heisst man nicht mehr nur Erasmus, sondern am liebsten Erasimus. Und der junge Freund des Humanistenfürsten, Wolfgang des Schmieden Köpfel Sohn aus dem behäbig frommen Hagenau, hat ja auch Köpfchen, darum nennt er sich von nun an: Wolfgang Fabricius Capito; das tönt, das klingt. Aber neben diesen humanistischen Allüren, denen auch der seriöse Köpfel seinen Tribut zollt, streng zur Sache: Capito wird von Erasmus zu dieser Zeit als sein bester Schüler und Nachfolger angesehen. Dennoch sind da Unterschiede. Capito ist bereits stärker als Erasmus auf die heilige Schrift ausgerichtet. ‹Hebräisch› heisst sein Steckenpferd, nicht schönes Latein. Auch hat sein Humanismus gegenüber Erasmus bereits ein eigenes Profil, nämlich ein oberrheinisches. Anders als Erasmus unterstreicht er die vorreformatorische Wendung zur Schrift. Nicht die Kirchenväter, nicht die Sprachen, sondern «Biblia in Theologia regent»[13]. Etwas wie ein *sola scriptura* vor Luther zeichnet sich ab in Capitos Heimatluft, vielleicht bereits bewusst gegen Erasmus formuliert.

Wir schreiben das Jahr 1518. Capito arbeitet an einer Auslegung des Römerbriefes. Gewiss noch nicht mit dem Problembewusstsein des Berner Synodus ringt Capito um das rechte Verständnis der Bibel, steht er am reformatorischen Zentralproblem. Noch erasmisch humanistisch fasziniert von der nostalgischen Rückwendung zur Bibel als Quelle (*ad fontes*), die mit dem reformatorischen Schriftprinzip zwar zu tun hat, aber damit nicht identisch ist,[14] ist bei Capito die Wand zwischen Humanismus und Reformation hauchdünn geworden.

---

[13] So schreibt Capito in einem Vorwort zum Kommentar Summenharts zur Naturphilosophie des Albert Magnus, den Capito 1517 neu herausgibt. B. *Stierle*, 50, zitiert diesen Leitsatz Capitos im grösseren Zusammenhang seiner Absetzung gegenüber der Scholastik.

[14] Zum Schriftverständnis des Erasmus vgl. E.-W. *Kohls*: Luther oder Erasmus, I, Basel 1972, 7–24 und 125–142.

1.3. Erste reformatorische Einsichten Capitos

In der Absicht, eine längst fällige neue Capito-Biografie zu schreiben, ist Beate Stierle auf ein bisher unbekanntes Vorlesungsmanuskript Capitos gestossen, die Nachschrift einer Vorlesung, die diesen beschäftigte, als in Basel 1518 die ersten Nachrichten von Luthers Ablassstreit eintrafen. Aus der Biografie wurde bei Beate Stierle vorerst berechtigterweise eine Sichtung und ein Referat dieser unbekannten Quelle. Die Vorlesungsnachschrift ergibt folgendes Bild von Capitos Erkenntnisstufe und seinem Problembewusstsein am Vorabend der Reformation: Capitos Ringen um ein adäquates Verständnis des Römerbriefes führt ihm mit den Mitteln des Erasmus über Erasmus hinaus und ermöglicht gleichzeitig nicht nur eine methodische, sondern eine inhaltliche Ablösung von der scholastischen Theologie. Über die Brücke altkirchlicher, vorab griechischer Exegeten versucht Capito zum eigentlichen Sinn des Römerbriefes und seiner Leitworte Glaube, Gnade, Gesetz, Evangelium usw. vorzustossen. Die Rede vom Glauben darf – immer nach Capito – nicht kompliziert werden durch die Einführung einer textfremden Habituslehre mit ihren Distinktionen und zahllosen Qualitäts- und Quantitätsbestimmungen. Nein, die *doctrina christiana* ist vielmehr eine einfache, einsichtige, auf den allgemeinen Menschenverstand zugeschnittene Sache. Sie wird nicht durch diffizile ontologische Bestimmungen, sondern durch existenzielle, jedermann einsichtige Bilder verdeutlicht. Die *fides* z. B. ist konstitutiv für eine Freundschaft. Sie ist Vertrauen zur Person des Freundes, *fiducia certa*, die ohne Zweifel daran festhält, dass sie das, was sie vom Freunde erbeten hat und zugesagt erhielt, auch erlangen wird. Und so ist auch die Gnade nicht ein mehr oder weniger grosses Quantum, sondern eine Gunst, die personal erfahrbar ist als ein unteilbares Ganzes.

Mitten in dieses ahnungsvolle Ringen Capitos treffen die ersten Meldungen von den Taten und Ansichten des bisher unbekannten Dr. Luther ein. Capito merkt sofort: Das ist doch Bein von meinem Bein und Fleisch von meinem Fleisch! Er hält Luther, wie sich selbst, für einen der Bibel zugewandten Erasmianer und gibt bei Froben noch 1518 anonym, aber mit einem Vorworte «Ad candidos theologos» versehen, Schriften des Wittenberger Ablassstreites heraus. Er sieht in Luther den Kirchenkritiker und Lehrer einer gesäuberten *doctrina christiana* und nennt ihn den Propheten Daniel, von Christus gesandt, eine neue Epoche heraufzuführen.

Auch seine eigene Römerbriefauslegung gewinnt durch die Kenntnisnahme der Lutherschriften nochmals an Tiefe. «Er beginnt die paulinische Sündenlehre zu verstehen. [...] Die Verlorenheit und Unvollkommenheit aller Menschen wird nun einsichtig. Zugleich fällt der Blick auf Gottes Güte und Barmherzigkeit.»[15] Dennoch wird der nun schon sechsundvierzigjährige Capito nicht einfach ein Schüler des jüngeren Luther. Er ist selber auf dem Wege zur Wiederentdeckung des Evangeliums schon zu weit fortgeschritten und empfindet nicht Luther, sondern Paulus, genauer, die paulinische Art das Alte Testament zu interpretieren, als die für ihn entscheidende Einsichtshilfe in die *doctrina christiana*. Vier Jahre später schreibt er in Strassburg: «Nachdem ich aber Paulum zu den Römer gepredigt und in der Schul zu Basel gelesen hab, seind mir die Augen etwas aufgegangen und täglich abgefallen das Mess haben und anderes.» Oder: «Bin also mit der weil zu hellerem verstand der Geschrift hinein getreten und ains mals, wie ir saget hinein gerauscht und die Epistel zum Römern gepredigt, und meins vermügens aigentlich und aufs fürderlichest aussgelegt, vielleicht zu schnell die Wahrheit geöffnet. Wiewol nichts zu schnell sein mag wa man fürderlich der irrenden Seel hilff tut und sie bericht, was das Gesetz und Evangelium sey und sie von dem ungesäuber menschlicher Satzungen frey macht.»[16] Die Eigenständigkeit Capitos gegenüber Luther zeigt sich darin, dass er den personalen Glaubensbegriff der Reformation doch etwas anders konzipiert und artikuliert als dieser. Bekanntlich ist bei Luther Glaube so umfassend gedacht, dass sogar das Heil selbst im Glauben irgendwie enthalten ist: «Glaubst du, so hast du», so heisst seine einprägsame Formel. Capito dagegen verbindet vom ersten Moment an Glauben enger mit dem Tun des Menschen. Der Glaubende ist auf einen ganz bestimmten Weg geschickt. So bekommt Glaube etwas Aktives, eine überindividuelle soziale Dimension. Glaube ist Gottes- und Nächstenliebe. Das ist die oberdeutsche Konzeption des Glaubens, die an die *devotio moderna* des Spätmittelalters und an die Vorreformatoren erinnert. Zudem wird der Glaube stärker als bei Luther inhaltlich gefüllt. Er wird stets auf den Heilsplan Gottes bezogen und bekommt so einen intellektualistischen, ja einen spiritualistischen Zug. Die Heilsveranstaltung Gottes geschieht *extra nos*, nämlich in der geistlich zu erfassenden Heilgeschichte, dokumentiert im Alten und Neuen Testament. Man

15 B. *Stierle*, 174.
16 B. *Stierle*, 176, Anm. 132.

könnte die leichte, aber folgenreiche Differenz vielleicht so aufklingen lassen: Luther würde 1Joh 5,4 wohl betonen: «Und das ist es, was uns die Welt besiegen lässt: *unser* Glaube.» Während Capito und die Reformatoren am Oberrhein lesen: «Und das ist es, was uns die Welt besiegen lässt: unser *Glaube*.»[17]

Capito wollte nun bezeichnenderweise reformatorische Einsicht umsetzen in Friedensarbeit. Nicht umsonst ist er Schüler des Kosmopoliten Erasmus, und in diesem Bewusstsein hat er 1519 den Ruf zum theologischen Berater an den Hof des Fürstbischofs von Mainz angenommen. Er zieht zu Beginn der Reformation ins Lager eines sich mehr und mehr als Luthergegner profilierenden Fürsten und wird dort für vier Jahre in die hohe Politik hineingerissen. Er muss erfahren, dass seine theologische Vermittlertätigkeit ohne Erfolg bleibt. Die Reformation und die fast gleichzeitig einsetzende Gegenreformation folgen eigenen politischen und nicht theologischen Gesetzen und Sachzwängen. Capito hat zwar in Mainz einiges zum Vorteil der lutherischen Reformation wenden können. Er verhinderte einige Bücherverbrennungen und konnte die Durchführung des Wormser Ediktes in Mainz verzögern. Aber mehr und mehr musste er die Aussichtslosigkeit, ja die Gefährlichkeit seiner Stellung als Reformator in einer katholischen Hochburg erkennen. 1523 zog er endlich weg von Mainz, um in seiner engeren Heimat im Elsass zum Rechten zu sehen. In der reichsfreien Stadt Strassburg will er, gewissermassen an der Basis, durch schriftgemässe Predigt der Reformation zum Durchbruch verhelfen.

---

[17] B. *Stierle*, 175, fasst das Resultat ihrer tiefschürfenden und kenntnisreichen Studie etwa so zusammen: «In der Weise, wie Capito die evangelische Rechtfertigungslehre formuliert hat, treten oberdeutsche Akzente hervor. Der Glaubensbegriff ist unscharf und spiritualisiert. Capito unterscheidet zwischen einem vollkommenen und einem unvollkommenen Glauben und bindet den Glauben eng an die Werke. [...] Die Unausgeglichenheit des Glaubensbegriffs wird jedoch überbrückt durch die betonte Hervorhebung des extra nos des Heilsplans Gottes. Es ist Gott, nicht der Mensch, der das Unvollkommene, den Glauben und die Werke vollendet. Diesen Gedanken hatte Capito beim Ambrosiaster vorgefunden. Die revolutionärste Folgerung, die Capito aus seiner Rechtfertigungslehre zieht, ist die Kritik an der mittelalterlichen Messauffassung.»

2. Capitos reformatorische Eigenart – dargestellt an der Analyse des Traktates «Was man halten und antworten soll von der Spaltung zwischen Martin Luther und Andres Carolstadtt»[18]

2.1. Capitos Stellung zu Luther

Bei der Reformation handelt es sich um eine Problemverschlingung, die in der gesamten Theologiegeschichte einzigartig ist. Vergleichbares gibt es wohl nur in der alten Kirche, nämlich in der Krisis des 2. Jahrhunderts, also in der Herausbildung des christlichen Kanons als Akt der Selbstfindung christlichen Glaubens gegenüber Gnosis, Markion, Montanismus und Zeitphilosophie. Man könnte vielleicht auch an unsere eigene geistige Gegenwart denken. Diese unterscheidet sich allerdings von der Reformationszeit dadurch, dass heute die Theologie ganz offensichtlich nicht mehr den roten Faden im Ganzen der Themen- und Problemverschlingungen darstellt. Das Verbindende der drei theologischen Epochen sehe ich, im Blick auf die Theologie, im Ringen um ihre eigene Identität und Glaubwürdigkeit.

Für Capito bedeutet der Umzug nach Strassburg zuerst schlicht einen Stilwandel. Nun ist es für ihn definitiv fertig mit aller humanistischen Gestelztheit. Capitos Schriften bekommen fortan etwas Funktionales, ja Volkstümliches. Jetzt schreibt er reformatorische Gelegenheitsschriften, und diese meist in einem volksnahen, guten und bildhaften Deutsch. Auf sein Reformationswerk zusammen mit Bucer in Strassburg ist hier nicht näher einzugehen.[19] Ich versuche vielmehr, nun anhand einer seiner kaum mehr bekannten Gelegenheitsschriften seine reformatorische Eigenart

[18] Diese Schrift erschien in «Strassburg bey Wolff Köpphel im october Anno 1524». Hier wird das Exemplar der Stadtbibliothek Bern verwendet. Es trägt keine Seitenzahlen. Seitenzählung und Hervorhebungen stammen von mir. Sprache und Orthografie werden hier leicht modernisiert. Zitiert wird die Schrift in der Folge unter dem Stichwort «Spaltung». J. M. *Kittelson* erwähnt diesen Capito-Traktat auch, 119 und 144f, geht aber nur am Rande auf ihn ein.

[19] Wichtig sind immer noch die einschlägigen Partien bei J. W. *Baum,* Zweites Buch, 1863. Neue Literatur zu Bucer vgl. ^{4}RGG, Tübingen 1998; grundlegend die kritischen Textausgaben der Werke Bucers im 20. Jahrhundert, z. B. François *Wendel*: Martini Buceris opera latina, Vol. XV. De Regno Christi, libri duo 1550; ferner: Martin Bucers Deutsche Schriften, Bd. 9,1, «Religionsgespräche (1539–1541)», bearbeitet von Cornelis Augustijn unter Mitarbeit von Marijn de Kroon, Gütersloh 1995, u. a.

und damit seinen inneren und z. T. auch äusseren Weg bis zu seinem Kairos im Berner Synodus abzustecken. In die Peripetie, die zum Bauernkrieg und also zur Frage des Zusammenhanges von Reformation und Revolution führte, gehört auch die Spaltung zwischen Luther und Karlstadt. Dieser Wittenberger Streit lässt aber auch die folgenreiche Differenzierung in einen lutherischen und einen reformierten Flügel der Gesamtreformation anklingen. Es ist wenig bekannt, aber wichtig, dass Zwingli nicht nur in der Abendmahlsfrage mit Luther uneins war, sondern dass er auch über Luthers Stellung im Bauernkrieg tief erschrak. Im Herbst 1524 sieht sich Capito gezwungen, zum Wittenbergstreit Luther–Karlstadt in Strassburg das Wort zu ergreifen. Während Luthers Wartburgaufenthalt hat bekanntlich Karlstadt in Wittenberg die Führung übernommen und dort mit allen politischen und sozialen Mitteln auf Verwirklichung der Kirchenreformation mitgedrängt. Damit geriet er theologisch und praktisch in die Nähe von Thomas Müntzer. Noch von der Wartburg aus distanzierte sich Luther aufs Deutlichste von Karlstadt. Der theologische Disput wurde bald durch den Abendmahlsstreit weiter kompliziert. Für Karlstadt gab es fortan in Luthers Nähe keine Existenz und Bleibe mehr. 1530 floh er definitiv aus Luthers Machtbereich und fand Aufnahme in den oberdeutschen Städten Zürich, Strassburg und Basel, wo er 1541 starb.[20]

Capito hat schon in den frühsten Stunden des Streites seine Stimme erhoben. Er kennt das Wittenberger Klima aus eigener Anschauung, während seiner Mainzer Zeit hatte er Wittenberg zweimal besucht und hatte sich dort mit allen Akteuren der Reformation in Verbindung gesetzt. Er fühlte sich, sechs Jahre älter als Luther, nicht einfach als dessen Schüler, sondern als selbstständig Handelnder im grossen Reformationsgeschehen. Diese Selbstständigkeit wird er auch durchhalten. Es ist für Capito typisch, dass er den eigentlichen Streitpunkt zwischen Luther und Karlstadt in seiner kurzen Schrift direkt nicht erwähnt und herausarbeitet. Er ergreift nicht Partei, sondern betont das Ganzheitliche und den einheitlichen Nenner reformatorischer Bestrebungen. Schon das ist beachtlich. Luther wirft 1524 die Karlstadt vernichtende Schrift «Wider die himmlischen Propheten» ins Gewühl. Er prägt im Blick auf Karlstadt, Müntzer und später Zwingli u. a. den Terminus der *Schwärmerei,* der ihm bis heute nachgeschrieben wird, obwohl er zur Umschreibung und Erfassung des

[20] Zu Karlstadt vgl. H. *Barge*: Andreas Bodenstein von Karlstadt, Teil 1 und 2, Leipzig 1905. Vgl. auch *Capito*, Spaltung 7 f.

Geschehens im 16. Jahrhundert schlechtweg unbrauchbar ist und so auch Wesen und Wertung der Reformation mehr verwischt als erhellt. Der schlichte Capito war da auf alle Fälle viel vorsichtiger als der grosse Luther. Es ist ja schon ein starkes Stück, dass er gegen Luthers Verdikt mit Karlstadt nicht bricht, sondern nun Luthers Stellung in der Reformation abzustecken versucht. Gerade so stellt er seine Selbstständigkeit unter Beweis. In den Monaten, in denen Luther sein Selbstbewusstsein prophetisch steigert – vor dem Bauernkrieg und zu Beginn der Debatte um den freien Willen mit dem Humanistenfürsten Erasmus –, und in denen er 1525 in letzter einsamer Höhe in der Geschichte stehend seine Stunde und seinen Tag feiern und erleiden wird, gerade in dieser Zeit schreibt Capito: «Unser Glaube soll nicht hangen an menschlichem Tag, sondern bloss stehen auf dem Worte Gottes und seiner Verheissung, desshalb die Schrift den vermaledeyet, der in einen Menschen vertrauet.»[21] Gewiss, Capito anerkennt auch 1524 die Grösse Luthers. Er sagt von ihm: «Martin Luther, durch den Gott bisher und noch seine Ehre wunderbarlich fördert und sein Wort offenbart»[22]. Aber auch von Karlstadt weiss er Gutes zu sagen: «Carolstadt, den wir auch für einen gelehrten Gehilfen im Wort gerne halten wollen»[23]. Wichtiger aber als Luther und Karlstadt erscheinen ihm die Erkenntnis des Menschen und die Gotteserkenntnis in ihrer Korrelation überhaupt. In diesem grossen Rahmen allein können Luther und Karlstadt und ihr Dienst an der Reformation richtig geortet werden. «Nun sein wir von Natur geneigt, was ein grosser Fähl ist, um göttlicher Gaben willen den Menschen zu preisen, so wir doch in solchen Gaben Gott allein loben sollen. Deshalb die Apostel Barnabas und Paulus, als sie für Götter gehalten wurden in Lystra, tapfer widerstanden und haben die Ehr auf Gott gewendet. [...] Auf diese Weise verwarnet Luther männiglich, dass man das Evangelium mit seinem Namen beschmeisse und es missfällt ihm, dass etliche aus seinem Namen Sekten machen wollen und sich lutherisch nennen. [...] Daraus folgt, dass etliche zu viel in ihn setzen wollen und mehr den Luther bewundern denn Gott selbst, von dem solche Gaben herkommen und der christlichen Gemeinde zu gute gegeben sein [...] Es läuft in diesem Handel viel ungeratenes mit ein, dadurch will euch Laien Gott der Herr unterrichten und zu verstehen geben, wie

[21] Spaltung 7 f.
[22] Ebd. 7.
[23] Ebd.

gefährlich es ist Höheres vom Menschen zu halten, als die Schrift befiehlt und er gibt euch zu greiffen, dass etwas Fähl bei *allen* Menschen gefunden wird, auf dass die Ehr Gott allein bleibe.»[24] Die Luther-Kritik bei aller Luther-Bewunderung ist hier unüberhörbar. Dieser Abschnitt und dieses überlegene, ruhige Sehen auf die Sache und Notwendigkeit der Reformation in Strassburg, die durch den Streit in ihrem Fortgang gestört zu werden droht, zeigt Capitos Glaubensverständnis im besten Licht. «Leben nicht, Reformation muss sein!» Das ist Capitos Devise und Richtschnur in dieser Stunde. Was das für Strassburg bedeutet und was Capito also unter Reformation versteht, entfaltet er gleichzeitig in der Antwort an den gegenreformatorischen Mönch Treger: «Was alles durch Martin Luther, den wahren Mann Gottes, angefangen und fortgesetzt worden: Hier zu Strassburg siehst du brüderliche Liebe. Unsere Armen, in so gewichtiger Zahl, werden von den Gläubigen erhalten und dürfen nicht mehr, wie in deiner Kirche, auf den Gassen verfaulen und ihre Glieder vor ihrem Tode sterben sehen aus Mangel an Wartung. Dies alles habt ihr Pfaffen, Mönche, Nonnen durch eure Bischöfe trutziglich euch unterstanden zu verhindern [...] Solche Missbräuche hat das Wort umgestürzt [...] und dagegen aufgerichtet wahre christliche Werke.»[25]

Capito kann nicht vom reformatorischen Glauben reden, ohne den sichtbaren Niederschlag zu bedenken, den er im Leben der Gläubigen und im Volksganzen zeitigt. Hier treten neben den lutherischen Einflüssen deutlich die elsässisch-städtischen Traditionen an den Tag, die Capito früh geformt haben. Sein Evangelium ist sozial gefasst.

2.2. Capitos Stellung zu den Täufern

Der innern Freiheit Luther gegenüber entspricht Capitos freimütige unverkrampfte Haltung in der Täuferfrage. In unserem Traktat vom Oktober 1524 kommt er ausführlich auf die Sakramente zu sprechen und wehrt mit der ganzen Reformation den Sakramentalismus des Mittelalters ab. Alle magischen Vorstellungen und mittelalterlichen Taufriten sollen dem schlichten biblischen Brauch der Taufe weichen. «Man achtet höher den Chrisam und das Öl so der Weihbischof mit seinen Weihsprü-

[24] Zit. nach J. W. *Baum*, 277.

[25] Spaltung 8 f. Capito bezieht sich auf ein Lutherwort aus «Eine treue Vermahnung, sich zu hüten vor Aufruhr und Empörung» (WA 8,685).

chen bezaubert hat, weder des schlechten [schlichten] Wassers, das Gott durch sein Wort gesegnet hat.»[26] Aber diese Abgrenzung ist im Grunde bereits sekundär. Thema und Sitz im Leben dieser Capitoschrift ist ja die von Karlstadts spiritualistischem Sakramentsverständnis im oberdeutschen Raume mitbewirkte Taufdebatte, hinter welcher in Strassburg – wie in Zürich und andernorts – die ganze Problematik des Verhältnisses von Kirche zu Staat und Gesellschaft steht. Capito geht aber vorläufig nur die rein biblisch-theologische Seite des Problems an. Er mahnt die Täufer im eigenen Lager, ihr Pochen auf die Erwachsenentaufe drohe zum Gesetz und zum Bauen auf Äusserlichkeiten zu werden. Aber gerade diese Geisteshaltung sei es ja, die zu überwinden das Zeitalter angetreten sei: «[Wir] wissen, dass die boshaftig Synagog, die päpstlich Kirch auf äusserlich Ding gebauen ist, die sie für notwendig Stuck zur Seligkeit fürgeben, dadurch aller Glaub ausgelöschen wurde.»[27] Capito setzt dagegen: Statt an Äusserlichkeiten zu hängen, gelte es, sich an der *übernatürlichen* Gabe der Taufe zu freuen: «Jetzt treiben wir allein den Gebrauch und Übung des Tauffs darauf die Hauptsumm besteht. Wir befragen uns nit auf welche Zeit und was Alters man die Kind tauffen soll sytemal gott sein gnad und gabe übernatürlich verleihet und der Herr den gichtprüchigen auf den Glauben derer die ihn trugen gesundt gemacht hat. Wo wir kein hell Wort haben unterlassen wir zu forschen, so etwas weiteres von Nöten ist wurt es got wol offenbaren.»[28]

Kurz zuvor hat Capito in diesem Traktate bereits die Helligkeit, Schlichtheit und Gradheit der Taufe für den Glauben betont. Aber ist die Sache der Taufe so hell und einfach? Capito weiss selber, dass sie es nicht ist. Zwei Jahre später schreibt er an Musculus in Bern, ihn erschrecke das rücksichtslose Vorgehen seiner Mitbürger gegen die Täufer. Dabei denkt er an Bucer und Zwingli. Wie anders sei doch Paulus mit den irrenden Gewissen umgegangen, nämlich als Arzt und nicht als Scharfrichter. Es seien in der Bekämpfung der Täufer nicht alle Mittel recht. Die Täufer seien mit der Kraft des Geistes und nicht mit dem Schwerte zu bekämpfen. Capito will Bucer nicht folgen, wo dieser mit Polizeigewalt die Kindertaufe durchsetzen will. Er weiss genau, dass die biblische Stütze für die Kindertaufe nur von geringer Tragkraft ist. Als so genannte helle Stelle für die

[26] Spaltung 12.
[27] Spaltung 15.
[28] Spaltung 15.

Kindertaufe führt er hier allein Mk 2 an: «dass der Herr den Gichtbrüchigen auf den Glauben derer, die ihn trugen, gesund gemacht hat». Nichtsdestotrotz pflegte er in den Jahren 1523–1531 regen Kontakt mit der täuferischen Subkultur in Strassburg.[29] Zuletzt beherbergte er längere Zeit den Spanier Michael Servet. Wir dürfen mit Sicherheit annehmen, dass das Gespräch dieser beiden Männer sich oft um das Für und Wider der Kindertaufe drehte. An der Taufe sind Capito nicht die Termine wichtig, sondern ihr geistvoller Vollzug und das Wirkenlassen der Taufgnade im Leben. Eine energische Bekämpfung der Kindertaufe aber – das hält Capito den Täufern gegenüber fest – müsste der *übernatürlichen* Sache der Taufe ebenso zu nahe treten, wie ein rabiates Eintreten *für* die Kindertaufe. Die Gabe der in der Taufe aufgerichteten und proklamierten Christusgemeinschaft kann durch menschliches Eifern nur verkleinert werden: «Vom Tauf wollen etliche unnötige Fragen aufbringen, die wider uns nicht wichtig sein mögen, syntemal unser Tun in heller Geschrifft gegründet ist, dawider kein Gottgläubiger zweiffeln kann. Wir haben gelert, dass die in den Herrn Jesum getaufft sein, die sein eingeleibt seim Tod und durch den Tauf mit ihm gestorben und begraben und in seiner Auferstehung zum neuen Leben auferstanden. Deshalb ist Gebrauch des Taufs in dem, dass wir dem alten Adam stetiglich absterben, welches Sterben währen soll solang dies Leben währet.»[30] Capito rechnet schlicht mit der Realität und Wirkung des Heiligen Geistes. Darum ist seine reformatorische Eigenart, abgesehen von aller Abgrenzung, stärker als bei den übrigen Akteuren der ersten reformatorischen Generation in der Pneumatologie zu suchen. Capitos reformatorische Eigenart, das zeigt sich bereits in dieser ersten Stunde dem linken und rechten Flügel der Reformation gegenüber, ist ganz und gar Bejahung, Zählen auf den Geist und nicht etwa Verneinung oder sogar Angst vor dem Heiligen Geist im Werk der Kirchenreformation.

2.3. Capitos Positionierung der Reformation im Streit zwischen Luther und Karlstadt

Es haben Beziehungen bestanden zwischen Capito und dem Kreis französischer Reformtheologen um Margarete von Navarra, die bis heute wenig geklärt sind. 1527 wird er von ihnen aufgefordert, seinen Hoseakommen-

---

[29] Vgl. bes. J. W. *Baum*, 271–386.
[30] Spaltung 13.

tar ihrer Gönnerin zu widmen, was er auch tut.[31] Bald werden auch Calvin und der Pariser Rektor Cop zu diesem Kreis gehören. Den jungen Calvin bewegt die ungeklärte geistige Haltung aller Reformgesinnten in Frankreich, besonders aber auch die der Täufer und Spiritualisten, galt es doch für den bevorstehenden Kampf in Frankreich, zu einer Identitätsfindung und -umschreibung der Reformation zu kommen. So schrieb Calvin seine erste reformatorische Arbeit, die «Psychopannychia», gegen diese täuferische Subkultur in Frankreich. Die Strassburger Reformatoren bekamen, wohl durch den Calvinintimus Nikolas Cop, der unterdessen zu ihnen gestossen war, Bericht von Calvins Veröffentlichungsplänen. Sie wehrten ab, Capito allen voran. Calvin möge doch nicht gegen potenzielle Freunde der Reformation polemisieren, sondern, wenn schon schreiben, dann einfach positiv die Gedanken der Reformation artikulieren.[32] Calvin hatte damals auf die Strassburger gehört und verzichtete vorerst auf den Druck der «Psychopannychia», an ihrer Stelle verfasste er die *Institutio*, die die grossen Wahrheiten der Reformation positiv darstellen sollte. «In spiritus virtute victoria nostra»[33], so formuliert 1542 Calvins Genfer Katechismus das Selbstverständnis der Reformation.

In dieser Geisteshaltung hat Calvin zehn Jahre zuvor in Capito einen bedeutsamen Vorgänger und Anreger. Capito hat in seinem Votum zum Streit zwischen Luther und Karlstadt diesen Grundsatz eindrücklich vertreten und so sein Reformationsverständnis faktisch gegen Luther selbstständig zu artikulieren versucht. Die Reformation der Kirche wird sich durchsetzen ohne Polemik und ohne Aufruhr, wenn nur ihre positiven Gedanken richtig in die Welt gesetzt werden. Noch ist 1524 in Strassburg alles im Fluss: Messelesen, reformatorische Predigt, politischer Verände-

31 Vgl. dazu J. W. *Baum*, 402–412.

32 In CO 5, XXXIV–XXXVIII sind die Fakten über die nicht mehr ganz erhellbare Entstehungsgeschichte der calvinischen Frühschrift «Psychopannychia» – «Vivere apud Christum non dormire animis sanctos, qui in fide Christi decedunt» – zusammengestellt. In CO 10/2,45f findet sich ein undatierter Brief Capitos an Calvin, der vor dem Erscheinen von Calvins Institutio 1536 geschrieben wurde. Er widerspiegelt Capitos Grundhaltung, noch unbeeinflusst von Calvins Berühmtheit und Autorität nach 1536. Capito rät da dem jungen, noch wenig bekannten Calvin u. a.: «Mallem etiam auspicareris scribendi industriam in argumento plausibiliore.» Vgl. zur Entstehung der «Psychopannychia» *Jung-Uck Hwang*: Der junge Calvin und seine Psyochpannychia, Frankfurt a.M. u. a. 1991.

33 *Calvin,* OS II, Barth/Niesel, 126, zur letzten Bitte des Unser Vaters.

rungswille, Spannungen im reformatorischen Lager, das alles bildet noch ein ungeschiedenes, hochexplosives Gemisch; da verkündet Capito im eigenen, durch den Streit in Wittenberg verunsicherten Lager, folgende Art der Reformation:

«Die getreuen Diener im Wort haben angegriffen die Irrung gewaltiglich, auf den Glauben gedrungen, die Gnad Gottes gross gemacht, unser Verdienst verringert, was Sünd und Gerechtigkeit sei angezeigt, den falschen Gottesdienst zurückgetrieben mit heller Schrift durch vielfältig und emsig Predigen, die öffentlichen Ärgernisse zuerst aus den Herzen gerissen durch das Wort, danach mit Fug und aller Stille äusserlich abgetan mit der Tat. Denn mit dem Geist seines Mundes will der Herr den Sohn des Verderbens und nicht mit der Hand umbringen (2. Thess 2). Gott hat auch Gnade und Fortgang verliehen mit aller Stille und Ruhe [...] aller eigenwilliger Gottesdienst verlöschet bei uns. Das Wachsbrennen, geweiht Salz und Wasser nehmen, Vigilien, Messen [...] Römisch Gnad und Ablass geht alles zu Boden ohne merkbare Bewegung, was mit Poldern keine Gewalt vermocht hätte.»[34]

Durch die Evidenz ihrer Richtigkeit und Wahrheit setzt sich wahre Reformation durch, wie der neue Tag gegen die Nacht. «Also ist unsere Handlung nach der Liebe reguliert und hat Fortgang, wo wir sonst mit ungeschicktem Schnurren [mit harter, polemischer Rede] die Süsse der Liebe verbittert und nichts geschaffen hätten.»[35] Das sollte man in Wittenberg, meint Capito, ganz neu zur Kenntnis nehmen, um auf beiden Seiten an der Reformation zu bleiben. Und von hier aus versucht Capito auch, den eigentlichen Differenzpunkt zwischen Luther und Karlstadt zu entdramatisieren und ins Licht der wahren Reformation zu stellen:

«Aber liebe Freunde, nehmet das Hauptstück wahr des Glaubens und der Liebe und bedenket, dass der Christ inwendig und unsichtbar ist, und dass er gar an kein äusserlich Ding, es sei Zeichen oder anderes gebunden ist. Und bedenket den Gebrauch des Herren Nachtmahls, nämlich die Betrachtung und Gedächtnis Christi zur Erfrischung unserer Hoffnung, durch die wir in Gott samt allen Gläubigen in Christo vereinigt sein. Das ist die Ursach warum der Herr solch Nachtmahl gegeben hat. Weiteres zu forschen ist überflüssig. Der törichten Fragen wollen wir uns entschlagen. Unseren Glauben wollen wir mit des Herren Brot und Wein durch das

34 Spaltung 5.
35 Spaltung 6.

Gedächtnis seines Leibes und Blutes allein speisen und das übrige fahren lassen. Wird etwas weiteres von Nöten sein so lasset es euch von Gott offenbaren.»[36]

Die Position der Reformation besteht nach Capito in einem ruhigen Zählen auf Gott und auf die Einfachheit und Einsichtigkeit seines Willens, in einer Gelassenheit des Geistes, einer Spiritualität also, die ihre Herkunft in der vorreformatorischen Mystik deutlich erkennen lässt. In einer letzten Wendung seines Traktates versucht Capito zu artikulieren, was er als Reformator zu sagen hat. Er warnt: «Die päpstliche Kirch ist auf äusserlich Ding gepaut, die sie für notwendig Stuck zur Seligkeit fürgeben, dadurch aller Glaube ausgelöschen wurt.» Wir aber sollen zusehen, «auf dass wir uns durch Zwietracht an äusseren Dingen nicht bewegen lassen»[37]. Reformation hängt nicht an äussern Dingen, sondern an einem Innern. «Innen im Herzen sollen unsere Handlungen fürnehmlich anfangen.»[38] Aber was meint er mit diesem Gegensatz zum Äusseren, was ist dieses geheimnisvolle Innere, mit dem nach ihm die Reformation steht und fällt? Meint er das Wort gegenüber dem Sakrament? Also reformatorischen Intellektualismus gegenüber mittelalterlichem Sakramentalismus? Nein, mit diesem Gegensatz wäre die Position der Reformation nicht erkannt, sondern damit wäre einer gefährlichen reformatorischen Karikatur, einem unreformierten Wortfundamentalismus Tür und Tor geöffnet. Dem aus der Reformationszeit stammenden unreformatorischen «Es steht geschrieben» stellt Capito in früher Stunde entgegen: «Summa summarum, lieben frommen Burger, besteht auf Christo, den uns durch helle Schrift Gott der Herr allein angezeigt hat. Und was weiter der Gelehrten Geiz und Ruhmsucht auftreibt, das lasst fahren, mögen sie gleich grosse Künstler sein. Unser Heil steht nicht in Worten, sondern in der Kraft Gottes.»[39]

2.4. Bilanz

Ich ziehe nun, diesen letzten Capito-Satz interpretierend, Bilanz zu seiner reformatorischen Eigenart. Capito will, dass die Reformation auf wortreiche Polemik verzichtet und stattdessen gelassen und ruhig auf Gottes wunderbare Kraft zählt. «Unser Heil steht nicht in Worten, sondern in

[36] Spaltung 13 f.
[37] Spaltung 15.
[38] Spaltung 6.
[39] Spaltung 16.

der Kraft Gottes.» Wir wissen, dass diese Haltung der Gelassenheit ein zentrales Anliegen spätmittelalterlicher Mystik und vorreformatorischer Reformbewegung am Oberrhein und andernorts darstellt. Capitos reformatorische Eigenart besteht einmal darin, dass er die besten Ansätze elsässischer vorreformatorischer Reform- und Bussbewegung ernsthaft zu realisieren versucht. Reformation ist spätmittelalterliche Bussbewegung.

Diese Gelassenheit und dieses Bauen auf Gottes Geisttat hat aber nichts mit Passivität und Quietismus zu tun, sondern führt zu Aktivität. Die Bürger der Stadt Strassburg und die Räte sind hier angesprochen. Sie stehen in der reformatorischen Gelassenheit, indem sie ruhig und zielstrebig die nötigen politischen Änderungen vornehmen: «Es hat ein ehrsamer Rat mit Tapferkeit die Tempel von Götzen geräumt, viel Ampellen und ewige Lichter ausgeleschen und wurt mit der *gleichen Linde so* bald got Gnad verleihet weiter fahren und alle Götzen abthun.»[40] Mit anderen Worten heisst das: Dem reformatorischen Glauben Capitos entspricht ein Rechtfertigungsschema, das die Heiligung selbstredend einschliesst. Allerdings, und das ist das Eigenartige, handelt es sich um eine Heiligung, die strahlt von spätmittelalterlicher Urbanität. Capitos reformatorische Eigenart ist, was ihre soziologische Erscheinungsform anbelangt, aufs Engste mit der bürgerlichen, frühbürgerlichen Stadt am Oberrhein verbunden. Bereits in die vorcalvinische Pneumatologie der Reformation bringt Capito eine frühbürgerliche Note. Darum schliesst dieser Traktat programmatisch mit der Anrufung gerade dieser politisch zukunftsträchtigsten Schicht des Spätmittelalters: «Summa summarum, lieben frommen Burger!»[41]

Diesem Heiligungs- und damit Geistverständnis entspricht es, dass entgegen dem sozialen Defizit der Wittenberger Reformation, das im Bauernkrieg offenbar wurde, die reformierte Reformation eine soziale Bewegung wird.[42] Auch das verdankt die Reformation nicht zuletzt dem urba-

40 Spaltung 5 (Hervorhebung H. S.).

41 Die Erkenntnisse der Reformationsforschung über die Bedeutung der spätmittelalterlichen Stadt für die Reformation (beginnend etwa mit der Arbeit von B. *Moeller*: Reichsstadt und Reformation, Gütersloh 1962, SVRG 180) fasst zusammen G. *Müller*, in: Reformation und Stadt, zur Rezeption der evangelischen Verkündigung, Akademie der Wissenschaften und der Literatur, Abhandlungen der Geistes- und Sozialwissenschaftlichen Klasse Jg. 1981 Nr. 11.

42 Vgl. dazu die bedeutsamen Ausführungen von Ernst *Troeltsch*: Die Soziallehren der christlichen Kirchen und Gruppen, Tübingen 1912, 642 (bes. Anm. 333): «Erst hier [in der reformierten Reformation, H. S.] wird das Chris-

nen vorreformatorischen Heimatboden Capitos. Der Kairos Capitos ist darum nicht einfach identisch mit der zufälligen Stunde des Berner Synodus vom reformatorischen Krisenwinter 1531/32, sondern er besteht in der umfassenderen Tatsache, dass Capitos reformatorische Eigenart eine bis heute zu wenig beachtete unaufgebbare Dimension der Gesamtreformation überhaupt darstellt.

tentum bewusst und planmässig sozial [...]» Ich habe in: Die Kirche und die Armen in der reformierten Tradition, RKZ 3/1983, Sp. 64–73, versucht, die Einsicht in die soziale Dimension der christlichen Botschaft, wie sie sich in den Anfängen der reformierten Kirche durchsetzte, weiter aufzuhellen.

IV. Calvin als Seelsorger

1. Kurze Geschichte der seelsorgerlichen Tätigkeit Calvins

1.1. Johannes Calvin (1509–1564)

Johannes Calvin wurde am 10. Juli 1509 in der nordwestfranzösischen Stadt Noyon, einem Bischofssitz der Picardie, geboren. Sein Grossvater väterlicherseits war Schiffschlepper auf der Oise, ein Mann aus der Unterschicht. Sein Vater, Gérard Cauvin, schaffte den Aufstieg zum Verwaltungsbeamten in die vielfältigen kirchlichen Dienste des späten Mittelalters. Er hatte mehrere Kinder. Für seinen Sohn Johannes plante der umsichtige und energische Gérard Cauvin (von Johannes später latinisiert: Calvinus) – soweit wir sehen aus rein finanziellen Gründen – eine kirchliche Laufbahn: Dem spätmittelalterlichen, kirchlichen Würdenträger winkte ein lukratives Einkommen. So liess Vater Cauvin seinen hochbegabten Sohn zusammen mit adeligen Kindern und jungen Leuten schulen und erziehen.

Calvins Mutter, Jeanne Lefranc, Tochter eines Gastwirts, soll eine schöne und auch fromme Frau gewesen sein, ganz ergeben der mittelalterlichen Frömmigkeit. Sie starb, als Calvin noch ein kleines Kind war, doch hatte sie offensichtlich den sensiblen Knaben in dessen religiösem Empfinden noch zu bestimmen und dessen Seele für die Frömmigkeit der Zeit weit zu öffnen vermocht.

Ab 1520 oder 1521 finden wir den jungen Calvin, mit kirchlichen Pfründen (der Stipendienform des Mittelalters) wohlversehen, zusammen mit seinen Schulkameraden aus der Aristokratie auf den besten Schulbänken von Paris. 1524 oder 1525 erwarb er sich seinen ersten akademischen Titel: Magister artium. Ein Streit des Vaters mit seinem kirchlichen Brotherrn in Noyon bewirkte, dass Gérard Cauvin seinen gehorsamen Sohn nun nicht auf die theologisch-kirchliche, sondern auf die juristische Laufbahn schicken will. Calvin verlässt Paris, um in Orléans und später in Bourges Jura zu studieren. Er schliesst diese Studien 1531 mit dem Lizenziat ab. Spätestens in Orléans und Bourges hat sich Calvin neben seinen juristischen Studien den regen humanistischen Strömungen seiner Zeit geöffnet. Der Tod seines Vaters ermöglichte es ihm, ab 1531 seinen Weg selber zu wählen: Er verfolgte den juristischen Studienweg nicht weiter, sondern gab sich nun ganz seinen humanistischen Studien hin.

Unterdessen hatte die Reformation in Deutschland und in der Schweiz ihre frühe Position bereits gefestigt (*Confessio Augustana* 1530; Zwinglis Tod 1531 auf dem Schlachtfeld zu Kappel). Auch in Frankreich gab es rege reformatorische Strömungen, erste Märtyrer und eine breite humanistisch-reformkatholische Bewegung, besonders unter der näheren und ferneren Schülerschaft des greisen Theologen Faber Stapulensis. Auch Calvin, ab 1531 wiederum in Paris, bewegte sich in den Jahren 1525 bis 1534 in diesen Kreisen und beschäftigte sich mit ihren Problemen.

Die berühmte *subita conversio* Calvins[1] ist zwar zeitlich nicht mit Sicherheit festzulegen, aber sie bringt den spätmittelalterlichen Juristen und humanistischen Reformkatholiken Calvin langsam aber sicher ins reformatorische Lager, das sich in den frühen dreissiger Jahren in Frankreich und besonders in Paris, trotz politischem und kirchlich-scholastischem Widerstand, immer stärker profilierte. Im Herbst 1534 musste Calvin aus Sicherheitsgründen Frankreich verlassen. In Basel vollendete er inkognito die erste Fassung seiner *Institutio*, die mit einem Brief an König Franz I. dort im Mai 1536 erschien, ein erstes reformiertes theologisch-kirchliches Handbuch. 1537 bis 1538 gelingt es Calvin nicht, zusammen mit dem älteren Reformator Farel, seine ekklesiologischen Vorstellungen im kleinen Stadtstaat Genf zu verwirklichen. Die beiden Freunde mussten Genf verlassen und Calvin fand in Strassburg unter den reformatorisch gesinnten französischen Exulanten bessere Voraussetzungen zur Errichtung einer reformierten Kirche nach seinen ekklesiologischen Vorstellungen. Calvin blieb bis zum Herbst 1541 in Strassburg. Hier kam seine Theologie unter dem Einfluss Bucers und besonders durch seine intensive Arbeit am Römerbrief zu ihrer vollen Entfaltung. 1539 erschien die zweite überarbeitete Fassung der *Institutio* und 1541 deren stilvollendete französische Übersetzung. Calvin war jetzt ein anerkannter reformatorischer Theologe und Kirchenführer. Die Rückberufung nach Genf, wo

[1] Zu dieser Forschungsfrage vgl. H. A. *Oberman*: «subita conversio»: The «Conversion» of John Calvin, in: Das reformierte Erbe, Festschrift für Gottfried W. *Locher* zu seinem 80. Geburtstag, Teil 2, hrsg. von H. A. Oberman, E. Saxer, A. Schindler, H.-P. Stucki, Zürich 1993, 279.

unterdessen alles drunter und drüber ging und eine Rekatholisierung drohte, nahm er nur zögernd an.

Die vierziger Jahre sind geprägt durch die Übernahme der reformatorischen Führung durch Calvin in Genf und in ganz Europa. Calvin und Genf werden gesamtreformatorisch zum Bollwerk gegen die ersten Wogen der Gegenreformation. Calvin gelang in diesen Jahren zusammen mit Bullinger im «Consensus Tigurinus» (1549) auch die Einigung der Schweizerkirchen. Durch diesen Konsens in der Abendmahlsfrage wurde die *Confessio Helvetica posterior* von 1566 vorbereitet, die das einigende Band der reformierten Kirchen im konfessionellen Zeitalter überhaupt darstellen sollte. Calvin wurde in seinen späteren Jahren mehr und mehr zu einer ökumenischen Figur. Allerdings gelang ihm, dem einstigen Verehrer Luthers und dem Freund Melanchthons, der Brückenschlag zum Luthertum nicht, vielmehr vertiefte sich der innerreformatorische Graben zum spannungsvollen Gegensatz lutherischer und reformierter Theologie und Kirche.

In Genf beruhigte sich nach Calvins Rückkehr 1541 vorerst die Situation. Calvin konnte sein Aufbauwerk durchführen, seine Kirchenordnung wurde von Stadt und Rat angenommen und Genf entwickelte sich zur reformierten Modellgemeinde im Zeitalter der Gegenreformation. Allerdings ging dieser Aufbau nicht geradlinig vor sich. Noch einmal meldete sich Widerstand gegen Calvins ekklesiologische Vorstellungen. Es entstanden Problemknoten dadurch, dass sich Widerstand gegen Calvins Theologie (Castellio gegen das Schriftverständnis Calvins, Bolsec gegen die Prädestinationslehre, Servet gegen die Trinitätslehre) verband mit politischen, z. T. anticalvinischen Gruppierungen der Altgenfer und erneutem Widerstand gegen die calvinische Kirchenzucht, die bereits 1538 zur Vertreibung Calvins und Farels aus Genf geführt hatte.

Nachdem Calvins Verweilen in Genf erneut fraglich geworden war, brachten die Ratswahlen von 1555 den Durchbruch zur sicheren Calvintreuen Mehrheit, sodass der nun alte Calvin in den letzten zehn Jahren seines Lebens trotz vieler Krankheiten sein Reformationswerk ruhig und umsichtig abschliessen konnte: Die letzte Ausgabe der *Institutio* 1559 wird zum umfassenden Kompendium der calvinischen Orthodoxie als abgerundete theologische Darlegung und Durchführung des reformatorischen Schriftprinzips. In Calvins Kommentarwerk zu fast allen Schriften der Bibel und besonders auch in seiner riesigen Predigttätigkeit erfährt dieses reformatorische Prinzip seine tägliche Bewährung und Anwendung. Vor allem aber beschäftigte sich der Reformator Calvin wie zuvor so auch in seinen letzten Lebensjahren mit einem umfassenden Briefwechsel mit Einzeladressaten und Gemeinden, mit Hoch und Niedrig, mit Freunden und Kritikern seines Werkes in ganz Europa. Gerade auch seine seelsorgerliche Arbeit erfährt darin ihren krönenden Abschluss. Calvin starb am 27. Mai 1564.

1.2. Überblick der seelsorgerlichen Tätigkeit Calvins

Es ist nicht sicher auszumachen, in welchem Jahr am 27. Juni Calvin von Paris aus seinem Freund François Daniel geschrieben hat.[2] Der Brief, wahrscheinlich noch vom humanistischen Reformkatholiken geschrieben, zeigt bereits viel seelsorgerliche Sensibilität: Der junge Calvin soll mit der Schwester seines Freundes ein Gespräch über deren Eintritt ins Kloster und die Ablegung des Nonnengelübdes führen. Calvin ermahnt das junge Mädchen, das das Gelübde sehr leichten Herzens auf sich zu nehmen schien – «Man hätte meinen können, es handle sich für sie um ein Puppenspiel, wenn sie vom Gelübde hörte.» –, nicht auf seine eigene Kraft zu vertrauen. Er weist sie demgegenüber hin auf «die Kraft Gottes, in dem wir leben und sind»[3]. Calvin will das Mädchen nicht vom Gelübde abbringen, er will nur, dass sie sich ernsthaft prüfe. Höchstwahrscheinlich spricht er noch nicht als Reformator. François Daniel, sein Freund in Orléans, der ihm den Auftrag zu diesem seelsorgerlichen Gespräch gegeben hatte, wird später Calvins Wendung zur Reformation nicht mitvollziehen. Er muss aber etwas von Calvins seelsorgerlichem Charisma gespürt haben, sonst hätte er ihm gewiss diesen Gesprächsauftrag, der für den weiteren Lebensweg seiner Schwester entscheidend werden musste, nicht anvertraut.

Im Jahr 1534 reiste Calvin durch die französischen Provinzen, teils studierend und publizierend, teils flüchtig, immer inkognito, bis er Frankreich Richtung Basel für immer verliess. Er hatte in diesem Reisejahr, in dem er noch nicht als Reformator hervortrat, aber die Gedanken der Reformation intensiv bewegte, seine erste theologische Schrift geschrieben und sie in Orléans, mit einem Vorwort «Ad amicum quendam» versehen,

2 CO 10/2,11; A. *Ganoczy* (Le jeune Calvin, Wiesbaden 1966, 56, Anm. 242) u. a. votieren für 1531; Y. U. *Hwang* (Der junge Calvin und seine Psychopannychia, Frankfurt a.M., 40 ff.) mit J. Pannier und Th. Dufour u. a. für 1533.

3 R. *Schwarz*, Briefe 1, 27 = CO 10/2,11.

druckbereit gemacht. Sie wurde aber noch nicht gedruckt.[4] Diese Schrift ist reformationsgeschichtlich immer noch nicht voll erhellt. Ist sie als erste reformatorische Schrift Calvins zu interpretieren oder gehört sie noch in dessen humanistisch vorreformatorische Zeit? Wenn an ihr noch viel rätselhaft bleibt, so ist sie doch im Blick auf die Thematik der Seelsorge bei Calvin einzigartig. Calvins theologische Erstlingsschrift dreht sich um die Frage nach der Unsterblichkeit der Seele. Sie trug in den frühen, ungedruckten Fassungen (1534 und 1536) auch diesen Titel. Als sie 1542 endlich nach einiger Überarbeitung in Strassburg gedruckt wurde, erschien sie unter dem Titel «Psychopannychia. Vivere apud Christum non dormire animis sanctos, qui in fide Christi decedunt». Psychopannychia, d. h.: von der Wachheit der Seele. Calvin beginnt seine theologische Publizistik mit einer überkonfessionellen Schrift von höchster seelsorgerlichen Relevanz. Er wendet sich in dieser Schrift gegen eine schwer zu identifizierende Gruppe von Zeitgenossen, die die Ansicht vertraten, nach dem Tod schlafe die Seele, bis sie am Jüngsten Tag geweckt werde, oder sogar, sie zerfalle mit dem Leib, bis sie am Jüngsten Tag verbunden mit einem neuen Leib zum Gericht neu erstehe. Calvin kämpft mit der katholischen Tradition gegen diese Vorstellung vom Seelenschlaf und vertritt eine, auch durch den Tod nicht unterbrochene, ständig wachsende Wachheit der Seele bis zum Jüngsten Gericht. Die Seele lebt in wachsender Gottesschau mit Christus, verbunden in einer ständigen *meditatio futurae vitae*. Mit dieser Seelenauffassung will Calvin sterben und vor allem auch leben. Für die Seele ist gesorgt über alles Verstehen hinaus, wenn sie in dieser Gottes- und Selbsterkenntnis gehalten ist. Im Gewand eines eschatologischen Theologumenons verbirgt und manifestiert sich in Calvins theologischer Erstlingsschrift ein seelsorgerliches Engagement und Interesse von höchster Intensität. Wie setzt es sich in Calvins reformatorischer Phase fort, wie modifiziert es sich in seinem reformatorischen Werk, kurz, wie kommt dieses seelsorgerliche Interesse beim Reformator Calvin zum Zuge?

Calvin hat in seinem vorreformatorisch-reformatorischen Wanderjahr 1534, wie die «Psychopannychia» zeigt, das Seelenproblem besonders bewegt. Hat er auch Seelsorge getrieben, sich als Seelsorger betätigt? Die Quellen unterstreichen alle, dass er in dieser Zeit als Privatgelehrter lebte.

4 CO 5,165–232; zum Vorwort vgl. J.-U. *Hwang*: Der junge Calvin und seine Psychopannychia, 91–94.

Er blieb anonym, wollte sich verstecken, zurückziehen. Er hatte Zeit nötig, um sich seiner selbst klar zu werden. Vielleicht fürchtete er sich vor dem Getümmel der religiös aufgewühlten und aufgepeitschten Öffentlichkeit. Sein eigener retrospektiver Bericht über diese Anfänge zeigt aber auch deutlich, dass ihm die Flucht ins Private nicht gelang. Alle seine Verstecke werden zu öffentlichen Schulen: «Es war noch kein Jahr vergangen [nach der *subita conversio*], als bereits alle, die nach der reinen Lehre Verlangen trugen, zu mir dem Neuling und Anfänger kamen, um von mir zu lernen.»[5]

Das tönt nach biblisch-dogmatischem Unterricht in den Anfangsgründen reformatorischer Theologie, wie sie Calvin eben in dieser Zeit der Erarbeitung und Abfassung der *Institutio* 1536 entwickelte. Aber gerade diese Theoriebildung ist ja nur die Kehrseite seiner praktisch seelsorgerlichen Tätigkeit. Die an der gängigen spätmittelalterlichen Frömmigkeit, am «Unrat des Papsttums»[6] irre Gewordenen, wie er, Calvin selber, müssen nun seelisch gestärkt werden, um die der neuen Erkenntnis entsprechenden ersten Schritte auch zu tun.[7] Indem Calvin lernend an seiner eigenen Seele arbeitet, arbeitet er lehrend auch an den Seelen der Zeitgenossen und umgekehrt. Fünf Jahre später, bereits nach dem ersten Genferaufenthalt, gibt Calvin in der berühmten Antwort an den Kardinal Sadolet, der die Genfer sanft in den Schoss der päpstlichen Kirche zurückführen wollte, sich und der Welt Rechenschaft über diese Zusammenhänge. Lapidar umschreibt er da die pastorale Aufgabe: «Erst dann bauen Pfarrer Kirche recht, wenn sie nicht nur gelehrige Seelen mit sanfter Hand zu Christus zu leiten verstehen. Sie müssen auch gewappnet sein, die Machenschaften von Menschen zurückzuschlagen, die Gottes Werk gewaltsam hindern wollen.»[8]

---

[5] CO 31,21, so in der autobiografisch gehaltenen Vorrede zum Psalmenkommentar 1557.

[6] CO 31,21: «Ac primo quidem, quum superstitionibus papatus magis pertinaciter addictus essem, quam ut facile esst e tam profundo lutu me extrahi, animum meum, qui pro aetate nimis obduruerta, subita conversione ad docilitatem subegit.»

[7] OS I 458, deutsch nach G. *Gloede*: Musste Reformation sein?, Göttingen 1954, 10.

[8] OS I 460 (An Sadolet).

Calvin musste in Genf seine reine Lehrtätigkeit bald mit einer intensiven Pfarrerarbeit erweitern.[9] Der erste Genferaufenthalt Calvins vom September 1536 bis zum April 1538 bringt im Wesentlichen drei für seine Seelsorge bedeutsame Aspekte zu einer frühen Entfaltung:

Einmal regelte die von Calvin entworfene Kirchenordnung, mit ihrer Vorstellung der Kirche als Abendmahlsgemeinschaft und der darum nötigen Kirchenzucht, das Verhältnis von Kirche und Sünder grundsätzlich nach Mt 18,15–20.[10] Damit ist zwar ein seelsorgerliches Hauptproblem ekklesiologisch aufgegriffen und geregelt; aber Calvin konnte seine auf Mt 18 beruhenden Vorstellungen während des ersten Genferaufenthaltes nicht realisieren. Sein Verständnis von Kirche und darum auch von Seelsorge entwickelte sich vielmehr zum Stein des Anstosses, und der konnte eigentlich erst mit dem Umschwung von 1555 definitiv aus dem Wege geräumt werden.

Im Weiteren begann in dieser Zeit Calvins regelmässige Predigttätigkeit. Mehrmals in der Woche hatte er zu predigen. Wir haben aus der Zeit des ersten Genferaufenthaltes noch keine gedruckt überlieferten Predigten; aber die später, ab 1549 gesammelten Predigten stechen nicht zuletzt durch ihre seelsorgerliche Dichte hervor. Calvin hat seelsorgerlich gepredigt, denn seine homiletische Rede kreist um die zwei Brennpunkte seiner Theologie: um die Ehre Gottes und um die Ruhe des Gewissens.[11]

Endlich beginnt eine weitere Quelle seiner seelsorgerlichen Tätigkeit mit dem ersten Genferaufenthalt reichlich zu sprudeln: Calvins Briefe. Einige Monate nach der Genfer Katastrophe schrieb Calvin an seine Gesinnungsgenossen und einstigen Gemeindeglieder einen Hirtenbrief.[12]

---

9 OS I 458: «Doctoris primum, deinde pastoris munere in ecclesia illa functus sum.»

10 Vgl. OS I,369–377, Ordonnances 1537. Zu diesem grundlegenden ekklesiologischen Calvintext ist neuerdings der Kommentar Karl *Barths* zugänglich in: Die Theologie Calvins 1922, Vorlesung Göttingen Sommersemester, in Verbindung mit A. Reinstädtler hrsg. von H. Scholl, Zürich 1993. 355–364. (K. Barth GA Bd. 23).

11 Wenn die Pariser Rektoratsrede, OS 1,1–10, von Nikolas Cop am Allerheiligentag 1533 gehalten, wirklich von Calvin verfasst wurde, wofür einiges spricht, so kann man sagen, dass Calvin das seelsorgerlibe Zentrum seiner Theologie bereits in seiner ersten reformatorischen Rede hat aufklingen lassen, vgl. OS I,5 und 8, ferner H. *Scholl*: Nicolaus Cop – Pariser Rektoratsrede vom 1. November 1533. In: Calvin Studienausgabe, Neukirchen 1994, Bd. 1,1,1–25,

12 CO 10/2, 350–355 = R. *Schwarz,* Briefe 1, 120–124.

Sie hatten ihm geschrieben, nach ihm gerufen. Er weist sie von seiner Person weg in den Dienst der zurückgebliebenen Pfarrer, die in Genf zwar keine gute Figur machen, aber doch Wort und Sakrament verwalten. Vor allem aber verweist er die beunruhigte und verwirrte Gemeinde in den Dienst des Gebetes. Der Brief zeugt von grosser seelsorgerlicher Kompetenz und Kraft. Für den jungen Pfarrer Calvin gibt es keine Seelsorge ohne die Verkündigung der Kirche und das Gebet; die Seelsorge steht und fällt also nicht mit dem Pfarrer, auch nicht, wenn er Johannes Calvin heisst.

Der Strassburgeraufenthalt vom Oktober 1538 bis zum September 1541 brachte Calvins seelsorgerlichen Ansätze aufs Glücklichste zur Reifung und zur vollen Blüte. Calvin erhielt in Strassburg auf Veranlassung Bucers die kleine französische Flüchtlingsgemeinde als Pfarramt zugewiesen. Hier fand er die Leute, die nach dem Evangelium im reformierten Verständnis leben und Gemeinde bauen wollten. Anstatt gegen unsinnige Widerstände anzukämpfen, konnte er in Strassburg mit seinen französischen Landsleuten sein Gemeinde- und Seelsorgeideal verwirklichen. Calvin ist in Strassburg vor allem Pfarrer, Hirte seiner Gemeinde. Predigt, Abendmahl und Seelsorge bilden nun eine Einheit. Es ist gewiss kein Zufall, dass Calvin in Strassburg zum Dichter wurde. Die Psalmen, dieses Seelsorgebuch par excellence, will er bereimt und vertont im Gottesdienst und zu Hause verwendet wissen. In den Psalmen findet er eine Anatomie der Seele ausgebreitet.[13] Die Psalmen sind die eigentliche Einübung in den Dienst der Seelsorge, zumal es von Nutzen ist, wenn der Seelsorger die Anatomie der (christlichen) Seele kennt. Calvin feiert mit seiner Gemeinde das Abendmahl nicht ohne seelsorgerliche Vorbereitung. Gegenüber seinen eigenen genferischen Verkrampfungen sucht er jetzt den einzig richtigen Weg einer seelsorgerlichen Kirchenzucht: den Weg um eine die Ehre Gottes verletzenden Gleichgültigkeit im Umgang mit dem Abendmahl einerseits und einer unseelsorgerlichen Strenge in der Handhabung der Zulassung oder Abweisung vom Abendmahl andererseits herum.[14]

---

[13] CO 31,15: «Librum hunc non abs re vocare soleo ανατομην omnium animae partium: quando nullum in se affectum quisquam reperiet cuius in hoc speculo non reluceat imago.»

[14] Vgl. die Srassburger Briefe Calvins an Farel CO 11,37ff = R. *Schwarz*, 1,148f und CO 10/2,435ff = R. *Schwarz*, Briefe I, 100.

Daneben finden wir Calvin in Strassburg auch ausserhalb des Gottesdienstes und der Abendmahlsverwaltung oft in seelsorgerlicher Tätigkeit begriffen: Auf der Reise nach Strassburg erkrankte in Basel ein Neffe Farels an der Pest. Calvin begleitete ihn bis in die Todesstunde. Zahllos waren dann die Probleme, denen Calvin sich im alltäglichen Hirtendienst in Strassburg annehmen musste. Da Seelsorge von Leibsorge nicht zu trennen ist, gemäss Calvins Seele–Leib- Verständnis seit der «Psychopannychia», konnte diese Sache auch kleinlich und peinlich werden: Ein Student bat den Pfarrer Calvin um ein Darlehen und bekam zwanzig Batzen geborgt. Er deponierte bei Calvin gleichsam als Pfand einen verschlossenen Koffer, angeblich gefüllt mit Dingen von Wert. Monate später, der Student liess sich nicht mehr blicken, liess Calvin den Koffer in Anwesenheit des Stadtpräsidenten Sturm öffnen. Inhalt: Faule Äpfel, ein paar zerfetzte Bücher und zerknitterte Briefe. Der Seelsorger Calvin wusste solche Niederlagen mit Humor zu ertragen. Die Informationen zu Calvins Seelsorge in Strassburg stammen grösstenteils aus dessen Briefwechsel. So auch das vielleicht schönste Seelsorgedokument von Calvins Hand, der Trostbrief an Herrn de Richebourg nach der Pesterkrankung und dem Tod des Sohnes Louis de Richebourg, der in Strassburg als Student zu Calvins Füssen gesessen hatte. Der Brief gipfelt in dem für Calvins Seelsorge typischen und wegweisenden Satz: «Denn solche Lebensklugheit lernen wir in Christi Schule nicht, dass wir die uns von Gott gegebenen menschlichen Gefühle ablegen und aus Menschen Steine werden.»[15] Die seelsorgerliche Seele Calvins, «l'âme pastoral de Calvin»,[16] entfaltet ihre volle Blüte.

Mit dieser in Genf gelegten und in Strassburg glücklich gelebten und durchexerzierten Seelsorgepraxis folgte Calvin 1541 dem dringlichen Rückruf nach Genf. In den vierziger Jahren entwickelte sich Calvin eindeutig zum geistigen Führer des Protestantismus in Europa. Noch von Strassburg aus hatte er an den vom Kaiser veranlassten Religionsgesprächen 1540/41 in Hagenau, Worms und Regensburg teilgenommen. Calvins Wirken bekommt in diesen Jahren einen deutlich verschärften politisch-weltweiten Charakter. Er führt den Protestantismus ins konfessionelle Zeitalter und damit in die Religionskriege. Versiegt jetzt seine

[15] Vgl. CO 11,188–194 = Schwarz 1,185–189. Vgl. Kap. 2.2.
[16] Vgl. J.-D. *Benoit*: Calvin. Directeur d'âmes, Strasbourg 1947, 9–19.

seelsorgerliche Arbeit, die in Strassburg so still, ja fast verträumt wie die winkligen Gassen dieser Stadt, aufgeblüht war? Nichts wäre unrichtiger als diese Vorstellung und Annahme.

Calvins zweite Genferzeit lässt sich leicht in drei Phasen einteilen: eine relativ ruhige Eingangsphase bis ca. 1547/49, eine erneute Krise bis 1554/55 und schliesslich die ruhigen letzten Jahre bis zu seinem Tod. Wieder in Genf konnte Calvin, vorerst unterstützt auch von den Politikern und Räten der Stadt, seine Vorstellungen von Gemeindeaufbau, «dresser l'église», verwirklichen. Allerdings waren die alten Widerstände nicht völlig verschwunden, sie nahmen im Stillen sogar wieder zu, aber Calvin hatte nun doch jahrelang Zeit gehabt zu intensiver pastoraler und besonders auch seelsorgerlicher Arbeit in allen Schichten im Stadtstaat Genf. Sein Briefwechsel wächst ins Unermessliche. Seine Predigttätigkeit, die immer die Grundlage seiner Seelsorge darstellte, wurde von der Gemeinde in Genf, aber auch vom übrigen Europa, bald als äusserst bedeutsam, wichtig und effektiv eingeschätzt. Beginnend etwa mit dem Jahr 1549 wurden die Predigten Calvins von Stenografen nachgeschrieben und gesammelt.[17] Calvin verband mehr und mehr die seelsorgerliche Einzelarbeit mit der Verpflichtung der Gemeinde zur Fürbitte für die weltweite Gemeinde. Der seelsorgerliche Impetus Calvins bestand in dieser Zeit nicht zuletzt darin, dass in Predigt- und Gebetsgottesdienst der Einzelne aus seiner Fixierung auf seine Probleme gelöst und in die Gesamtverantwortung miteinbezogen wurde. Die Seelsorge Calvins wird in diesen Jahren politisch und die Politik bekommt, durch den regen Briefwechsel Calvins, seelsorgerliche Dimension und Dichte. Das Gebet als Stütze und Instrument der Seelsorge tritt theoretisch und praktisch ins Zentrum der Überlegungen Calvins. Kurz nach seiner Rückkehr wurde im November 1541 ein wöchentlicher Gebetsgottesdienst mit politischem Inhalt eingeführt.[18]

---

[17] Vgl. dazu H. *Scholl*: Der Dienst des Gebetes nach Johannes Calvin, Zürich 1968, 200.

[18] Vgl. E. *Pfisterer*: Der wöchentliche Gebetstag in Genf, RKZ 1952, 316: «So ist der wöchentliche Gebetstag für die Genfer Gemeinde eine Schulung zum Beten und zur Fürbitte für die anderen geworden und hat durch den Segen, der aus ihm auf jedes Gemeindeglied überfloss, reichlich das kleine Opfer aufgewogen, das der Einzelne an Zeit bringen musste. Den Genfern ist damit schon in den ersten Jahrzehnten ihrer Gemeinde der Blick für die Anliegen der weltweiten christlichen Bruderschaft geöffnet worden.»

Das Verhältnis zwischen dem Genfer Stadtstaat und Calvin verschärfte sich nochmals in den Jahren 1549 bis 1554. Es kam zu einer Krise, die das Verbleiben Calvins in Genf erneut in Frage stellte. Calvins theologische Position war durch den Angriff Castellios auf sein Schriftverständnis, die Bestreitung der Prädestinationslehre durch Bolsec und durch das Erscheinen Servets und dem folgenden Servetprozess in Genf zwar nicht einfach erschüttert worden; aber Calvins Theologie – und damit seine Autorität – war nicht unwidersprochen geblieben. Sollte nicht auch seine Lehre und Praxis der Kirchenzucht, also die seelsorgerliche Dimension seiner Ekklesiologie hinterfragt werden können? Sollte das Genfermodell wirklich die einzig mögliche Form und Gestalt einer nach Gottes Wort reformierten Kirche darstellen? Es ist deutlich, dass Calvin durch diese Angriffe und die laue Schützenhilfe, die er von den übrigen Schweizerkirchen in seinen Kämpfen auf exponiertem Posten erhielt, verhärtet wurde. Man kann z. B. im Servethandel bei Calvin ein seelsorgerliches Engagement und Verständnis vermissen. Während der junge, noch «machtlose» Calvin 1533/34 unter Todesgefahr sich zu einem theologisch-seelsorgerlichen Gespräch mit dem Geächteten in Paris treffen wollte und Servet beim Stelldichein nicht erschien, veranlasste der alte Calvin in Genf die Anklage gegen den flüchtigen Servet. Calvin konnte offensichtlich, in der gesamtreformatorischen Verantwortung, in der er unterdessen stand und die er in den Tagen des Servetprozesses wohl zu stark spürte, seine Verhärtung nicht durchbrechen. Nun ist es aber eindrücklich, dass trotz dieser Verhärtung und der schwachen Position Calvins in diesen Jahren und Monaten, die ganze Krise sich in nichts auflöste. Die jahrelange seelsorgliche und pastorale Kleinarbeit, die Calvin in Genf geleistet hatte, trug nun ihre Früchte. Sogar die Gegner der calvinischen Kirchenzucht liessen letztlich ihren Seelsorger nicht fallen. Die politischen Kämpfe der Genfer Mächte, die sich in dieser Krise austobten, konnten die durch die treue Seelsorge Calvins gefestigte Gemeinde nicht mehr aus den Angeln heben.[19]

Innenpolitisch erlebte Calvin seine letzten Jahre in Genf als Zeit der Ruhe und der engen Zusammenarbeit von Kirche und politischer Führung zum Nutzen des Gemeinwesens. Die Seelsorge des Genfer Hirten geht ruhig

[19] Vgl. zu diesen Zusammenhängen besonders die kenntnisreiche Biografie von T. H. L. *Parker*: John Calvin. A Biography, London 1975, 82–132.

den eingeschlagenen Weg weiter. Vieles muss der kranke Calvin delegieren, aber das kirchliche Leben läuft ungestört, es wird auch nach seinem Tode weiterlaufen. Es kommt nicht zu einer Reaktion gegen den «Diktator von Genf». Von seiner Stadt, die ihm 1559 das Bürgerrecht anbot, das er freudig annahm, wurde er nicht als Tyrann, sondern als überaus treuer Hirte und Seelsorger empfunden. Davon zeugen die Abschiedsgespräche einmal mit dem Rat der Stadt und dann mit dem Pfarrkollegium an seinem Kranken- und Sterbebett.[20]

Die eindrücklichsten Seelsorgedokumente dieser Schlussphase finden sich aber in der weltweiten Korrespondenz des späten Calvin. Er fand nochmals Ruhe und Raum, sich nicht nur politisch und theologisch, sondern seelsorgerlich nach aussen zu wenden. Was sich gewiss schon in den vorangehenden Phasen des calvinischen Werkes vorbereitet hatte, kam jetzt zu einem einzigartigen Abschluss: Calvin als theologischer Vordenker und Seelsorger des protestantischen Europas. Dabei stehen die Evangelischen in Frankreich für Calvin im Zentrum. Das hat zwei Gründe: Einmal ist Frankreich seine Heimat, deren Geschick ihm besonders am Herzen lag. Dann aber fallen nach Calvins Überzeugung in diesen Jahren dort die Entscheidungen über den weiteren Gang des Reichs Gottes in der Welt. Alles steht und fällt damit, dass in diesen Jahren die einzelnen hohen und niederen Hugenotten und Hugenottinnen, die kleinen und grösseren französischen Gemeinden bei der Sache bleiben, bei der «wahren Seelsorge»[21], die die Ruhe des Gewissens nirgends sucht und findet als im reformatorischen Verständnis der Rechtfertigung *sola gratia*, und die dann dieser Einsicht und Erfahrung auch in einem Gott ehrenden Leben Ausdruck zu geben versucht.

Jean-Daniel Benoit hat unter seelsorgerlichen Gesichtspunkten die Briefadressaten Calvins aufgelistet: Könige und Königinnen, Männer und Frauen aus dem Hohen Adel, um ihres reformatorischen Glaubens willen Gefangene und Märtyrer.[22] Man müsste aber die Liste bedeutender Seelsorgebriefe Calvins wenigstens noch um zwei weitere Adressatengruppen

---

20 Vgl. OS II, 397–404; und auch in Calvin Studienausgabe Bd. 2, 281–303, übersetzt und bearbeitet von M. *Freudenberg*.

21 Titel einer reformatorischen Programmschrift von Martin *Bucer*: ‹Von der wahren Seelsorge›, in: Martin Bucers Deutsche Schriften, (1538f) Bd. 7, 67–245, hrsg. von R. *Stuperich*, Gütersloh 1984.

22 J.-D. *Benoit*: Calvin. Directeur d'âmes – Contribution à l'histoire de la piété réformée, Strasbourg, 1947.

ergänzen: einmal die Hirtenschreiben an verschiedene Gemeinden, besonders in Frankreich.[23] Ein Hauptaspekt der calvinischen Seelsorge ist es, dass der einzelne Seelsorgefall nicht zu trennen ist von der Gemeinde und diese nur Gemeinde ist, wenn neben geregeltem Gottesdienst, Unterricht und sozialem Engagement auch der Einzelne seelsorglich getragen wird von der mündigen und verantwortlichen Abendmahlsgemeinde.

Endlich würde das Thema ‹Seelsorge am Seelsorger› bei Calvin eine besondere Studie verdienen. Sie müsste einen ergreifenden Inhalt von erstaunlichem seelsorgerlichem Tiefgang ans Licht bringen. Zahllos sind Calvins Briefe an Pfarrer in der Nähe und Ferne. Das ist kein Zufall, denn Calvin weiss um die Seelsorgebedürftigkeit gerade seiner Brüder und Kollegen im reformatorisch verstandenen und verwalteten Pfarramt. Er kennt ihre Situation, denn es ist die seine. Ihnen fühlt er sich besonders verbunden. Spricht er ihnen zu Herzen, so spricht er auch zu seiner eigenen Seele. Er weiss, was er sagt, wenn er «Wir» sagt, «Wir Pfarrer»![24] Er verlangt nicht von allen gleich viel in seiner Pfarrerseelsorge, er tröstet und ermahnt nicht jeden gleich. Er kann unterscheiden zwischen stärkeren und schwächeren Brüdern. Von sich und seinesgleichen verlangt er viel. An John Knox: «Hier [in Genf] leben wir in grosser Gefahr. Allein das Vertrauen auf Gottes Schutz macht uns frei von eigentlicher Angst, wenn wir auch nicht ohne Furcht sind. Leb wohl, trefflicher Mann, von Herzen verehrter Bruder! Der Herr sei immer mit Dir, er leite und schütze Dich und stärke Dich mit seiner Kraft. Der Tod Deiner Frau war – das versteht sich – auch mir eine traurige, schmerzliche Botschaft. Du hattest eine Gattin, derengleichen man weit und breit nicht findet. Da Du aber wohl weisst, wo Trost in solchem Leid zu suchen ist, so zweifle ich nicht daran, dass Du Dein Unglück mit Geduld trägst. Grüsse die frommen Brüder höflichst von mir; meine Kollegen lassen auch Dich vielmals grüssen! – Genf, 23. April 1561.»[25]

---

23 Vgl. die eindrücklichen Beispiele CO 18,436 f. R. *Schwarz*, Briefe III 1118f, Calvins Warnung an die Gemeinde von Aix en Provence vor bewaffnetem Widerstand in der Verfolgung, 1. Mai 1561: «Wenn wir nun aber dem Bösen mit Waffengewalt widerstehen, so hindern wir Gott, uns zu helfen.» Vgl. auch zur ganzen Problematik die Vorrede Calvins zur Danielvorlesung 1561, CO 18,614–626 = R. Schwarz, Briefe III 1133–43.

24 Titel eines mitreissenden Buches zur Pfarrerexistenz um 1900 von Hermann *Kutter*, Leipzig 1907.

25 CO 18,435 = Schwarz, 1118.

2. Exemplarische Texte

2.1. Der Seelsorger

«Klar und durchsichtig ist die Umschreibung dieser Vollmacht, die wir vor uns haben; und mit ihr müssen die Hirten der Kirche, unter welchem Titel sie auch ihre Berufung erhalten mögen, ausgestattet sein, um mit dem Worte Gottes, zu dessen Dienern und Verwaltern sie bestellt sind, zuversichtlich alles zu wagen, was ihnen aufgetragen ist; um alle Kraft, Herrlichkeit und Erhabenheit der Welt zur Nachgiebigkeit und Folgsamkeit gegen dessen Majestät zu zwingen. Gerade mit diesem Worte sollen sie ja allen Menschen vom höchsten bis zum letzten gebieten, Christi Haus erbauen, des Satans Herrschaft in den Grund stürzen, die Schafe weiden, die Wölfe töten, die Gelehrigen ermuntern und unterweisen, die Widerspenstigen und Verstockten überführen, anfahren, widerlegen, lösen und binden, ihnen endlich mit Blitz und Donner kommen, doch das alles in der Kraft des Wortes Gottes. Wollte man dagegen solche Vollmacht mit derjenigen vergleichen, mit welcher sich bisher jene geistlichen Tyrannen dem Volke Gottes angepriesen haben, und die so tun, als wären sie Bischöfe und Hirten der Seelen, so dürfte wohl der Vergleich nicht besser ausfallen, als der zwischen Christus mit Belial!»[26]

2.2. Trostbrief an einen trauernden Vater

Ein hoffnungsvoller und talentierter Sohn des französischen Edelmannes de Richebourg war Schüler Calvins in Strassburg. Er starb 1541 zusammen mit einem seiner Lehrer an der Pest. Im Eingang des Briefes berichtet Calvin über die Umstände des Sterbens, über seine eigene Trauer und er macht sich Gedanken über den Tod eines jungen Menschen. Dann fährt er fort:

«... Was mich angeht, so hätte ich ja nichts vom Schmerz gespürt über den Tod von M. Claude und Louis, wenn nicht diese unsere Kinder sich aufgemacht hätten, nach Strassburg zu kommen. Und doch könnte mich das grosse Leid, das ich um beide trage, nie dazu bringen, mit Reue an den Tag zu denken, da sie, mehr gelenkt von Gottes Hand als geführt vom eigenen Willen, von mir in Freundschaft aufgenommen wurden, in eine Freund-

[26] Institutio 1536; OS I,237.

schaft, die nicht nur bis ans Ende standhielt, sondern auch wuchs, zunahm und stärker wurde von Tag zu Tag. So freue ich mich also, dass sie so, wie sie gewesen sind, mit mir gelebt haben. Und da sie nun sterben mussten, so freue ich mich doch, dass sie bei mir gestorben sind, wo sie doch friedlich und in guter Ruhe ihre Seele in die Hände Gottes haben befehlen können, und dass ihnen nicht widerfahren ist, da zu sterben, wo die Zudringlichkeit derer, die ihnen hätten helfen müssen, ihnen mehr Leid und Böses getan hätte als der Tod selbst. Denn nun sind unter frommen Ermahnungen und in beständiger Anrufung des Namens Gottes ihre gläubigen Seelen von dieser armen Erde hingegangen, froh ihrer Vereinigung mit Christus. Ich wollte nicht einmal jetzt frei sein von all der Traurigkeit, um den Preis, dass ich sie nie gekannt hätte. Denn ich hoffe, dass ich bis ans Ende eine heilige, ja sogar süsse und angenehme Erinnerung an sie festhalte. Aber Sie werden fragen, was nützt es mir, dass mein Sohn ein Knabe war, der das Grösste hoffen liess, nun, da er mir in der Blüte seiner Jahre geraubt wurde? Das wäre ja, wie wenn Christus durch seinen Tod nicht wohl verdient hätte, zu herrschen über Lebendige und Tote! Wenn wir doch zu ihm gehören, wie wir sollen, warum sollte er nicht Macht haben über uns im Leben und im Tod? Wie es auch nun sei, dass nach Ihrer Meinung oder nach meiner Ihr Sohn nur kurze Zeit gelebt hat, so muss es uns doch genügen, dass er den Lauf vollendet hat, den ihm der Herr bestimmt hat. Doch wollen wir nicht denken, dass er gebrochen sei noch in der Blüte, da er doch für den Herrn zur Reife gekommen ist. Denn wir müssen sagen, alle die sind zur Reife gekommen, die der Herr heimgeholt von hier, wenn wir nicht etwa ihn anklagen wollen, er nehme unüberlegt einen vor der Zeit weg. Das ist von allen wahr, aber von Louis ist's ganz gewisse und richtige Rechnung. Denn so alt ist er geworden, dass er mit wahrem Zeugnis bekräftigen konnte, er sei ein Glied Christi. Nachdem er solche Frucht getragen, erlosch sein Leben, und er ward uns genommen. Vielmehr er ist aus diesem dahineilenden und schwindenden Schattenleben aufgenommen in die wahre Unsterblichkeit. Glauben Sie nicht, Sie hätten den verloren, den Sie in der seligen Auferstehung, im Gottesreich wiederbekommen werden? So haben die beiden gelebt, so sind sie gestorben, dass ich nicht daran zweifle, dass sie beim Herrn sind. So wollen auch wir wandern, dass wir zu dem Ziel kommen, das sie erreicht haben. Daran wollen wir nicht zweifeln, dass Christus einst sie und uns zu untrennbarer Gemeinschaft sammeln wird, einst in dem unvergleichlich schönen Teilnehmen an seiner Herrlichkeit. Hüten Sie sich also, Ihren Sohn zu betrauern als einen Verlorenen, da

Sie doch erkennen, dass der Herr ihn bewahrt, dass er ewig der Ihrige bleibe, während er jetzt doch nur provisorisch auf einen Augenblick Ihnen anvertraut war. Keinen geringen Trost muss Ihnen doch auch der Gedanke an das bieten, was Ihnen geblieben ist. Sie haben ja noch Charles, der nach unser aller Urteil so ist, dass jeder sich einen solchen Sohn wünschte. Glauben Sie nicht, dass ich das Ihren Ohren zuliebe sage oder irgendetwas Ihnen zuliebe übertreibe. Das ist nicht meine Art und Gewohnheit. Ich will also ganz einfach sagen, was ich meine und was ich auch jedem Fremden sagen würde. Der junge Mann ragt über andere hinaus, erstens an besonderer Frömmigkeit und wahrer Gottesfurcht, die aller Weisheit Anfang ist, dann auch an Feinheit seines ganzen Wesens, angenehmen Sitten und ungewöhnlicher Bescheidenheit und Selbstbeherrschung. Das Lob spende ich ihm nicht etwa nach blossem Hörensagen; denn ich richtete darauf stets meine Aufmerksamkeit, seine Geistesart ganz zu durchschauen. An Verschiedenheit zwischen den beiden Brüdern habe ich, solange beide lebten, Folgendes bemerkt: Louis war von rascherer Auffassung, aber Charles übertraf ihn weit in sicherer Erkenntnis und Beurteilung der Dinge. Louis war gewandter, Gehörtes und Gelesenes wiederzugeben, Charles war darin langsamer und scheuer. Louis war bereiter und flinker, sei's neue Künste zu erwerben, sei's zu irgendeinem lebendigen Handeln; Charles ist bedächtiger, aber ausdauernder. Das brachte ja schon ihre körperliche Anlage mit sich. Louis als Sanguiniker hatte natürlich mehr ein heiteres, munteres Wesen. Charles, der etwas von einem Melancholiker hat, gibt sich nicht mit solcher Leichtigkeit. Dafür hatte er stets mehr Bescheidenheit und Freundlichkeit, die besonders darin wunderbar hervorleuchtete, wie er durch sein ruhiges Hinnehmen die Heftigkeit seines Bruders zu bändigen wusste. Auch ist er ihm weit überlegen in Selbstbeherrschung, fast männlichem Ernst und einer gewissen Gleichmässigkeit in allen Lebenslagen. Wie viel ein solcher Sohn wert ist, um den Verlust, durch den Sie der Herr nun mit Kummer geschlagen hat, zu erleichtern, können Sie selbst beurteilen und werden es auch selbst tun, um darin gegen Gott nicht undankbar zu sein. Sie werden sagen, es sei aber doch zu schwer, die Vaterliebe so zu verbannen oder zu unterdrücken, dass Sie beim Tod Ihres Sohnes keinen Schmerz empfänden. Das verlange ich von Ihnen auch durchaus nicht, dass es Sie nicht schmerze. Denn solche Lebensklugheit lernen wir in Christi Schule nicht, dass wir die uns von Gott gegebenen menschlichen Gefühle ablegen und aus Menschen Steine werden. Das alles zielt vielmehr nur dahin, dass Sie Ihrem ganzen gerechten Schmerz ein Ziel und Mass setzen; dass Sie wohl weinen, wie es die natürliche Vaterliebe von Ihnen fordert, aber sich nicht ganz der Trauer hingeben. Ich habe mich Ihnen auch nicht deshalb [als Tröster] aufgedrängt, weil ich Ihrer Klugheit, Festigkeit und Seelengrösse misstraute, sondern bloss, weil ich meine Pflicht Ihnen gegenüber nicht versäumen wollte. Obgleich mein Brief vielleicht überflüssig ist – ich glaube es selbst –, so halten Sie nach Ihrer ausserordentlichen Güte mir meine Sorge zu gut, die vielleicht allzu ängstlich, aber doch verzeihlich ist, da sie aus meiner grossen Liebe zu Ihnen kommt. Ich habe auch Melanchthon und Bucer gebeten, meinem Brief auch solche von ihnen beizufügen, weil ich hoffte, es werde Ihnen kein unerwünschter Dienst sein, wenn auch diese Männer Ihnen ein Zeugnis ihres Wohlwollens gäben. Leben Sie wohl, hochberühmter und von mir in Gott hochverehrter Herr. Der Herr Christus behüte Sie und Ihr Haus und leite Sie alle mit seinem Geist, bis Sie dahin kommen, wohin Louis und Claude vorausgegangen sind.

Anfang April 1541.»[27]

2.3. Sterbebegleitung

Monsieur Laurent de Normandie, ein hoher königlicher Beamter, hatte mit seiner Gattin aus Glaubensgründen 1549 Frankreich verlassen, um sich in Genf niederzulassen. Kurz nach ihrer Ankunft in Genf verstarb die Gattin. Calvin begleitete sie in ihrer Sterbestunde. Er schrieb Mme. de Cany, einer französischen Frau aus dem Hochadel und Freundin der Verstorbenen, über diese Vorgänge:

«... Gegen fünf Uhr morgens ging ich zu ihr. Nachdem sie sehr geduldig zugehört hatte, was ich ihr dem Ernste der Stunde entsprechend sagte, sprach sie: Die Stunde nähert sich; ich muss die Welt verlassen; dieser Leib will sich nur noch auflösen; aber ich bin sicher, dass mein Gott mich in sein Reich heimholen wird. Ich weiss sehr wohl, dass ich eine arme Sünderin bin, aber ich vertraue auf seine Güte und auf den Tod und das Leiden seines Sohnes. Also zweifle ich nicht an meinem Heil, denn er hat mich seiner gewiss gemacht. Ich vertraue mich ihm an, ihm als meinem Vater. Gerade als sie diese Worte gesprochen hatte, stellten sich noch andere Besucher ein. Ich sagte dann noch einige Worte, wie es mir schick-

[27] R. *Schwarz*: J. Calvins Lebenswerk in seinen Briefen, Bd. 1, 188–190.

lich schien, und wir beteten zu Gott entsprechend den Umständen. Nachdem sie nochmals ihre Sündenerkenntnis dargelegt und Gott um Vergebung gebeten und ihre Vergebungsgewissheit bezeugt hatte, begann sie ganz spontan das Miserere zu singen, so, wie wir es in der Kirche tun, mit lauter, kräftiger Stimme, wenn auch nicht ohne Mühe. Sie bat auch, man möge fortfahren. Ich legte ihr in Kürze den Psalminhalt aus, da ich sah, welche Freude und Erbauung sie daran hatte. Sie sagte zu mir, nachdem sie mich bei der Hand gefasst hatte: ‹Wie glücklich bin ich und wie guten Grund habe ich doch in Gott, dass er mich hierher gebracht hat, damit ich hier sterbe. Wenn ich noch in diesem unglücklichen Gefängnis wäre, wagte ich es nicht den Mund zu öffnen und meinen christlichen Glauben zu bekennen. Ich habe hier nicht nur die Freiheit, Gott zu rühmen, sondern ich habe auch viele gute Ermunterungen, die mich in meinem Heil bekräftigen.› Manchmal sagte sie auch: ‹Ich kann nicht mehr.› Worauf ich ihr antwortete: ‹Gott wird für Sie können. Er hat es Ihnen ja bis hierher gut gezeigt, wie er den Seinen hilft.› Sie sagte sogleich: ‹Ich glaube es, und er lässt mich seine Hilfe spüren.›

Ihr Ehemann war anwesend in einem Zustand, dass er uns sehr leid tat, und doch wunderten wir uns über seine Standhaftigkeit. Er war in tiefer Trauer und bedrängt von extremer Angst, ich sah es. Dennoch brachte er es über sich, mit seiner Gattin zu sprechen als hätten sie zusammen eine glückliche Reise zu machen.

Während ich mit ihr sprach, erlitt sie heftige Magenschmerzen. Gegen neun oder zehn Uhr beruhigten sie sich. Als läge sie nicht in Erschöpfung, hörte sie nicht auf, Gott zu loben, sich immer wieder zu demütigen, und ihr Heil und all ihr Wohl in Jesus Christus zu suchen. Als ihr die Sprache versagte, hörte sie dennoch nicht auf, mit ihrem Gesicht zu reden und Zeichen der Aufmerksamkeit zu geben sowohl bei den Gebeten als auch bei den Ermutigungen, die man ihr machte. Zum Schluss war sie so friedlich, dass nur ihr Aussehen den Schein des Todes erweckte. Am Ende, als ich bereits dachte, sie sei hinübergegangen, sagte ich: ‹Nun lasst uns zu Gott beten, dass er uns die Gnade gebe, ihr zu folgen.› Als ich aufstand, wandte sie ihre Augen zu mir, wie zum Dank dafür, dass wir ausharrten im Gebet und in der Tröstung. Darauf nahmen wir keine Lebenszeichen mehr wahr. Sie schied so friedlich dahin, als wäre sie eingeschlafen.»[28]

[28] CO 13, 246 f.

2.4. Seelenführung und Seelsorge an hochgestellten Persönlichkeiten

Nicht alle evangelisch Gesinnten vom Adel konnten oder wollten Frankreich um ihres Glaubens willen verlassen. In den sechziger Jahren spaltete sich die französische Nation immer deutlicher in zwei Teile und trieb dem Bürgerkrieg zu. Es sind auffallend viele Frauen aus dem Hochadel, mit denen Calvin in regem Briefwechsel stand. Eine Zeit lang hofften die Evangelischen, neben dem Admiral Gaspard de Coligny auch Antoine de Bourbon, den Gatten der überzeugten evangelischen Königin von Navarra, Jeanne d'Albert, auf ihre Seite ziehen zu können. Auch mit ihm verkehrte Calvin brieflich. 1562 erlag Antoine de Bourbon aber den Versprechungen und Intrigen der antiprotestantischen Partei der Guisen und fiel von den Protestanten ab. Jeanne d'Albert aber, eine sehr eindrückliche Persönlichkeit des 16. Jahrhunderts, blieb unter schwierigsten Umständen fest bei ihrer evangelischen Überzeugung. Den folgenden Trostbrief schrieb ihr Calvin kurz nach dem Abfall ihres Mannes:

«Madame, das Mitleid, das ich mit Ihren Ängsten empfinde, lässt mich wenigstens teilweise spüren, wie hart und schwer sie zu tragen sind. Doch wie dem sei, es ist doch viel besser für Sie, um solcher Ursache willen traurig zu sein, als selbst schwach zu werden zu Ihrem Verderben. Es ist ja ein wünschenswertes Ding, in Ruhe und Wohlsein zu leben, und wenn Gott seinen Kindern dieses Gut schenkt, so können sie sich von Herzen freuen. Aber da dies nun einmal ein Vorrecht ist, das nicht ewig dauert, so müssen wir ihm eben auch auf rauen, schweren Wegen folgen, wenn es ihm gefällt, uns hart zu prüfen. Man hat Sie wohl gelehrt, Madame, dass wir Gott nicht dienen können ohne Kampf. Die Arten dieser Kämpfe sind verschieden; aber wie es Gott gefällt, uns zu gebrauchen, so müssen wir bereit sein. Wenn die Angriffe, die Sie, Madame, nun auszuhalten haben, scharf und schrecklich sind, so hat Ihnen doch Gott lange Zeit Gelegenheit gegeben, sich darauf vorzubereiten. Der König, Ihr Gemahl, ist ja schon lange von diesen beiden Hörnern des Teufels, dem d'Escars und dem Bischof von Auxerre, berannt worden. Nun hat er sich nicht nur von ihnen über den Haufen werfen lassen, sondern er stösst nun selbst wider Gott und die Seinen. Ich rede davon wie von einer ganz bekannten Sache. Ich weiss, Madame, die ersten Stösse gelten Ihnen. Aber hätten Sie auch hundertmal mehr Schwierigkeiten, die Kraft von oben, zu der wir unsere Zuflucht nehmen, wird doch siegen. Nur, Madame, werden Sie nicht müde, festzuhalten, dass Sie Gott zum Helfer haben! Denn wir brauchen ihm ja nicht aufs Geratewohl zu folgen, da seine Verheissung uns nicht fehlen kann, dass er auch Ihrer Festigkeit guten Erfolg geben wird, wenn sie sich gründet auf sein Wort. Mag auch die ganze Welt wanken; wenn unser Anker im Himmel festgemacht ist, so wirft es uns hin und her, aber wir kommen doch zum sicheren Port. Der in seiner Hut hält, was wir ihm anvertrauen, ist getreu, sagt St. Paulus [1Thess 5,24]. So wissen wir also, an wen wir glauben, und wollen beharren und Mitleid haben mit denen, die ihre Lust haben an Verlockungen so leichtfertiger Art, dass die Kinder ihren Spott damit treiben. Indessen, Madame, wollen wir Sie nicht vergessen in unserem Gebet, wie uns unser Bruder, Herr Beza, gemahnt hat und wie wir auch sonst nach Ihrem Wunsche getan hätten. Ich bin sicher, Madame, Gott wird Ihre und unsere Seufzer erhören, wenn wir ihm nur das Opfer demütiger Ergebung bringen, das er wünscht. Denn so kühn wir sein dürfen und sollen in der Verteidigung seiner Sache, so müssen wir es doch unseren Sünden zuschreiben, wenn der Lauf seines Evangeliums aufgehalten wird. Wie dem auch sei, mitten in allen Nöten wollen wir uns an das Wort St. Pauli erinnern: Freuet Euch in dem Herrn, liebe Brüder, allewege, und abermals sage ich: Freuet Euch! [Phil 4,4], dann werden wir einen unüberwindlichen Mut haben in all unseren Trübsalen.

Madame, da der Überbringer dieses Briefes zu Ihnen zurückkehrt, um zu hören, wohin Sie ihn zu senden geruhen, so möchte ich Ihnen nur sagen, dass er sich bei uns so wohl gehalten hat, dass wir ihn am liebsten hier behalten hätten, wenn er sich nicht der Tätigkeit in Ihren Kirchen widmen wollte. Ich glaube, er hat seine Zeit hier nicht verloren, wie die Frucht seines Wirkens zeigen wird.

Den 22. März 1562.»[29]

2.5. Seelsorge im Martyrium

Die Theologie und das Werk Calvins sind nicht verstehbar ohne den Hintergrund des hugenottischen Martyriums. Calvin weiss genau, dass dieser Bekennermut ein Wunder überhaupt und zumal in seiner Zeit darstellt. Sein eigenes seelsorgerliches Versagen im Servethandel ist auf diesem Hintergrund ein gutes Stück weit verstehbar. Der Prozess der fünf Studenten

[29] R. *Schwarz*: J. Calvins Lebenswerk in seinen Briefen, Bd. III, 1183f; CO 19, 347–349.

von Lyon, von dem der untenstehende Brief handelt, lief gleichzeitig mit dem Servetprozess in Genf![30]

Es gibt viele Briefe Calvins an Gefangene, die mit dem schlimmsten Ausgang ihres Prozesses rechnen mussten. Einige Briefempfänger sind auch wieder freigekommen. Anders die fünf Theologiestudenten, die nach ihrer Ausbildung in Lausanne auf dem Rückweg in Lyon gefangengesetzt wurden und nach einem langen Prozess das Martyrium erleiden mussten. Calvins Briefe an diese jungen Männer gehören zu den ergreifendsten seelsorgerlichen Dokumenten des Reformators:

«... Sehr liebe Brüder, wir haben schliesslich erfahren, warum der Berner Herold nicht über Lyon zurückreiste. Weil er keine Antwort brachte, wie wir sie gewünscht hätten. Denn der König hat kurz und glattweg alles abgeschlagen, was die gnädigen Herrn von Bern baten, wie Ihr aus der Kopie des Briefes sehen könnt, so dass von dieser Seite aus nichts mehr zu erwarten ist. So überall, wohin wir hienieden blickten, hat uns Gott unsere Waffen zerbrochen. Da ist es nur gut, dass wir nie um die Hoffnung betrogen werden, die wir auf ihn und seine heilige Verheissung setzen. Ihr habt euch darauf gegründet zu der Zeit, da es schien, Ihr könntet noch Menschenhilfe finden, und wir es auch dachten. Und sosehr es auch den Anschein hatte, als könntet Ihr durch menschliche Mittel davonkommen, so hat das doch Eure Augen nie so verblendet, dass Euer Herz sich abgewandt und Euer Vertrauen sich hierhin und dorthin gerichtet hätte. In dieser Stunde mahnt Euch nun die Notwendigkeit, mehr als je all Euer Sinnen gen Himmel zu richten. Wir wissen ja noch nicht, wie es ausgehen wird, aber da es scheint, Gott wolle Euer Blut gebrauchen zur Versiegelung seiner Wahrheit, so ist nichts besser, als Ihr bereitet Euch auf dieses Ende vor und bittet ihn, Euch so seinem Wohlgefallen untertan zu machen, dass nichts Euch hindert, ihm zu folgen, wohin er Euch ruft. Denn Ihr wisst, liebe Brüder, wir müssen [uns selbst] so abgestorben sein, dass wir uns für ihn zum Opfer bringen können. Ihr müsst auf jeden Fall noch harte Kämpfe bestehen, damit sich an Euch erfüllt, was dem Petrus gesagt wurde: Man wird Euch führen, wohin Ihr nicht wollt [Joh 21,18]. Aber Ihr wisst, in welcher Macht Ihr streiten sollt. Wer sich darauf stützt, kann nie überrascht und noch weniger verwirrt werden. So baut darauf,

30 Vgl. dazu den Brief Calvins an Sulzer in Basel, CO 14, 614 ff.

liebe Brüder, dass Ihr in der Not gestärkt werdet durch den Geist unseres Herrn Jesu, nicht zu fallen unter der Bürde der Versuchung, so schwer sie auch ist, so wenig wie er, der über die Versuchung so glorreichen Sieg davontrug, der uns ein unfehlbares Pfand auch unseres Triumphes inmitten unseres Elends ist. Da es nun ihm gefällt, Euch bis in den Tod zu brauchen zur Verteidigung seiner Sache, so wird er euch auch seine starke Hand bieten zum tapferen Kampf und nicht leiden, dass ein Tröpflein Eures Blutes unnütz bleibe. Und wiewohl man die Frucht davon nicht gleich bemerkt, so wird mit der Zeit doch mehr daraus erwachsen, als wir sagen können. Aber je mehr er Euch das Vorrecht gegeben, dass Eure Gefangenschaft berühmt geworden ist und das Gerücht davon überallhin gedrungen, um so mehr soll, dem Satan zum Trotz, auch Euer Tod weithin Widerhall finden, damit der Name unseres lieben Gottes verherrlicht werde. Ich für mein Teil zweifle daran nicht, dass, wenn es dem lieben Vater gefällt, Euch heimzuholen, so hat er Euch bisher aufbewahrt, damit Eure lange Gefangenschaft eine Vorbereitung sei, um die besser aufzurütteln, die er durch Euer Ende zu erbauen beschlossen hat. Denn was die Feinde tun mögen, sie können das nie begraben, was Gott an Euch leuchten lässt, dass man es von ferne sieht.

Ich will Euch nun nicht mehr lange trösten und ermahnen, da ich wohl weiss, dass der Vater im Himmel selbst Euch hat spüren lassen, was sein Trost vermag, und Ihr schon eifrig genug darauf bedacht seid, zu betrachten, was er Euch in seinem Worte bietet. Er hat schon so sehr durch die Tat gezeigt, wie seine Kraft in Euch wohne, dass wir sicher sein dürfen, er wird es auch vollenden bis zuletzt. Ihr wisst, wenn wir aus dieser Welt scheiden, so gehen wir nicht auf ungewisses Abenteuer: nicht nur, weil Ihr gewiss seid, dass es ein Leben im Himmel gibt, sondern auch, weil Ihr sicher seid, dass unser Gott Euch aus Gnaden als seine Kinder angenommen hat, so geht Ihr ein wie in Euer Erbgut. Dass Gott Euch verordnet hat zu Märtyrern seines Sohnes, sei Euch noch ein Zeichen mehr dafür. Bleibt noch der gegenwärtige Kampf, in den uns der Geist Gottes nicht zu gehen, sondern zu laufen heisst. Es sind harte betrübende Versuchungen, den Stolz der Feinde der Wahrheit so gewaltig gross zu sehen, ohne dass er von oben her unterdrückt wird, und ihre Wut so überschäumend, ohne dass Gott für die Seinen zu Ihrer Erleichterung sorgt. Fällt uns dann aber ein, dass geschrieben steht, unser Leben sei verborgen [Kol 3,3] und wir sollten sein wie Gestorbene (das ist keine Lehre für einen Tag, sondern für alle Zeit), so finden wir es nicht so seltsam, dass die Trübsal anhält. Wenn es Gott gefällt, den Feinden so lange den Zügel schiessen zu lassen, so ist es unsere Pflicht, uns stillezuhalten, wiewohl die Zeit unserer Erlösung sich verzögert.

Übrigens, da er versprochen hat, Richter sein zu wollen über die, die sein Volk geknechtet haben, so dürfen wir nicht daran zweifeln, dass er auch denen eine fürchterliche Strafe bereitet hat, die seine Majestät in so masslosem Stolz verachtet und so grausam die verfolgt haben, die seinen Namen rein anrufen. Handelt, liebe Brüder, nach dem Satze Davids: Ich vergesse des Gesetzes des Herrn nicht, wiewohl ich meine Seele immer in den Händen trage [Ps 119,61; 109; 135], sie aufzugeben in jedem Augenblick. Da er Euer Leben braucht zu einer so grossen Sache, wie es das Zeugnis für sein Evangelium ist, so seid gewiss, dass ihm Euer Leben wertvoll ist. Denn die Zeit ist nahe, dass die Erde aufdecken wird das Blut, das verborgen lag, und dass wir entkleidet werden dieses hinfälligen Leibes und vollständig wiederhergestellt werden. Indessen sei durch unsere Schmach der Name des Sohnes Gottes gepriesen, und wir wollen damit zufrieden sein, dass das uns sicher bezeugt ist, dass wir nur verfolgt und geschmäht werden, weil wir hoffen auf den lebendigen Gott. Darin haben wir Grund genug, alle Welt in ihrem Stolz zu verachten, bis wir versammelt werden in das ewige Reich, in dem wir die Güter voll geniessen werden, die wir jetzt in der Hoffnung besitzen.

Liebe Brüder, ich empfehle mich von Herzen Eurem Gebet und bitte den lieben Gott, Euch in seiner Hut zu halten, Euch mehr und mehr zu stärken in seiner Macht, Euch spüren zu lassen, wie er für Euer Wohl sorgt, und in Euch die Gaben seines Geistes zu mehren, damit sie zu seinem Ruhme dienen bis ans Ende. Ich empfehle mich den anderen Brüdern nicht insbesondere, weil ich denke, dieser Brief soll Euch allen gelten. Ich wollte Euch bisher nicht schreiben, wie unsicher Eure Lage sei, aus Furcht, Euch umsonst damit zu betrüben. Nochmals bitte ich den lieben Gott, seine Hand über Euch auszustrecken zu Eurer Erhaltung.

Ende April 1553.

In Demut Euer Bruder Johannes Calvin.»[31]

[31] R. *Schwarz*: Johannes Calvins Lebenswerk in seinen Briefen, Bd. II, 636ff, CO 14, 544–54.

2.6. Seelsorgerliche Predigt von Gottes Gnadenwahl

In dreizehn Predigten zu den Jakob-Esau-Geschichten der Genesis, gehalten in Genf um 1560 (die genauen Daten sind nicht eruierbar), versuchte Calvin, die ihm wichtige letzte theologische Absicherung der Freiheit, Majestät und Güte Gottes durch die Erwählungslehre homiletisch und seelsorgerlich nutzbar zu machen. Er berührt gewissermassen alle Aspekte der umstrittenen Lehre, um noch einmal darüber Rechenschaft zu geben.

Das kann hier natürlich nicht genügend dokumentiert werden. Von grosser seelsorgerlicher Dichte in der Zeit der Hugenotten und der frühbürgerlichen Stadt zeugt folgende Predigtpassage:

«... Also, wenn es Gott gefällt, uns aus der Zerstreuung herauszuholen, in der wir waren, dann lasst uns lernen, auf die Stimme dieses grossen Hirten zu hören; nicht nur um zu sagen, dass wir ihn mit Kopfschütteln billigen, sondern um ihm zu folgen und um ihm zu gehorchen in allem und durch alles. Also, das ist es, was wir uns von dieser Stelle zu merken haben. Und übrigens, wir wollen uns nicht schämen, wenn unser Herr seinen Getreuen und seiner ganzen Kirche kein grosses Ansehen unter den Menschen gibt, so dass wir einen guten Ruf hätten. Wir schämen uns unserer Geringfügigkeit nicht, wenn nur er verherrlicht wird. Zur Zeit scheint es, dass die Kirche mit Füssen getreten werden muss, und wir sehen auch, wie die profanen Leute und die Kinder dieser Welt, diejenigen nicht gross achten, die Gott zu sich versammelt hat. Nun lasst uns dies aber geduldig tragen, nach dem Beispiel unseres Vaters Jakob. Und es soll uns auch nicht bemühen, wenn die Welt (wie man so sagt) uns ins Gesicht spuckt. Wenn wir nur von Gott angenommen sind. Also, so, wie wir diese Lehre zu praktizieren haben, jeder für sich, so eben auch der ganze Leib der Kirche. Übrigens, wie sehr wir auch verachtet werden von der Welt und man uns nicht zujubelt, so ist es dennoch so, dass Gott, das, was gemäss der Welt und dem äusserlichen Scheine nach verächtlich ist, mehr würdigt als das, was glänzt und sich vor den Menschen gross zur Schau stellt. Und darin ist erfüllt, was gesagt ist beim Heiligen Lukas, dass das, was hier unten hoch und ausgezeichnet ist, dennoch nicht gepriesen ist bei Gott, vielmehr er es oftmals verabscheut wie die Kraft Esaus; sicher wird sie immer gepriesen werden, wenn die Menschen darüber Richter sind; aber die Einfachheit Jakobs findet grössere Achtung bei Gott und seinen Engeln.

Lasst uns also wandeln wie unser Herr es uns befiehlt, und wir wollen uns nicht beunruhigen, wenn das, was Gott uns von seinen Gaben gegeben hat, nicht sofort sichtbar wird. Beispiel: Es gibt viele, die gelten nichts bei Gott; dennoch geniessen sie grosses Ansehen bei jeder Gelegenheit. Man sieht die Leute von Rang und Qualität, die pflegen gewichtigen Umgang; sie sind beliebt, sie leben hoch in Ehren und sie sind nicht extrem geizig. Kurz, es gibt bei ihnen solche Ehrbarkeit, dass es scheint, als seien sie Engel; man wird sie überall loben. Daneben aber gibt es arme Handwerker, Arbeiter, arme Unwissende, die nicht die Gelegenheit haben, sich gross hervorzutun, denn sie werden kurz gehalten in ihrem Laden und in ihrem kleinen Haushalt. Sie arbeiten, um ihre Kinder zu ernähren. Man wird keinen grossen Lärm um sie machen; sie werden nie redegewandt sein, um zu zeigen, wie gross ihre Klugheit sei; und wenn man sie reden lässt, wird man nur Dummheit feststellen nach allgemeiner Meinung. Und dennoch hat Gott sie erwählt und auserwählt. Er heisst eben das gut, was keinen Wert hat. Wie sehr es auch scheint, es sei eine schäbige Sache, wenn ein Mensch da ist, um zu nähen oder um irgendetwas anderes zu machen und zu arbeiten, dann ist doch so viel sicher, dass das ein Dienst ist, den Gott höher schätzt, als wir es uns vorstellen können. Also, wenn wir wissen, dass wir nichts sind nach dem äusseren Schein, sollen wir dennoch nicht meinen, dass unser Stand deswegen schlimm sei. Darum: Schämen wir uns unserer Schwachheit nicht; auch wenn wir nur die Augen nach oben richten können und uns niedergelegt haben im Staube. Ebenso ist es doch unserem Vater Jakob ergangen, der die Präfiguration für alle Erwählten Gottes und seiner Kinder war.»[32]

3. Die theologischen Grunddimensionen der Seelsorge Calvins

3.1. Calvins Menschlichkeit

Das gängige Calvinbild ist geprägt durch den kämpfenden Calvin, den theologischen Exponenten in der Frühzeit des konfessionellen Zeitalters. Von der *subita conversio* an bis in seine letzten Lebensmonate bestimmten Kämpfe sein Leben: Kämpfe um die Kirchenordnung in Genf, um die Prädestinationslehre, die Trinität, die Abendmahlslehre, Kämpfe mit den

[32] CO 58,64f zu Gen 25,26.

Nikodemiten, die weiterhin an der päpstlichen Messe teilnehmen wollten und nur im Versteckten und Privaten ihren evangelischen Glauben zu praktizieren gedachten. Kämpfe endlich in seinen späteren Jahren um die Frage, wie in Frankreich der Religionskonflikt gelöst werden sollte. Gegen den Vertreter eines dritten Weges, einer *via regia* zwischen den Konfessionen schleudert er noch 1561 seine Kampfschrift «Antwort an einen verschlagenen Vermittler, der unter dem Schein der Friedensstiftung den rechten Weg des Evangeliums in Frankreich abzubrechen versucht».[33] Rückblickend auf seinen eigenen reformatorischen Weg, nennt er diesen Anfang einen Aufstieg aus einem tiefen Sumpf.[34] Gegenüber der Verdunkelung und Verunehrung Gottes soll Gottes Ehre wiederum auf den Leuchter gestellt werden. Darum bestimmt der Genfer Katechismus, dass das höchste Gut des Menschen in der Verherrlichung Gottes besteht, und dass dem Menschen «kein grösseres Unglück widerfahren kann als das, nicht zur Ehre Gottes zu leben»[35]. Diese hehren Ausführungen und Vorstellungen Calvins bestimmten sein Bild und weckten oft Bewunderung, oft aber auch Zurückweichen und Ablehnung. Dass sein Bild auf den ersten Blick eher eine raue Schale zeigt, ist kaum zu bestreiten.

Es sollte aber in der Geisteswissenschaft nicht bei ersten Blicken bleiben und das Auge des Historikers muss durchdringen und durch die raue Schale zum eigentlichen Kern vorstossen. Nun erweist sich bei näherem Hinsehen dieser Kern Calvins von erstaunlicher Weichheit und Süsse. Die Reformationsgeschichte des späteren 16. und des 17. Jahrhunderts zeigt denn auch, dass es vielen Menschen in seiner Gegenwart oder im Raume seiner Nachwirkung wohl wurde um ihre Seele. Sie fühlten: Im Raume der Theologie Calvins wird für unsere Seelen in einer integralen und einzigartigen Weise gesorgt. Sie fühlten in der Nähe Calvins: Hier bin ich Mensch, hier kann ich's sein. Die verdienstvolle Studie von R. Stauffer hat in bewusster Korrektur des gängigen, oberflächlichen und oft auch

---

[33] CO 9,525–560. Calvin setzt sich mit Aktionen und Schriften des französischen Juristen François Boudouin zum Konzil von Poissy 1561 auseinander, hinter dem er zu Recht den katholischen Reformkatholiken, Georgius Cassander in Köln ‹auf seinem Misthaufen›, ‹in sterquilinio›, vermutet. Die von Calvin angegriffene anonym erschienene Schrift «De officio pii viri in hoc tempore disiduo» stammt wirklich von *Cassander*; vgl. dazu CO 9,567, «Responsio ad Balduini convicia», 1562.

[34] Vgl. oben Anm. 6.

[35] OS II 75,13 f.

verleumderischen und gehässigen Calvinbildes dessen grosse Menschlichkeit herausgestellt: Calvin als Gatte und Vater, Calvin als Freund und Calvin als Pfarrer.[36]

Meine Studie zu Calvins Gebet[37] wollte deutlich machen, dass Calvin nicht nur eine gute Theologie des Gebetes verfasst hat, sondern auch in einer erstaunlichen Treue im praktischen Dienst der Fürbitte stand. Beides, seine Menschlichkeit und seine treue Fürbitte, sind nur die Kehrseite, der Ausdruck seiner seelsorgerlichen Zuwendung zum einzelnen Menschen, zur Seele, für die er sich in einem hohen Masse verantwortlich wusste. Diese pastorale, seelsorgerliche Dimension Calvins ist wohl überhaupt das eigentliche Geheimnis, der Schlüssel zur Erklärung seiner welthistorischen Wirkung. Eine aufmerksame Lektüre seiner Werke unter dem Gesichtspunkt der Seelsorge von der «Psychopannychia» des jungen Calvin an bis hin zu den beiden Abschiedsreden an die Pfarrerschaft und den Genfer Rat im Frühjahr 1564 wird die Einsicht von J.-D. Benoit bestätigen: «On aime à parler de lui comme du réformateur de Genève; il serait plus exact, peut-être, de le désigner comme pasteur de Genève, car Calvin fut pasteur dans l'âme, et son œuvre réformatrice ne fut, à bien des égards, que la conséquence et comme le prolongement de son activité pastorale. […] tousjours, partout, avant tout, Calvin fut pasteur.»[38]

3.2. Seelsorge im Umkreis von Gotteslehre, Erwählung und Ekklesiologie

Die Theologie Calvins hat zwei Brennpunkte: die Ehre Gottes und die Ruhe des Gewissens. Die Ehre Gottes, das ist in Calvins Theologie die Aussenseite, das Hehre, die raue Schale. Die Ruhe des Gewissens, die Sorge für die Seele, die Gottes Ebenbild trägt, die Gott in Christus erwählt, erlöst hat und wiederherstellt, das ist der verborgene, süsse Kern unter der rauen Schale. Das meint, neben anderem, der berühmte Eingangssatz, der unter kleiner Veränderung alle Ausgaben der *Institutio* eröffnet: «All unsere Weisheit, sofern sie wirklich den Namen Weisheit verdient und wahr und zuverlässig ist, umfasst im Grunde eigentlich zweierlei: Erkenntnis Gottes und unsere Selbsterkenntnis.» Die Sorge um den Menschen ist ebenso das Anliegen der Theologie wie die wahre Gottesver-

[36] Richard *Stauffer*: Calvins Menschlichkeit, Theologische Studien, hrsg. von K. Barth und M. Geiger, Heft 79, Zürich 1964.

[37] H. *Scholl*: Der Dienst des Gebetes nach Johannes Calvin, Zürich 1968.

[38] J.-D. *Benoit*: Calvin. Directeur d'âmes, Strasbourg 1947, 18 und 11.

ehrung, die Sorge um den rechten Gottesdienst. Die Theologie, sofern sie richtige Theologie ist, bringt dem Menschen, bringt seiner Seele einen unendlichen, einen unfassbaren Nutzen (*profit*). Es wird ihr anders geholfen und umfassender als ihr sonst geholfen werden kann. Es gibt besonders in Calvins homiletischem Werk zahllose Stellen, die diesen Nutzen, diesen *profit,* thematisieren und der das eigentliche Thema der Predigt Calvins ist. Das macht ihre seelsorgerliche Dichte und Relevanz aus. In seiner Predigtreihe zu «Jakob und Esau»[39] thematisiert Calvin die Frage nach Leib und Seele als Kehrseite der Erwählungslehre. Calvin betont, wie Esau seine Seele vergisst und nur an den Leib, ja an den Bauch denkt; Jakob aber «ist auch ein leidensfähiger Mensch, er hat auch Hunger und Durst, aber er hält sich im Zaume und blickt über diese Welt hinweg. Er verlässt das leibliche (*la viande*), um ein geistliches zu erwerben, das mehr als hundert, ja mehr als eine Million Leben wert ist.»[40] Denn «Gott hat uns nicht in diese Welt gesetzt, damit wir sterben wie die Esel und die Pferde, er hat uns vielmehr eine Seele gegeben, in die er sein Bild eingegraben hat»[41]. Gottes Heilshandeln, seine Erwählung hat die Sorge um die Seele zum Ziel. Die Seele soll bewahrt werden vor dem Versinken im Linsengericht des Diesseits. Sie soll werden, was sie ist: Trägerin der Gottebenbildlichkeit. So kann sie «vivre en repos et en tranquillité de concience»[42]. Calvin fasst etwas später die Jakob-Esau-Geschichte so zusammen: «Es ist klar, dass Esau seine Seele in diese Suppe (das Linsengericht) getaucht hatte. Er sieht sie, er riecht sie und er will sie. Warum? Weil er auf nichts anderes schaute als auf dieses Leben hier. So ist seine Seele einfach da begraben. Also: Wir können von allen Gütern dieser Welt umgeben sein, aber ihr Geruch soll uns nicht so anziehen, dass wir nicht mehr imstande sind, die geistlichen Güter höher zu schätzen. Das ist es, was wir uns aus dieser Lehre zu Nutze machen sollen.»[43]

‹Vivre en repos et tranquillité de concience.› So umschreibt Calvin in diesen Predigten zur Erwählungslehre Stern und Kern seiner Botschaft: die Seelsorge als den einen Brennpunkt seiner Theologie. Das kann natürlich

[39] CO 59,1–198 (Dreizehn Predigten zu Jakob und Esau, 1558 oder 1562). Vgl. oben IV.2.6.
[40] CO 59,73 f.
[41] Ebd.
[42] Ebd. 83.
[43] Ebd. 85.

nicht im Sinne einer Individualisierung der Theologie verstanden, missverstanden werden. Erst recht meint diese Konzentration auf die Seelsorge nicht eine Einschränkung der Theologie auf das Seelenheil. Gegen dieses Missverständnis der Seelsorge hat sich Calvin immer wieder gewehrt. Den Menschen so mit sich selber zu beschäftigen, das wäre nach Calvin gerade die «zu gemütliche Theologie», die er dem Katholizismus vorwirft: «Hinc animadverto, Sadolete, nimis otiosam te habere theologiam.»[44] Denn es ist nicht gut, dass der Mensch sich zu viel mit sich selber beschäftigt.[45] Gott sagt eben nicht nur Ja zu Jakob, sondern auch deutlich Nein zu Esau, so wie er Nein zur Sünde sagt: «Cadit igitur homo, Dei providentia sic ordinante: sed suo vitio cadit.»[46] Diese Grundaussage der calvinischen und überhaupt der reformatorischen Gotteslehre führt Calvin ekklesiologisch zur Lehre und Praxis der Kirchenzucht: Die Ehre Gottes nicht ohne die Ruhe des Gewissens, nicht ohne Sorge um die Seele, gewiss, aber mit ebensolchem Nachdruck gilt auch das Umgekehrte: Die Sorge um die Seele kann nicht richtig wahrgenommen werden, wenn und wo Gott nicht geehrt wird. Es kann sich hier nicht darum handeln, die ganze Frage der Kirchenzucht in Genf, in der Reformationszeit und in der Geschichte der Kirche überhaupt anzugehen. Nur so viel: Die Kirchenzucht ist kein Fund der Reformation und erst recht nicht Calvins. Der Vater der reformatorischen Kirchenzucht ist nicht Calvin, sondern Oekolampad in Basel. Nach dessen frühem Tod hat aber kein anderer sich der Frage: ‹wie richtig, seelsorgerlich umgehen mit der Sünde und mit dem Sünder?› so intensiv gestellt, wie Calvin.[47]

Er tat es aus seiner seelsorgerlichen Verantwortung heraus, man könnte aber auch sagen: in politischer Sensibilität. Der Kirchenzucht wurden ja alle unterstellt, nicht nur die Kleinen, sondern gerade auch die Tonangeber und Mächtigen in der reformatorischen Gesellschaft.[48] In diesen

44 OS I 477, Responsio ad Sadoleti epistolam, 1539.
45 Ebd. 463.
46 Inst III 24,8.
47 Zum Weg der Kirchenzucht von Basel nach Genf vgl. O. *Kuhr*: «Die Macht des Bannes und der Busse» – Kirchenzucht und Erneuerung der Kirche bei Johannes Oekolampad (1482–1531), Bern, Berlin u. a. 1999.
48 Vgl. H. *Scholl*: Fürbitte für das weltliche Regiment und Ermahnung der Obrigkeit bei Calvin, in: Freude am Evangelium, Alfred *de Quervain* zum 70. Geburtstag, München 1966, 107–119.

Aspekten der Kirchenzucht liegen auch Wurzeln zur Demokratisierung der Gesellschaft in der spätern Geschichte des Calvinismus.

Er tat es natürlich besonders in exegetischer Verantwortung. Schon 1537 erschienen in den «Ordonnances ecclesiastiques» die Verse Mt 18,15–20 als hermeneutischer Schlüssel zum Verständnis der Kirchenzucht. Es handelt sich in der Kirchenzucht nicht um die Durchsetzung kirchlicher Macht, sondern um die Rettung und Besserung der Glieder der Gemeinde; Kirchenzucht ist Seelsorge. Gegenüber der Individualisierung der Seelsorge in der mittelalterlichen Praxis der Ohrenbeichte unterstreicht Calvins Kirchenzucht, dass es in der Abendmahlsgemeinde eine Privatisierung der Seelsorge nicht geben kann. Das Individuum und die Gemeinschaft gehören zusammen.[49] Das unterstreicht das Moment des Zwanges in der Kirchenzucht; missverständlich, gewiss, aber um des Verständnisses willen. Das Problem der calvinischen Kirchenzucht liegt nicht im reformatorischen Verständnis der Verbindung von Kirche und Staat und auch nicht in der reformatorischen Sicht des *corpus christianum*, sondern im Umstand, dass heute auch die reformatorischen Kirchen unter weitgehender Missachtung der einschlägigen Schriftstellen die Kirchenzucht aufgeben und damit die Seelsorge in die Profanität der anderen Wissenschaften entlassen haben. Man kann das loben oder bedauern. Wichtiger ist die Feststellung, dass die Erkenntnis Calvins von der engen Verbindung von Individuum und Gemeinschaft den Resultaten und Erkenntnissen der modernen psychotherapeutischen Beratung z. T. recht nahe kommt: Auch hier wird vermehrt erkannt, dass das Individuum ohne die Struktur der Familie, des Staates und stützender Gruppen zerfällt.[50] Rudolf Bohren hat im Blick auf die Kirchenzucht, eher von der Praktischen Theologie und der neueren Seelsorgebewegung herkommend als von der Calvinforschung, die Akzente richtig gesetzt.[51] Wir können uns darum hier zur Kirchenzuchtsfrage unter Hinweis auf seinen gehaltvollen und vielschichtigen Aufsatz kurz fassen. Grundlegend sind zwei Calvintexte: die «Ordonnances ecclesiastique» von 1537 und die Schlussausführungen zum Thema Kirchenzucht in der *Institutio* 1559,

---

[49] Zum Problem in seiner ganzen Breite vgl. J. L. *Witte*: Het Probleem individu – gemeenscap in Calvijns geloofsnorm, 2 Bde., Franeker, 1949.

[50] Vgl. etwa H. E. *Richter*: Patient Familie; Entstehung, Struktur und Therapie von Konflikten in Ehe und Familie, Reinbeck 1974.

[51] Rudolf *Bohren*: Calvin als Seelsorger, in: Theologische Beiträge 23, 1992, 62–74; «Das Wörtlein Kirchenzucht macht Calvin zum Bürgerschreck» (71).

die allerdings in den Hauptzügen schon auf die erste Fassung der *Institutio* von 1536 zurückgehen.

Es ist sehr eindrücklich und für das Verständnis der Seelsorge Calvins unabdingbar, festzustellen, dass drei viertel der Kirchenordnung von 1537, gewissermassen des ersten Gehversuches Calvins in praktischer Theologie, vom Abendmahl handeln. Die «Ordonnances ecclesiastiques» bestimmen damit die schon in dieser frühen Stunde wichtig genommene Kirchenzucht als brüderliche Ermahnung innerhalb der Abendmahlsgemeinde. In der Abendmahlsgemeinde stehen heisst: der Seelsorge teilhaftig werden. Ein sichtbares und ein unsichtbares Moment werden hier überaus spannungsvoll zusammengesehen.[52]

Die «unheimlichen Konkretionen»[53] in der Seelsorge, die Kirchenzucht, legt Calvin nach über zwanzig Jahren seelsorgerlicher Tätigkeit 1559 so fest (Inst IV 12,5):

Die Kirchenzucht hat zuerst einmal die Kirche selber zu schützen. Die Botschaft vom Heil ist der Kirche übergeben in Wort und Sakrament, auf dass sie damit für die Seelen sorge. Sie kann ihr Amt als Leib des Hauptes Jesus Christus aber nur ausführen, wenn eine wenigstens ansatzweise Konformität des Leibes mit dem Haupte besteht. So hängt die Seelsorge der Kirche in einem gewissen Grade auch an ihrer Würdigkeit. Diese calvinische Konkretion hebt natürlich das reformatorische *simul iustus et peccator* im donatistischen Sinne nicht auf, aber die Kirche behält dadurch ihre Glaubwürdigkeit und so ihre Vollmacht zur Seelsorge. Calvin bringt den Inhalt von Inst IV 12,5,1 einmal auf die lapidare Formel: «Domus Abrahae non est lupanar et lupanar non est domus Abrahae.»[54] Nur wenn der Leib Christi seine Heiligkeit besitzt, kann in seiner Seelsorge der Einzelne heil werden.

---

52 Vgl. dazu K. *Barths* Kommentar zu den «Ordonannces» von 1537 in: Die Theologie Calvins, 356–365: «Was in Wirklichkeit vorliegt, ist die uns fast unerträgliche Spannkraft und -weite des calvinischen Genius, der das diesseitige Moment auf der einen, das jenseitige auf der anderen als Komplement in gleicher Schärfe rufen muss. Man muss also bei der Betrachtung der Genfer Kirchenordnung mit ihren unheimlichen Konkretionen mehr als je an die transzendenten, eschatologischen, theozentrischen Motive seiner Theologie denken und wird dann im Kopfschütteln über alles das [... die Kirchenzucht betreffende] nicht stecken bleiben.» (363).

53 Vgl. oben Anm. 19.

54 CO 42,210, Kommentar zu Hos 1,6.

Die zweite Konkretion der Kirchenzucht mag seelsorgerlich kleinlich erscheinen: Es soll durch Kirchenzucht, also durch Exkommunikation, wenigstens zu einem gewissen Grade, verhindert werden, dass «wir durch schlechte Vorbilder [in der Gemeinde] von der rechten Lebensrichtung weggeleitet werden». Haben denn die Glieder am Leibe Christi keine Widerstandskraft und Eigenständigkeit? Die Konkretion von Inst IV 12,5,2 zeigt, neben der Lebenserfahrung Calvins, dass die Würdigkeit der Kirche in Inst IV 12,5,1 nicht donatistisch missverstanden worden ist. Calvin weiss um die Ansteckungskraft des Bösen. Es geht in seiner Seelsorge nicht um ein bisschen Selbstverwirklichung des Individuums, sondern um den Kampf gegen das Dämonische in dieser gefallenen Welt. Die Geschichte hat ihm in seiner Sorge nur zu oft Recht gegeben.

Auf diesem Hintergrund wird auch die dritte Konkretion der Kirchenzucht verstehbar. Der Sünder soll durch den Ausschluss beschämt und so zur Umkehr angespornt werden. Kirchenzucht will retten, nicht nur die Sache Gottes und die des Mitmenschen, sondern auch und erst recht den Sünder. Die Erwählung, die Herausrufung, die Botschaft von Gottes Erwählen und Verwerfen, teilt die Menschen nicht in zwei Gruppen ein, sondern sie schickt den Sünder auf den Weg der Umkehr und der Heiligung. So schafft sie Zukunft und Hoffnung und erweist ihre immense seelsorgerliche Bedeutung.

Kirchenzucht in der Form der exkommunikativen Konkretion erweist sich vom seelsorgerlichen Standpunkt her als ein psychologisches Netz, als ein Strukturmoment, in dem allein das Personzentrum des Menschen gehalten und gerettet wird. Die reformatorisch verstandene Seele wird durch die Kirchenzucht nicht vom einen Irrweg auf einen anderen gewiesen, sondern vom Weg, der ins Verderben führt, hin auf den Weg der Heiligung. Und gerade so kommt Gott zu seiner Ehre und der Mensch zum Heil. So wird Gott geehrt und der Mensch geheilt.

3.3. Seelsorge und Christologie

Die Tatsache, dass nach Calvin Kirchenzucht in ihrem eigentlichen Sinn kein Machtmittel, sondern eine Hilfe für die Seelsorge und so für die Seele sein will, bestätigt sich darin, dass Calvins Christologie, also die eigentliche Innenseite seiner Gotteslehre, sehr deutliche, spezifisch seelsorgerliche Aspekte aufweist. Calvins Christologie trägt ein scharfes Profil, das dem scharfen Profil seiner Seelenlehre entspricht. Man kann auch sagen, seine stark von der antiochenischen Theologie, von der Unterscheidung der Naturen und der Betonung der Menschheit Christi geprägte Christologie prägt seine Seelenlehre und umgekehrt. Schon in seiner theologischen Erstlingsschrift, der «Psychopannychia», legt er grosses Interesse an der Menschenseele an den Tag. Die menschliche Seele, das eigentliche Personzentrum und Humanum, ist unsterblich. Sie ist eine geheimnisvolle Substanz, die zwar Eigenverantwortung trägt, aber als Schöpfung Gottes nicht vernichtet werden kann. Ihr Geheimnis besteht in ihrer Relationalität zu Gott als Trägerin der Gottebenbildlichkeit. «Um dies alles mit einem Worte auszudrücken sagen wir: Der Mensch, der in Bezug auf den Geist geschaffen ist, ist Teilhaber an der Weisheit, Gerechtigkeit und Güte Gottes.»[55]

Calvin hat in der «Psychopannychia» ein doppeltes Interesse an der Seele. Einmal ist sie als Schöpfung Gottes nicht dem leiblichen Tode unterworfen. Sie löst sich mit dem Tode nicht auf wie die Materie. Damit lehnt Calvin philosophisch-aristotelisch bestimmte Seelenkonzeptionen ab. Dann schläft die Seele mit dem Tod des Körpers auch nicht ein, um erst am Jüngsten Tag zu erwachen, sondern sie setzt die im Leben begonnene Christusgemeinschaft nach dem Tode immer intensiver fort. Die Neuschöpfung der Seele durch den Glauben, die in der Auferstehung am Jüngsten Tag ihren Abschluss findet, bewirkt proleptisch schon vor dem leiblichen Tod den Anfang der Christusgemeinschaft der Seele und begründet so auch die Ethik. Die Ruhe der Verstorbenen kann darum kein besinnungsloser Schlaf sein, sondern die gefüllte Ruhe der grossen Nähe Gottes, die Ruhe der geheilten Seele. Der junge Calvin umschreibt daher den Zustand der Seele nach dem Tode so: «Der Tod vergrössert diesen Frieden und führt die Seelen zum Besseren fort, indem er diejenigen, die von den Kämpfen dieser Welt befreit sind [...] zum Ort des Friedens leitet. [...] Dennoch fehlt noch etwas, das sie zu sehen begehren, nämlich die höchste und vollkommene Ehre Gottes, die sie immer ersehnen. Obwohl sie kein ungeduldiges Verlangen haben, haben sie noch keine vollkommene Ruhe. [...] Die Sehnsucht ist noch nicht am Ende. [...] Der Jüngste Tag des Gerichtes bringt sie zur Erfüllung. Dann wird wahrhaftig das Psalmwort erfüllt sein: ‹Ich werde mich sättigen, wenn ich erwache, an deinem Bilde.›»[56]

---

[55] CO 5,181, 37.
[56] CO 5,190 f.

Diese Seelenlehre Calvins macht gewiss Anleihen im Griechentum, ist aber keineswegs mit der griechischen Seelenlehre identisch. Die calvinisch verstandene Seele macht von ihrer Erschaffung über ihren Fall bis hin zur Vollendung ihrer Erlösung am Jüngsten Tag eine Geschichte durch. Sie ist nicht nur ontisch bestimmt wie die Seele Platons, sondern vor allem und zuerst geschichtlich, heilsgeschichtlich.

Dieser profilierten Seelenlehre entspricht nun die ebenso profilierte Christologie. Auch Calvin weiss natürlich wie Luther und die katholische Theologie um die Bedeutung der Inkarnation. Aber Calvin folgt der Inkarnationsgeschichte des göttlichen Logos genauer als seine theologischen Kontrahenten, indem er die menschliche Natur Christi stärker betont und beachtet. Liebevoll folgt sein Auge der menschlichen Natur Christi und ihren Geschicken: von der Geburt zum Kreuz, zum Begrabenwerden, zur Höllenfahrt (decensus ad inferos) und zur Auferstehung und Himmelfahrt bis zum Sitzen der menschlichen Natur zur Rechten des Vaters. Es ist bekannt, dass Calvin in diesem Zusammenhang die traditionelle Zweinaturenlehre fast bis zum Zerreissen angespannt hat. So kann der Genfer Katechismus zur Höllenfahrt Christi sagen: «Wie konnte er in solcher Angst sein, als ob er von Gott verlassen sei, er der selbst Gott ist? – Man muss begreifen, dass er nach seiner menschlichen Natur in dieser äussersten Not war. Und damit das geschehe, hielt sich seine Gottheit für einen kleinen Augenblick gleichsam verborgen, d. h. sie bewies nicht ihre Kraft.»[57]

Dieses christologische Spezifikum Calvins erweist sich bei näherem Hinsehen von grosser seelsorgerlicher Tragweite. Es disponiert seine Theologie in besonderem Masse zur Seelsorge. Schon in der Erstlingsschrift, der «Psychopannychia», misst Calvin dem Schriftgrund der Höllenfahrtaussage einiges Gewicht bei.[58] Aber es geht dort um die seelsorgerlich sicher nicht unwichtige, doch nicht zentrale Frage nach dem Zustand und Leben der Seele nach dem Tode. Von der *Institutio* 1536 über den Genfer Katechismus 1545 bis hin zur *Institutio* 1559 zieht sich aber eine immer breiter werdende Linie der Auslegung der Höllenfahrt Christi mit dem Scopus ihrer seelsorglichen Bedeutung. Dabei ist entscheidend, dass Calvin in der ersten *Institutio* die Vorstellung der Hölle als bestimmten

[57] OS II 84,68.
[58] Vgl. CO V 185 f.

Ort ins Reich der Fabel verweist. Die Höllenfahrt Christi aber interpretiert er mit dem Wort vom Kreuz: «Mein Gott, mein Gott, warum hast du mich verlassen?» (Mt 27,46). Mit einem gewichtigen Traditionsstrang der Auslegung identifiziert Calvin die Höllenfahrt Christi als dessen Eintritt in die Verzweiflung, Gewissensangst und als absolute Gottesferne. Das Extreme, das der Seele zustossen kann, demgegenüber der Tod noch süss erscheint, musste die menschliche Natur Christi erdulden.

Es ist die moderne Psychiatrie und Psychotherapie, die heute dieses Zustandes der Menschenseele ansichtig geworden ist und oft genug auf verlorenem Posten damit zu kämpfen hat. Indem Calvin die christologische Linie ganz betont nicht schon im Tod, sondern erst in der Höllenfahrt zu ihrem tiefsten Punkte gelangen lässt,[59] eröffnet er der christlichen Seelsorge *in extremis*, der Suizidverhinderung u. a. eine Tür. Es gibt von diesem Punkte im Credo aus die Hoffnung, die die Seelsorge zu ihrem Werke braucht. «Es gibt ganz sicher keinen entsetzlicheren Abgrund der Not, als wenn man sich von Gott verlassen, von ihm entfremdet wissen muss: Man ruft ihn an, und man wird nicht erhört – als ob er selbst sich zu unserem Verderben verschworen hätte! Christus aber ist wirklich so verstossen gewesen, dass er aus drängender Not heraus ausrufen musste: ‹Mein Gott, mein Gott, warum hast du mich verlassen?›»[60] Von dieser calvinischen Interpretation der Höllenfahrt Christi her liegt der seelsorgerliche Schritt nahe, den K. Barth, den Genfer Katechismus kommentierend, zieht, wenn er sagt: «An unserer Stelle hat Christus diese Lage [der völligen Gottesferne] ertragen, die die unsere hätte sein müssen. Unsere Lebensläufe kennen auch die Verzweiflung. Aber das ist nicht, das ist nicht mehr jene totale einzigartige Verzweiflung, die Jesus Christus allein ertragen hat.

Diese Unterscheidung zwischen Christus und uns soll uns hindern, unsere Schmerzen zu dramatisieren, wie schwer sie auch sein mögen. Denn jetzt wissen wir, dass Jesus Christus die Macht der Hölle zerstört hat, wie gross sie auch sei.»[61]

---

[59] Bei *Luther* und im Luthertum gehört die Höllenfahrt Christi bereits zum Siegeswerk Christi nach der Auferstehung.

[60] Inst II 12,11.

[61] K. *Barth*: Das Glaubensbekenntnis der Kirche, Erklärung des Symbolum Apostolicum nach dem Katechismus Calvins (franz: 1943), Zürich 1967, 82.

3.4. Seelsorge und Pneumatologie

Das schöne Wort von C. F. Meyer: «Denn statt des einen leiden unser zwei: Mein dorngekrönter Bruder steht mir bei», findet gewiss in Calvins scharf profilierter Christologie ein theologisches Vorspiel, seelsorgerlich vertieft durch das betonte Ausziehen der christologischen Linie bis zum Theologumenon der Höllenfahrt. Wie wichtig Calvin dieses seelsorgerliche Instrument war, zeigt sein Kampf gegen die verflachende Auslegung gerade dieses Aspektes der Christologie durch Castellio.[62] Dennoch erschliesst sich die Theologie Calvins weder von der Gotteslehre (Gloria Dei) noch von der Christologie her ganz. Ihren Ziel- und Herzpunkt und so ihre volle seelsorgerliche Relevanz bekommt sie erst mit der Pneumatologie.[63] Sehr eindrücklich zeigt das beispielsweise der letztgültige Aufbau der *Institutio* von 1559: *Institutio* I trägt den Titel «De cognitione Dei creatoris»; *Institutio* II heisst dann: «De cognitione Dei redemptoris». Die grundlegenden Kenntnisse des christlichen Glaubens, die *fides quae creditur*, werden da gelegt. Jetzt erfolgt aber im dritten Buch eine überraschende Wendung und Steigerung. Der Inhalt von *Institutio* III steht jetzt unter dem Titel: «De modo percipiendae Christi gratiae, et qui inde fructus nobis proveniant, et qui effectus consequantur». Es herrscht in der dogmatischen Darlegung Calvins vom dritten Buch an gewissermassen eine erhöhte Temperatur. Wenn alles, was in *Institutio* I und II gesagt wurde, *extra nos* gilt, so wird dem Leser jetzt die *tiefste* Anfechtung genommen, nämlich, dass Christus samt seiner Gnade *extra nos* bleiben könnte. Das von einer wunderbaren Dramatik durchwobene und durchwaltete dritte Buch der *Institutio* 1559 beginnt darum mit dem sehr tröstlichen Kapitel: «Was uns von Christus gesagt ist, das kommt uns durch das verborgene Wirken des Geistes zugute.» Die *arcana operatio* des Geistes verbindet uns mit Christus.[64] Seelsorge im calvinischen Sinne ist ja nicht nur Hilfe in extremis, in der extremen Situation psychischer Höllenfahrt, sondern man möchte fast sagen, Seelsorge geschieht und muss vor allem geschehen in der alltäglichen Situation durch die Verbundenheit mit Christus, die der Heilige Geist stiftet. Ein Leitbegriff der Theologie

---

62 Zum Konflikt mit Castellio vgl. H. M. *Stückelberger*: Calvin und Castellio, in: Zwingliana 1939, Bd. 7, 91–129.

63 Zur Pneumatologie Calvins vgl. äusserst informative Dissertation von Werner *Krusche*: Das Wirken des Heiligen Geistes nach Calvin, Göttingen 1957.

64 Inst III 1,1: «Der Heilige Geist als das Band, das uns mit Christus verbindet».

Calvins, besonders ihrer praktischen, seelsorgerlichen Dimension, ist darum seine Vorstellung von der Christusgemeinschaft.[65] Nirgends schöner als in einem Brief an seinen Freund Pietro Martire Vermigli vom 8. August 1555[66] hat Calvin Theorie und Praxis der Christusgemeinschaft umschrieben: Über die Gemeinschaft, die Christus mit uns durch seine Inkarnation bis zur Höllenfahrt durchgezogen hat, braucht er seinem Freunde nichts zu sagen. Da herrscht Konsens unter den Reformatoren und darüber hinaus. Aber das Proprium der Reformation, die eigentliche reformatorische Neuentdeckung ist pneumatologischer Natur, ist die existenzielle Entdeckung, dass *Christus* uns trägt, jetzt, *hic et nunc*, wie die Wurzel den Zweig. «Denn nachdem Christus uns durch das innerliche Wirken des Geistes mit sich verbunden hat und in seinen Leib aufgenommen hat, macht er noch eine zweite Wirkung des Geistes offenbar, indem er uns reich macht an Geistesgaben. Dass wir also stark sind im Hoffen und Dulden, dass wir nüchtern und mässig uns der weltlichen Lüste enthalten, dass wir uns eifrig mühen, die Leidenschaften des Fleisches zu bändigen, dass das Streben nach Gerechtigkeit und Frömmigkeit kräftig in uns lebt, dass wir eifrig sind zum Gebet, dass uns der Gedanke ans ewige Leben aufwärts zieht, das fliesst, sage ich, aus dieser zweiten Gemeinschaft, indem Christus, um nicht müssig in uns zu wohnen, die Kraft seines Geistes in deutlichen Gaben zeigt.»[67]

Calvin bewegt sich im Brief an Vermigli in unmittelbarer Nähe zu seinen Ausführungen im dritten Buch der *Institutio*, die die *vita christiana*[68], also das eigentliche praktisch umstrittene Thema seiner Zeit betreffen: Wie soll der christliche Glaube in der Zeit, d. h. eben im 16. Jahrhundert, leben? Es seien hier abschliessend aus diesem zentralen Calvintext drei Schwerpunkte von besonderem seelsorgerlichem Gewicht genannt:

Libertas christiana

Die christliche Freiheit ist, wie in Luthers berühmter reformatorischer Programmschrift von 1520, «Von der Freiheit eines Christenmenschen», die Kehrseite der Rechtfertigung *sola fide*. Calvin fasst in Inst III 19 die gesamtreformatorische Rechtfertigungslehre zusammen als Lehre von der

---

[65] Vgl. W. *Kolfhaus*: Christusgemeinschaft bei Johannes Calvin, Neukirchen 1939.

[66] CO 15,722 = R. *Schwarz*, Briefe Bd. 2, 793–795.

[67] Ebd. Bd. 11, 794.

[68] Inst III 6–10.

christlichen Freiheit: Einmal nennt er den Schwer- und Kernpunkt Luthers – Rechtfertigung als Freiheit vom Gesetz als Heilsweg – (Inst III 19,2) und dann das Anliegen Zwinglis – Rechtfertigung als Freiheit von den Mitteldingen –, das sich besonders gegen die mittelalterlichen Kirchenbräuche und die Knechtung der Menschen durch sie wandte (Inst 19,7f). Calvin berücksichtigt beide Anliegen sehr lebhaft, aber sein Herz schlägt bei einem dritten Aspekt der reformatorischen Rechtfertigungslehre: Rechtfertigung als Freiheit vom Zwang zur Vollkommenheit; die Freiheit der Gotteskinder: Knechte dürfen es nicht wagen, mit halbfertigen und fragmentarischen Werken vor ihren Herrn zu treten. «Die Kinder dagegen, die von ihren Vätern freier und edler gehalten werden, haben keine Scheu, ihnen auch angefangene und halbfertige Werke, an denen noch manches auszusetzen ist, anzubieten, weil sie darauf vertrauen, dass ihr Gehorsam und die Bereitschaft ihres Herzens das Wohlgefallen der Väter finden wird, selbst wenn sie das, was sie wollten, weniger gründlich vollbracht haben. Wir müssen so stehen, dass wir sichere Zuversicht haben, dass unsere Leistungen von unserem Vater in grosser Nachsicht wohlgefällig aufgenommen werden, wie gering und anfängerhaft und unvollkommen sie auch sein mögen!»[69]

Die Seelsorge, von dieser Freiheit der Christusgemeinschaft bestimmt, schafft Raum zum Atmen, Unbekümmertheit, sich frei zu bewegen. Keine falschen Skrupel belasten die Seele, die sich im Stande der Gotteskindschaft weiss. Kein falsches Leistungsprinzip knutet sie. Die von Calvins Freiheitslehre geprägte und umhegte Seele atmet Lebensfreude und eine fast franziskanische Unbekümmertheit. Sie kann sich an den Farben der Welt freuen oder an einem guten Glas Wein.[70] Ja, Calvin kann von einem *spirituale gaudium* reden, in dem Herz und Seele eines Christenmenschen erst zu ihrem eigentlichen Sinn und Sein kommen: «Solche Gedanken, meine ich, machen trotz allem das Herz in geistlicher Freude weit, so sehr es sich auch unter dem Kreuz aus dem natürlichen Empfinden der Bitterkeit zusammengepresst hat! Daraus ergibt sich denn auch die Danksagung, die nicht ohne Freude sein kann. Das Lob des Herrn und die Dankbarkeit gegen ihn kann nur aus einem freudigen, fröhlichen Herzen kommen; und es gibt nun gar nichts, was diesem Lobpreis Eintrag tun

[69] Inst III 19,5.
[70] Vgl. Inst III 10,2.

dürfte. Daraus wird ersichtlich, wie notwendig es ist, dass die Bitterkeit des Kreuzes durch geistliche Freude gemildert werde.»[71]

Gewiss sind solche Stellen im Werke Calvins eher selten, aber sie sind vorhanden und sie sind wichtig. Sie geben den Blick frei auf die lebensbejahende Tendenz seiner Theologie, ohne die der Erfolg des westlichen calvinischen Menschen, die Integrität und die historische Wirkung der calvinischen Seele in der frühen Neuzeit nicht verstehbar wäre.[72]

Tolerantia crucis

Wahr ist allerdings, dass andere Töne in Calvins Lehre von der *vita christiana* vorherrschen. Das ist historisch auch sehr begreiflich. Die Reformation Calvins war ja nur im Raume grösster Anfechtung und tausendfachen Todes zu dem geworden, was sie war. Das prägt auch die Seele und die calvinische Sorge um die Seele. Der christliche Mensch ist für Calvin nicht der erobernde Mensch, nicht der Mensch mit der Seelenlage eines westlichen Industriekapitäns, wie er nach der berühmten Max Weber-These von der Geburt des Kapitalismus aus dem Geiste des Calvinismus erwartet werden könnte. Die von der geistgestifteten Christusgemeinschaft geprägte *vita christiana* zeichnet sich vielmehr aus durch Selbstverleugnung (Inst III 7) und Tragen des Kreuzes (Inst III 8). Eine Betonung der Selbstverwirklichung kann es in der calvinischen Psychologie nicht geben. Dass wir nicht uns selbst gehören, das hämmert Calvin in Inst III 7 dem Leser unvergessbar ein: «Nostri non sumus! [...] Nostri non sumus sed Domini ...» – «Wir gehören nicht uns selbst, also dürfen wir uns nicht das Ziel setzen, darnach zu suchen, was uns nach dem Fleische nütze.»[73] Seelsorge auf dem Hintergrund der *vita christiana* ist nach Calvin Einweisung des Menschen, der Seele in den Eigentumsbereich Gottes.

Praktisch heisst das zweierlei: Einmal lebt die Seele wohlversorgt, wenn sie sich dem Worte Gottes aussetzt, wenn sie sich nach dem Wort Gottes ausrichtet. Gottes Wort ist der Polarstern der Seele.[74] Die Darlegung der *vita christiana* beginnt Calvin mit der Frage nach den Schriftgründen zu dieser Vita. Das Ziel des christlichen Lebens ist eine Sym-

[71] Inst III 8,11.

[72] Vgl. E. *Choisy*: Calvin, éducateur des consciences, Genève, 1935, 91–116: Les caractères distinctives.

[73] Inst III 7,1.

[74] Vgl. CO 6,579.

metrie und ein Konsens zur göttlichen Gerechtigkeit.[75] Das alles hat natürlich mit einem engen Biblizismus nichts zu tun und auch nichts mit dessen Schwester, der Kasuistik. Diese machen die Seele vielmehr unreif und sprachlos. Natürlich gibt Calvin Weisungen zum Leben in seinen zahllosen Briefen und Gemeindepredigten. Aber diese Weisungen führen die Seele nicht in ein System von Konkreta ein, sondern in die seelsorgerlich bedeutsame Fähigkeit zum Gebet. Calvins Ausführungen zum Gebet, eine Hilfe zur Seelsorge und eine Belehrung, die ihresgleichen sucht in der theologischen Literatur aller Zeiten, bilden das längste in sich geschlossene Kapitel der *Institutio*.[76]

Das andere Charakteristikum des leidenden, sich verleugnenden calvinischen Menschen, dessen Seele sich aber ausrichtet am Polarstern des Wortes Gottes, ist dessen stetige Verbindung mit dem Mitmenschen. Der Mitmensch ist geradezu der Parallelbegriff zum Wort Gottes. Das Wort Gottes und der Mitmensch sind die Dimensionen, die die Seele bestimmen, sie sind ihr unaufhebbarer Kontext, mit dem die Eindimensionalität der Seele im Raume aufgehoben wird. Calvin hat es mit dem Mitmenschen nicht immer leicht gehabt und die Mitmenschen mit ihm auch nicht. Nicht selten, besonders in seinen späteren Jahren, läuft er Gefahr, den Mitmenschen mit allzu kritischen Augen zu betrachten, weil er um das Böse und die Verwerfungswürdigkeit des Menschen weiss. Er hat wirklich nicht blauäugig auf seine Zeit und Zeitgenossen geblickt. Aber der ‹Polarstern des Wortes Gottes› hält ihn auf guter Fahrt: Die Seele des Nächsten, was für oder gegen ihn ins Feld zu führen ist, trägt die *imago dei*. Die Selbstverleugnung der calvinischen Seele ist Hinweis und Einweisung in die Nächstenliebe. Es gibt keine effektive Seelsorge ohne diese Einweisung. «Wie schwer ist es uns doch, unsere Pflicht [officium] zu erfüllen und stets des Nächsten Vorteil im Auge zu haben! Wenn du nicht aller Rücksicht auf dich selbst den Abschied gibst, und dich gewissermassen selber ausziehst, so wirst du hier nichts erreichen. Wie willst du die Werke an den Tag legen, die Paulus als Werke der Liebe beschreibt – ohne dich selbst zu verleugnen und dich ganz dem Dienst der anderen zu weihen?»[77] Auch in dieser Dimension zeigt Calvin in die Richtung der neueren Psychotherapie, die vom Einzelnen wegweist auf das soziale Umfeld,

[75] Inst III 6,1: «Scopum regenerations esse diximus ut in vita fidelium appareat inter Dei iustitiam et eorum obsequium symmetria et consensus.»
[76] Vgl. oben Anm. 5.
[77] Inst III 7,5.

die Ehe, die Familie, den Sozialkörper überhaupt. Ohne den Nächsten kann die Seele nicht leben und erst recht nicht genesen.

Meditatio futurae vitae

Calvin hat schon in seiner theologischen Erstlingsschrift ein pointiertes Interesse an der menschlichen Seele gezeigt. Er hat dort die Seele definiert als Sitz der *imago dei*, die zwar im Menschen zerstört ist, die aber wiederhergestellt wird jetzt schon durch die Christusgemeinschaft im Glauben, im Werk des Heiligen Geistes, bis sie am Ende der Tage ganz geheilt sein wird, wenn sie in der Schau Gottes verbunden wird mit dem auferweckten Leib. Wie kein anderer Reformator hat Calvin diese Zeitlinie in ihrer Bedeutung für die Seele herausgearbeitet. Für die Seele ist gesorgt, sie wird heil, wenn sie sich erkennt in der Pilgrimschaft auf das ewige Ziel hin, wenn sie ihr Trachten ausrichtet auf das zukünftige Leben. «De meditatione futurae vitae» heisst darum in der letzten Ausgabe der *Institutio* (Inst III 9) der Zielpunkt der *vita christiana*. In diesem besonderen calvinischen Sinne liesse sich Seelsorge definieren als Ausrichten der Seele hin auf die göttliche Zukunft. Was Calvin in seinen Frühschriften noch nicht überzeugend sagen konnte, prägte mehr und mehr seine weiteren Schriften bis hin zu der grossen Meisterschaft, von der etwa Kapitel wie Inst III 20 oder eben Inst III 9, «De meditatione futurae vitae», zeugen, Abschnitte der *Institutio*, in denen eigentlich alle wesentlichen Aspekte seiner Seelsorge zum Tragen kommen: Inst III 9,1f weist die Seele auf die Eitelkeit und Vorläufigkeit des gegenwärtigen Lebens und auf unsere Neigung, diese zu übersehen. Damit will Calvin allerdings nicht einer mönchischen Weltverachtung das Wort sprechen – das wäre falsche, brüchige Seelsorge –, sondern vielmehr der Dankbarkeit für das irdische Leben. Nur im Zusammenspiel von Dankbarkeit für das Leben jetzt und Sehnsucht nach dem Leben einst bleibt die Seele heil. Und der Tod? Ist Seelsorge nicht meistens und zuletzt immer Sterbehilfe? Auch diese Frage nimmt Calvin in Inst III 9,5 auf: «Wider die Todesfurcht». Und darum heisst dort das letzte Wort in Calvins magistraler Seelsorge: Trost! Gemeint ist aber nicht der spannungslose Trost der Resignation sondern: «Der Trost, den das Trachten nach dem zukünftigen Leben den Gläubigen bereitet»

So bietet sich die *Institutio* Calvins, diese grosse Schlussdogmatik der Reformation zugleich als Erbauungsbuch[78] an, das die Seele mit grosser geistlicher Kraft und seelsorgerlicher Vollmacht einlädt und dazu fähig und stark macht, auf den Pilgrimsweg des wandernden Gottesvolkes einzuschwenken: «Es hat aber kein Mensch in diesem irdischen Kerker des Leibes Kraft genug, um mit rechter Freudigkeit seinen Lauf dahinzueilen. Ja, die meisten leiden unter solcher Schwachheit, dass sie nur wankend und hinkend, ja auf dem Boden kriechend, bescheiden vorankommen. So sollen wir denn alle nach dem Mass unserer kleinen Kraft unseren Gang tun und den angefangenen Weg fortsetzen! Niemandes Weg wird so unglücklich sein, dass er nicht alle Tage ein Stücklein hinter sich bringen könnte. Wir wollen aber nicht aufhören, darnach zu streben, dass wir auf dem Wege des Herrn beständig etwas weiterkommen, wollen auch bei der Geringfügigkeit des Fortschritts nicht den Mut sinken lassen.»[79] Calvins seelsorgerlich sehr bedeutsames und dichtes Kapitel über das Trachten nach dem zukünftigen Leben endet mit dem Satz, den man auch als Dienstanweisung für Seelsorger richtig verstehen könnte: «Erst dann triumphiert in den Seelen der Gläubigen das Kreuz Christi über Teufel und Fleisch, über die Sünde und die Gottlosen, wenn ihre Augen sich auf die Kraft der Auferstehung richten.»[80]

[78] Vgl. Paul C. *Böttger*: Calvins Institutio als Erbauungsbuch – Versuch einer literarischen Analyse, Neukirchen 1990, (Diss. Göttingen 1963).

[79] Inst III 6,5.

[80] Inst III 9,6: «Ut uno verbo concludam, tunc demum in pectoribus fidelium triumphal crux Christi de diabolo, carne, peccato et impiis, si oculi in resurrectionis potentiam convertuntur.»

V. Von der Reformation zur Revolution – Die beiden Genfer J. Calvin und J.-J. Rousseau vor der Frage nach sozialer Gerechtigkeit

1. Genf als Origo westlicher Sozialethik

1.1. Genfs Strahlkraft in der Neuzeit

Gäbe es eine Geschichte christlicher Sozialethik in der Neuzeit, sagen wir von der Reformation bis in die zwanziger Jahre des 20. Jahrhunderts, dann müsste der Name Genfs da oft erscheinen. Wahrscheinlich ist nirgends sonst in der westlichen Welt in diesem Zeitraum so intensiv und auch effektiv über Gerechtigkeit, Einheit der Menschheit, Friede und Arbeit, Weltverantwortung in christlicher und säkularer Humanität nachgedacht worden wie dort. Ich erinnere etwa an die Gründung des Roten Kreuzes, die so genannten Genfer Konventionen, die seit 1859 den Namen Genfs in alle Welt tragen, oder an das internationale Arbeitsamt daselbst. Eine internationale Diplomatenschule gibt es in Genf und viele andere weltumspannende Institutionen und Organisationen mehr zum Wohle der Menschheit. Es ist auch nicht zufällig, dass nach dem Ersten Weltkrieg der damalige Präsident der USA, W. Wilson, darauf drang, auf Genfer Boden den Völkerbund zu gründen und damit von Genf aus den ersten Versuch einer umfassenden Friedensordnung für die kriegsgeplagte Menschheit zu unternehmen.[1] Es lag nicht an Genf und erst recht nicht am Geist von Genf, dass dieser Versuch damals misslang. Unser Jahrhundert musste die Kräfte, die den Geist von Genf 1925 sabotierten, noch genauer kennen lernen. Die Hoffnung von Genf konnten aber auch der Zweite Weltkrieg und die über 200 Kriege seither nicht mehr vom Tisch bringen. Sie heisst: Gerechtigkeit, Friede und die Einheit der Menschheit.

Den Genfern selbst und jedem Kenner der Materie ist natürlich bekannt, dass Genfs Leuchtkraft aufs Engste verbunden ist mit seiner Reformationsgeschichte. Um 1900 haben die Nachfahren der Genfer

[1] Vgl. J. R. *von Salis*: «Der Völkerbundspakt», in: Weltgeschichte der neusten Zeit, Bd. III, Zürich 1960, 47–50.

Reformation aus aller Welt an der alten Stadtmauer das Genfer Reformationsdenkmal errichtet. Der eilige, geschichtslose ‹sightseer› mag sich heute an der Monumentalität stossen. Wer da aber durchdringt bis zum Kleingeschriebenen, der findet unter der monumentalen Schale den heilsam süssen Kern: Die erste Erwähnung der Menschenrechte in den Bill of Rights, das Gebet der Mayflower Exulanten von 1620 über der Genferbibel, das Unser Vater als Kern des Kerns. Um nur diese drei Texte zu nennen.[2] *Post Tenebras Lux!* Genfs Wahlspruch erinnert uns daran und weckt in uns die Hoffnung, dass nicht nur im 16. sondern auch im zu Ende gehenden 20. Jahrhundert Genf und alle Welt letztlich von der Christusbotschaft leben: «Dein ist das Reich und die Kraft und die Herrlichkeit!»

Genf ist also nicht einfach der, wohl aber ein gewaltiger Strahlpunkt christlicher Hoffnung und darum christlicher Weltverantwortung und Sozialethik in der Geschichte der Neuzeit. So empfand es bei der Gründung des Völkerbundes 1920 auch Leonhard Ragaz. Sein Kommentar vor 85 Jahren lautete: «Was einst von Genf ausgegangen ist, kehrt zu uns zurück, um nun in neuer und erweiterter Form in die Welt hinauszugehen und sie dem sittlichen Geist zu unterwerfen!»[3]

Um Genfs weltweite Strahlkraft zu verstehen, braucht es allerdings vorgängig auch eine ganz innerweltliche Beobachtung und Überlegung zu Genfs geografischer Lage zu Beginn der Neuzeit. Genf am Gestade des grössten Sees als Relikt der Eiszeit am Alpenfuss, liegt an der Strasse, die seit dem Altertum via den Grossen St. Bernhard Oberitalien und Frankreich verbindet. Noch Napoleon als erster Konsul benutzte sie 1800 um überraschend in Norditalien mit einem Heer einzufallen und die durch seine Feldzüge neu entstandene militärische Lage in Paris politisch aus-

---

2 Einen kurzen illustrierten Beschrieb des Denkmals bringt H. H. *Brunner*: Das Genfer Reformationsdenkmal, in: Reformierte Schweiz, 1. Jg. Heft 10, Zürich 1944, 38 f. Vgl. auch F. M. *Higman*: The International Reformation Monument, Genève 1994.

3 L. *Ragaz*: Nach der Schlacht [d. h. nach der Volksabstimmung vom 16. Mai 1920 über den Beitritt der Schweiz zum Völkerbund, dem vom Souverän zugestimmt wurde, H. S.], in: Neue Wege – Blätter für religiöse Arbeit, 14. Jg., Basel 1920, 232. – Zum Konnex von Calvinismus und Völkerbund vgl. den mitreissenden Vortrag von L. Ragaz zur Wilson-Gedenkfeier in Zürich am 10. April 1924: Die Bedeutung Woodrow Wilsons für die Schweiz und für die Welt, in: Schriften der Schweiz. Vereinigung für den Völkerbund, Nr. 2, Weinfelden 1924.

zumünzen.[4] Andererseits lag seit dem 16. Jahrhundert das mächtige, mit Genf verbündete Bern als Beherrscherin der Waadt vor den Toren der Stadt. Mit Bern wirkte neben dem italienisch-savoyischen und dem französischen Geist, oberdeutsche und helvetische Behäbigkeit auf die Stadt ein. Genf bildet so im 16. Jahrhundert einen jener ungemein kreativen Schmelztiegel, wo drei Kulturen sich gegenseitig befruchten: vom Grossen St. Bernhard und Savoyen her, das bekanntlich erst im 19. Jahrhundert französisch wurde, der reiche, hochästhetische Geist der italienischen Spätrenaissance; vom Westen her und Rhône abwärts der Geist eines strengen, zur französischen Klassik sich ausrichtenden Formwillens; von Bern her endlich und den oberdeutschen Städten grüsst der Humanismus und die frühbürgerliche, demokratisch beeinflusste Handwerker- und Handelsleute-Qualität. So entwickelte die Rhônestadt von 1600 bis ins frühe 20. Jahrhundert im Verbund mit der Reformation eine multikulturelle Strahlkraft, von der ihre ca. 15 000 Einwohner um 1600 und die ca. 100 000 um 1900 nie zu träumen gewagt hatten.[5] Das Provinzstädtchen stellte in urbaner Leuchtkraft in der Neuzeit Millionenstädte in den Schatten.

1.2. Reich und arm bei Calvin

Ich will nun aber die Geschichte der neueren Sozialethik nicht als Produkt einer Theologie der Geografie darstellen. Genfs sozialethische Strahlkraft ist zuerst und zuletzt schlicht und einfach auf Calvin, den theologischen Genius Loci, zurückzuführen. In seiner Theologie verbinden sich die erwähnten multikulturellen Wurzeln zu einem imposanten Stamm. Ich kann und muss mich in der Darstellung der Sozialethik Calvins kurz fassen. Sie ist in der Calvinforschung unter verschiedenen Gesichtpunkten referiert worden. Monografisch steht immer noch das Werk von A. Biéler, *La Pensée économique et sociale de Calvin*,[6] an der Spitze. Ich darf auch

---

4 Zu Napoleons Überquerung des Grossen St. Bernhard vgl. A. *Fugier*: Die politische und militärische Entwicklung Frankreichs von 1799 bis 1815, in: Historia Mundi, 9. Bd., Bern und München 1960, 407.

5 Vgl. Artikel «Genf» in: *Schweizer Lexikon in 6 Bänden*, Luzern 1992, Bd. 3, 13. Erschöpfende Angaben zu Genf finden sich in der Encyclopédie de Genève, ouvrage publié sous les auspices de la société genevoise d'utilité publique, Genève 1982f (bisher 10 Bände).

6 A. *Biéler*: La pensés économique et sociale de Calvin, in: Publications de la Faculté des sciences économiques et sociales de l'université de Genève, Vol. XIII, Genf 1961.

auf meinen Aufsatz im Rahmen einer umfassenden Studie des ökumenischen Rates zum Armutsproblem aus den achtziger Jahren hinweisen: «Die Kirche und die Armen in der reformierten Tradition».[7] Ich habe damals für die Wuppertaler StudentInnen auch eine für das Armutsproblem zentrale Deuteronomiumspredigt Calvins ins Deutsche übersetzt.[8]

Ich kann mich hier also auch deswegen kurz fassen, weil die evangelischen Kirchen des Westens, von Genf über Amsterdam bis Michigan – auch das Rheinland liegt in dieser Luftlinie –, mehr oder weniger bewusst im 20. Jahrhundert den sozialethischen Ansatz Calvins aufgenommen und internalisiert haben. Einiges sei aber doch kurz skizziert und ins Bewusstsein gehoben:

Calvins sozialethische Botschaft und die ihr entspringenden sozialen Anordnungen der Genfer Kirche im 16. Jahrhundert sind – wie Calvins *Institutio* von 1559 eine Zusammenfassung der ganzen reformatorischen Theologie darstellt – ihrerseits eine Summe der sozialen Dimension der Reformation. Dabei gibt es gerade im Umkreis der Sozialethik, anders als in dogmatischen Aspekten, eine beachtliche Harmonie unter den Reformatoren: Wie Calvin wandten sich schon Luther und Zwingli gegen den Bettel als Existenzmöglichkeit. Calvins Wiedereinführung des altkirchlichen Diakonenamtes in der Gemeinde liegt ganz in der Stossrichtung von Zwinglis Armenspeisung[9] und dem Gemeinen Kasten der Leisniger Kirchenordnung, über deren Entstehen der frühe Luther sich sehr freute.[10] Die eindrückliche reformatorische Einheit in sozialethischer Hinsicht resultiert aus der gemeinsamen Front gegen die spätmittelalterliche Gesellschaftsform, die den Bettel nicht nur duldete, sondern hervorrief und die Handarbeit gegenüber dem meditativen Klosterleben abwertete. Natürlich musste in den politisch und sozial gut überblickbaren oberdeutschen Städten von Strassburg bis ins welsche Genf – das mit den genann-

[7] Die Kirche und die Armen in der reformierten Tradition in: RKZ 124, 1983, 64–73.

[8] RKZ 124, 1983, 29–32 = Calvins Predigt zu Dtn 15, 11–15.

[9] Zu Zwingli als Begründer der evangelischen Sozialethik vgl. *E. Kocsis*: Die Sozialethik Zwinglis, in: Die Botschaft Zwinglis gestern und heute. Internationales Symposion in Debrecen an der Jahrestagung des Doktorenkollegiums der Reformierten Kirche in Ungarn, 21. Bd. 1984, hrsg. von der Presseabteilung des Synodalbüros, Budapest 1985, 110–130, hier bes. 12.

[10] Zur Leisniger Kastenordnung und Luthers Bewertung derselben vgl. M. *Luther*: Ausgewählte Werke hrsg. von H. H. Borcherdt und Georg Merz, München 1962, Bd. 5, 45–70 (= WA 12,9–30).

ten beispielsweise unter der gleichen Strafgerichtsordnung, der so genannten Carolina,[11] stand – am Ende der Reformation der soziale Umbau ein viel präziseres Profil haben als in den norddeutschen lutherischen Landesfürstentümern. Zudem zwangen in Genf und andernorts die vielen Glaubensflüchtlinge nach 1550, die ja neben ihrem reformierten Glauben auch eine Arbeit haben mussten, um ihn leben zu können, die Reformation, Fantasie im sozialen Bereich zu entwickeln und innovativ zu sein. In Genf mühte sich Calvin um Arbeitsbeschaffungsmassnahmen. Ein neuer Umgang mit Arbeit und Kapital setzte ein und in der Folge ein wirtschaftlich-industrieller Innovationsschub, der bis an die Schwelle des 20. Jahrhunderts nachwirkte.[12] In dieser recht rasanten frühkapitalistischen Phase der europäischen Gesellschaft konnte reformatorischerseits Luthers sympathische Freude am gemeinsamen Kasten und Biertrinken sozialethisch nicht mehr ausreichen. Es brauchte da schon Calvins französisches Organisationstalent. Es brauchte den Aufbau einer effektiven, umfassenden Hilfe für die Armen. Es brauchte eine theologisch, psychologisch, soziologisch und politische Durchdringung des Armutsproblems, so eben, wie sie etwa in der erwähnten Calvinpredigt zu Dt 15 «Arme soll es nicht geben unter euch»[13] zum Ausdruck kommt. Es darf nicht gebettelt werden, sagt Calvin. Dieser katholische Sauerteig ist das Krebsübel und verhindert jegliche soziale Heilung einer Gemeinschaft. Bettel ist nicht nur gegen die Menschenwürde. An ihm zerbricht jegliche Glaubwürdigkeit der Reformation und des Evangeliums. Wer arbeitsunfähig ist, bekommt in der reformierten Stadt eine Rente und Hilfe. Wer arbeiten kann, hat ein Recht auf Arbeit. Wie personzerstörend das alte, auf dem Bettel basierende Sozialsystem war, deutet Calvin an, wenn er auf der Kanzel im St. Pierre zu Genf klagt und wettert: Es gibt Bettler, die sind psychisch so ruiniert, dass sie ihren Bettelsack mehr lieben als eine feste Rente. «Ils aiment mieux leur sac qu'une rente!»[14]

11 Zur Strafgerichtsbarkeit im 16. Jahrhundert vgl. Ernst *Pfisterer*: «Die Peinliche Gerichtsordnung Kaiser Karls V.» [die so genannte *Carolina*]; in: Calvins Wirken in Genf, Neukirchen 1957, 29–34:

12 Vgl. A. *Biéler,* a.a.O. besonders 152–160: L'action sociale de l'église, Bekämpfung der Arbeitslosigkeit und Erneuerung der Arbeitswelt. Das Werk von A. Biéler enthält auch eine gehaltvolle Auseinandersetzung mit der These des Ursprungs des Kapitalismus im Calvinismus, vgl. daselbst 477–520.

13 Vgl. oben Anm. 8.

14 CO 27,341: «... et en la fin ils se plaisent en leur mendicité, et aiment mieux leur sac, et ne le changeroyent point à une rente certaine: et l'experience le

Nach einer besorgten Erwähnung des eben aufkommenden Sklavenhandels[15] schliesst Calvin diese denkwürdige Predigt mit einem Blick auf die eine Menschheit, die eine Humanitas, die alle, reich und arm, verbindet vor Gott. Und unter diesem Gesichtpunkt der einen Humanitas kann die Gesellschaft der Reformation funktionieren. Da wird der Reiche im Armen seinen Bruder erkennen, von dem er sich um Gottes willen nicht trennt, und der Arme wird in der Hoffnung auf Gott seine Geduld nicht verlieren. Und beide sind vereint in der einen Humanitas vor Gott: «Nehmen wir endlich an, dass es nur einen Grund gebe, unserem Nächsten zu helfen, nämlich dass wir Menschen sind. Wäre das nicht hinreichend?» Und der allerletzte Satz dieser calvinischen Realutopie lautet: «Demgemäss also, wie Gott uns mit seinen Gütern füllt, sollen wir schauen, wie wir ihm Dankbarkeit erzeigen gegenüber unseren Nächsten, die er uns vor die Füsse legt, so dass wir nicht ausserhalb ihrer Armut stehen und sie nicht getrennt sind von unserem Reichtum. Vielmehr wollen wir dafür sorgen, freundliche Gemeinschaft zu halten mit denen, die mit uns verbunden sind durch ein unzerreissbares Band.»[16]

Und so kommt jeder zu dem Seinen: Der Reiche besitzt viel um zu helfen, der Arme hat genug zum Leben und beide haben Grund, Gott zu loben – *Suum cuique*! Jedem das Seine!

1.3. Neucalvinismus

Hier ist mehr als die sympathische mittelalterliche Lehre von der Sozialpflichtigkeit des Eigentums, die als hohes C etwa noch durch westliche Verfassungen geistert. Hier webt und lebt das soziale Gewissen der Reformation, das in seiner calvinischen Konzentration und Wucht verhinderte, dass das eben anbrechende Zeitalter des Kapitalismus einfach zur Zeit

monstre par trop: et de coquins ils deviennent larrons, qu'il faut en la fin en venir là.»

[15] CO 27,342f; zur Frage der Bewertung der Sklaverei bei Calvin vgl. A. *Biéler*, a. a. O. 170–174.

[16] CO 27,349: «Or prenons le cas qu'il n'y ait qu'un seul regard qui nous doit induire à secourir à nos prochains, c'est que nous sommes hommes: celuy-la n'est-ce point assez? [...] Selon donc que Dieu nous eslargit de ses biens, que nous advisions de luy en faire recognoissance envers nos prochains qu'il nous offre, et que nous ne soyons point exemptez de leur povreté, ni eux de nostre abondance: mais que nous advisions de communiquer benignement avec ceux ausquels il nous a conioints d'un lien inseparable.»

einer sturen Geldschefflerei verkommen konnte. Ja, als nach dem Schock der französischen Revolution der Kapitalismus sich wohl oder übel, aber doch eher übel, zum sozialen Kapitalismus mauserte, waren einige wackere Schüler Calvins in den USA und besonders in den Niederlanden überzeugt, dass das Denken und die Strahlkraft des Mannes von Genf nicht nur imstande sei, die sozialen Probleme auch der Neuzeit zu mildern, sondern vielmehr sie souverän zu regeln. Eine ganze Kultur, die ihren Ausdruck fand im Genfer Reformationsdenkmal, in der Gründung der freien Universität Amsterdam und ähnlichen Gründungen in den USA, wollten die anstehenden politisch-sozialen und wissenschaftlichen Fragen als Neucalvinisten in breitester Front lösen. Nicht nur arm und reich, hoch und niedrig, Kirche und Staat, auch der ganze Kreis der Wissenschaften sollte von Calvin her gehaltvolle und überzeugende Wege finden und aller Welt weisen. Eine ganze Schar beherzter Männer, Juristen, Theologen, Politiker und Naturwissenschafter verkündete am Niederrhein in den Jahrzehnten der Jahrhundertwende die neucalvinistisch verstandene und geprägte Souveränität Gottes als den königlichen Weg der Kultur. Abraham Kuyper, der damalige niederländische Staatsmann und Theologe, brachte 1900 die Sache auf den Punkt, als er in einer seiner berühmten Stone Lectures in Princeton sagte: «Der Calvinismus vor dreihundert Jahren begriff, dass die Welt nicht mit ethischem Philosophieren, sondern nur durch Wiederherstellung der Zartheit des Gewissens zu retten war. Darum vernünftelte er nicht, sondern griff die Seelen an und stellte sie von Angesicht zu Angesicht vor das Antlitz des Allmächtigen, dass das Herz wieder bebte vor seiner heiligen Majestät und in dieser Majestät die Glorie seiner Liebe entdeckte.» Dann verglich er den Calvinismus mit dem allgemeinen Zerfall der übrigen Welt seither und kam zum Schluss: «Auf sittlichem Gebiet ist der Calvinismus bisher noch nie an Hoheit der Auffassung und Kraft zur Selbstbeherrschung übertroffen worden. […] Wer dürfte verkennen, dass wenigstens auf sittlichem Gebiet [seit der Reformation] der Calvinismus die Siegespalme davontrug.»[17] So also die Gewissheit und der Siegesjubel der Neucalvinisten, so die Überzeugung weiter Kreise in der westlichen Welt: Calvin birgt den Schlüssel zu einer Sozialethik, die fähig ist, das Leben zu gestalten, sodass jede und jeder zu dem Seinen und zu dem Ihren kommt. *Suum cuique*!

---

[17] A. *Kuyper*: Reformation wider Revolution. Sechs Vorlesungen über den Calvinismus, übersetzt von Martin Jaeger, Lichterfeld 1904, 67.

Ich halte nun Calvins *Institutio* für das beste theologische Buch der Kirchengeschichte. Dennoch bin in froh, dass noch vor der Mitte des 20. Jahrhunderts andere gute Calvinkenner in Holland das neucalvinistische Unternehmen stoppten. Da wären nun wieder wackere Männer am Niederrhein zu nennen, etwa Hoedemaker, der den Finger auf die romantische Wurzel der kuyperschen und bavinkschen politischen Vorstellungen legte;[18] oder Haitjema, der als Kirchengeschichtler um die Jahrhundertmitte schon von Karl Barths Stirnerunzeln Richtung Amsterdam Kenntnis und Sensibilisierung erhalten hatte.[19] Haitjema formulierte seine Anfrage an das neucalvinistische Konzept seiner Landsleute von der Freien Universität Amsterdam so: «Wird da der Calvinist nicht zum Schluss allzu flott als Königsmensch proklamiert, der das Pilgrimskleid vorzeitig von sich wirft?»[20] Neucalvinismus? Ein zu früh ausgerufener Triumph über soziale Not und Armut.

2. J.-J. Rousseaus Diskurs über den Reichtum

Der Calvinismus hätte nicht bis ins 20. Jahrhundert warten müssen, um seine Sozialethik, besonders sein Denken über reich und arm, in Frage gestellt zu sehen. Genf – wiederum muss in der Geschichte der Sozialethik dieser Name fallen – hatte ja noch andere berühmte Söhne als Calvin. Da ist vor allem der 1712 geborene J.-J. Rousseau. Seine Mutter starb bei seiner Geburt. So ward das arme Büblein bald zum Bengel. Jean-Jacques ist fünfzehnjährig und schon etwas verwahrlost, als er der biederen Stadt Genf mit ihrem reformatorischen *suum cuique* den Rücken kehrte. Mit

---

[18] Zu Philippus Jacobus Hoedemaker (1839–1910) vgl. *G. J. J. A. Delfgaauw*, De Staatsleer van Hoedemaker – Een bijdrage tot de kennis van de christelijk-historische staatsopvatting, Kampen 1963.

[19] Vgl. *Karl Barth*: Kirchliche Dogmatik III 4, Vorwort IXf: «Dass die Neo-Calvinisten in den Niederlanden und anderswo nicht zu meinen Gönnern gehören [...] sei ihnen nicht verargt [...] auch das nicht, dass sie [...] mich als ‹Monisten› [...] verklagen. Es geht aber zu weit, dass sie sich dabei – offenbar um mich desto mehr zu kränken – dazu hinreissen liessen, sich mit unwiederholbaren Worten auch an W. A. Mozart zu vergreifen. Damit haben sie nun allerdings bewiesen, dass sie Menschen unverständigen, kalten und harten Herzens sind, auf die man nicht zu hören braucht.»

[20] *Th. L. Haitjema*: De nieuwere geschiedenis van Neederlands Kerk der Hervorming, 's-Gravenhagen 1964, 229.

dem *suum*, das ihm seine Vaterstadt bot, hatte er schon als fünfzehnjähriger seine liebe Mühe. Ich will jetzt nicht über Rousseaus romanhaftes Leben reden, noch über seine die Moderne prägenden Entwürfe zu Erziehung, Ehe und Staat, mit denen das Büblein aus der Provinzstadt bald Paris und ganz Europa tief beeindruckte. Das wäre zwar reizvoll, aber die Zeit reicht nur aus und muss nur ausreichen, seinen sozialethischen Ansatzpunkt, seine Sicht von arm und reich im Kontext des frühkapitalistischen *suum cuique* zu skizzieren. Es freut mich aber, den nötigen Anschauungsunterricht an einem fast unbekannten Rousseaufragment sehr plastisch bieten zu können.[21]

2.1. Der Text und sein Thema

1853 hat ein Ordner des grossen Rousseaunachlasses, der in Neuenburg liegt, ein Aufsatzfragment veröffentlicht mit der Mitteilung, er hätte einen Stoss Blätter vorerst für wirre und zufällige Notizen gehalten, plotzlich aber gemerkt, dass da etwas drin stecke. «Die Tragweite dieser Arbeit, das Interesse des Stoffes, die Originalität der Gedanken haben mich getrieben, sie herauszugeben.»[22] Der Herausgeber berichtet weiter, dass der Eingang des Fragmentes bereits in Rousseaus berühmter Schönschrift vorliege, dann folge ein Teil loser Zettel, die nur noch unverbundene Gedankenreihen und einzelne Sätze enthalten und die er nach dem äussern Umfang geordnet aneinanderreiht. Gerade diese fragmentarische Form bietet aber einen aufschlussreichen Einblick in Rousseaus Arbeitsweise und in den Sitz im Leben seiner Gedanken. Überzeugend kann der Herausgeber die Entstehung dieser Zettel auf den Anfang von Rousseaus schriftstellerischer Tätigkeit datieren. Das Fragment bietet, brennglasartig zusammengefasst, den Ansatz von Rousseaus Sozialethik und ihren Sitz im Leben um 1752 bis 1754. Die Abhandlung «Discours sur les richesses» erscheint in der Form eines Briefes. Der Autor, hier Rousseau in der Rolle eines väterlichen Freundes, schreibt einem fiktiven jungen

21 J.-J. *Rousseau*: Discours sur les richesses, publié pour la première fois par Félix Bovet, Paris 1853, 24 Seiten. Die folgende deutsche Übersetzung habe ich mit einer Arbeitsgruppe des Kirchengeschichtlichen Seminars an der Kirchlichen Hochschule in Wuppertal im Wintersemester 1980 erstellt. Die Zitate stammen aus dieser Übersetzung, die Seitenangaben verweisen auf die französische Erstpublikation von F. Bovet.

22 J.-J. *Rousseau,* Discours sur les richesses, 3 (Vorwort von F. Bovet).

Mann, der den Namen «Chrysophil», Freund des Geldes, trägt. Ich nehme das gleich vorweg: Der Autor führt hier eine Art Selbstgespräch. Der alternde, eben in einer Midlifecrisis steckende Rousseau überdenkt sein bisheriges Leben, um es zu ändern. Kurz zuvor hatte er in unbewusster Auflehnung gegen das *suum cuique* seine Livree, den Bediensteten-rock, definitiv in die Ecke geschmissen. (Mozart sollte zwanzig Jahre später für eine ähnlich Geste den historischen Fusstritt einstecken, der die alte Welt definitiv als inhuman und barbarisch entpuppte.)[23] Jetzt spricht der alternde Rousseau wie zu sich selbst, nämlich zu dem Menschen, der er war, als er naiv, aber ohne Fehl in grosser, etwas unbeholfener Natürlichkeit sich von seiner Maman, Frau von Warrens, in der savoyischen Provinz losgerissen hatte, um in Paris sein Glück zu machen, ja mit dem schlichten Ziel, reich zu werden – Chrysophil. Dieses Ziel hat sich Chrysophil aber nicht als Selbstzweck gestellt. Er will nicht im Luxus leben, vielmehr ist sein Ziel hochethisch und tugendhaft: Er trachtet nach Reichtümern um der Gerechtigkeit willen, er will mit dem Reichtum einmal die Not der Mitmenschen lindern. Nicht aus Egoismus will er reich werden, sondern aus Mitleid und Humanität. Er will, echt biblisch, sparen, Reichtum aufhäufen, «damit er etwas hat, das er dem Notleidenden geben kann» (Eph 4,28). Und jetzt sagt ihm der weise Alte: Junger Freund, Chrysophil, schau mal näher hin, ob da nicht ein Fehler in deiner Lebensplanung steckt. Es gibt da ja einen Weg zum Reichtum. Der alternde Rousseau übermittelt dem jüngeren seine Lebenserfahrung. Er hatte ja als Lakai bei den Reichen und besonders bei den Neureichen seiner Zeit auch Augen im Kopf und festgestellt: Der Weg zum Reichtum ist mit Hinterlist, mit Lug und Trug und besonders mit Ausbeutung gepflastert. In der gesellschaftlichen Realität beruht die Existenz der Reichen auf dem Vorhandensein vieler Armer. Noch 1763 wird Rousseau auf der St. Petersinsel retrospektiv feststellen: «Der Besitz der Schwachen wird immer zum Nutzen der Mächtigeren verwandt.»[24] Diese Realität der Ökonomie könnte den sympathischsten Chrysophil bei aller Philanthropie in arge Widersprüche verwickeln. Um das ins Licht des Bewusstseins zu erheben, braucht das Diskursfragment jetzt alle Mittel der Argumentation, der

23 Zu dieser musikgeschichtlichen Episode vgl. Wolfgang *Hildesheimer*: Mozart, Fankfurt a. M. 1977, 22–24.

24 J.-J. *Rousseau*: Œuvres complètes, (Bibliothèque de la Pléiade), Éditions Gallimard 1959, Vol. I, 1041: Rêveries d'un promeneur solitaire, Cinquième Promenade.

Überführung, der Ironie, der Rhetorik, alle Raffinessen des Stils, der Rousseau über seine Zeit hinaushebt und ihn sozialethisch relevant und hörbar macht, herzandringend bis heute. Alle Menschen guten Willens sind aufgerufen, den Widerspruch, der mit dem Reichtum oder schon mit dem blossen Wunsch nach Reichtum in ihr Leben kommt, zu erkennen. Eines der kürzesten Gedankenfragmente, die wir jetzt interpretieren müssen, lautet: «Lass ihnen ihre unwürdigen Reichtümer.»[25] Geld ist schmutzig, auch und erst recht das gewaschene, also das viele Geld. Soweit die Ausgangslage des Gesprächs. Drei Gedankengänge soll es uns jetzt weiter aufschlüsseln und für die Geschichte der Sozialethik, für das ethische Gespräch zwischen den Jahrhunderten dienstbar machen.

2.2. Das Problem der Heiligung oder: Der Weg zur Hölle ist mit guten Vorsätzen gepflastert

Der junge Chrysophil ist wie gesagt eine äusserst sympathische Figur. Dennoch, nicht nur Alter, auch Jugend schützt vor Torheit nicht. Rousseau weist den jungen Freund, der zuerst reich werden will, um dann Gutes zu tun, also schön biblisch sparen will, um dann zu haben, zu geben dem Dürftigen, Rousseau weist ihn auf eine gefährliche Klippe. Sie steckt in der Frage: Wann hat einer oder eine genug, um zu helfen? Wann und wo ist die Stufe des Reichtums erreicht, damit die Wohltätigkeit beginnen kann? Schon während der Akkumulation des später wohltätigen Kapitals könnte einer kommen, der Hilfe nötig hat. Willst du, Chrysophil dann sagen, fragt Rousseau ironisch: «Mein Freund, die Humanität zwingt mich dazu, Sie umkommen zu lassen, denn ich habe noch nicht einmal die hunderttausend Livres an Einkommen, die ich benötige, um Ihnen Gutes tun zu können [...] aber kommen Sie in dreissig Jahren wieder, wenn ich reich sein werde, und Sie werden sehen, wie viel Gutes ich tun werde.»[26] Ja, es braucht nicht einmal die dreissig Jahre Bereicherung. Die Klippe, der hochversuchliche Augenblick kann schon viel früher kommen. Er liegt im Umstand gegeben, dass zwischen dem Eintreffen des Reichtums und seiner sozialen Weitergabe ein Zeitraum liegt. Rousseau legt dichterisch fabulierend den Finger auf diesen heikeln Punkt: «Es muss, Chrysophil,

---

[25] A. a. O. 23: «Nous avons des talens ou moins des bras, laissons-leur leurs indignes richesses et gardons nous notre liberté; crois-moi, Chrysophil, ils seront plus embarrassés que nous.»

[26] A. a. O. 11 f.

dir zum Trotz eine gewisse Zeit vergehen zwischen dem Augenblick, in dem die Gelder bei dir eintreffen, und dem Moment, in dem du sie verteilst. Oh Chrysophil, fürchte diesen gefährlichen Zwischenraum sehr, zittere davor, in die Versuchung zu kommen, dieses heilige anvertraute Gut zu missbrauchen, und erinnere dich, dass je mehr ein Mensch auf die Probe gestellt ist, er sich desto weniger Versuchungen aussetze.»[27] In dichterisch säkularer Form umschreibt hier Rousseau das Problem der protestantischen Ethik: Wie ist es zu vermeiden, das zwischen dem schönen reformatorischen Rechtfertigungsglauben und der Heiligung ein Mittagsschläfchen[28] entsteht, eine tödliche Pause? Wie kommt es überhaupt zum Werk der Heiligung? Wie wird reformatorisches Kapital sozial? Wenn die zweihundert Jahre protestantischer Sozialgeschichte zwischen der Reformation und Rousseau etwas gezeigt haben, dann das, dass trotz des schönen Bildes aus Luthers Freiheitsschrift vom guten Baum, der gute Früchte bringt,[29] die Produktion guter Früchte auch protestantischerseits nicht automatisch vor sich geht. Es muss vorher eine grosse Versuchung überwunden werden. Eben die Versuchung, zwischen Vorsatz und Tat, zwischen Rechtfertigung und Heiligung eine Pause einzulegen, die erfahrungsgemäss dabei endet, dass der Weg zur Hölle mit guten Vorsätzen gepflastert ist. Um dieser Versuchung noch genauer ansichtig zu werden, müssen wir einen weiteren Aspekt der Rousseaufragmente sichten.

2.3. Das Wesen des Reichtums

Die Klippe, an der Chrysophil scheitern könnte, ist nach Rousseau noch abgründiger als der Hiat zwischen Rechtfertigung und Heiligung an sich schon ist. Rousseau legt hier den Finger auf das geheimnisvolle und unheimliche Wesen des Reichtums. Seine neue Gedankenreihe beginnt spielerisch und launisch. Chrysophil ist jung, aber noch nicht reich, und

[27] A. a. O. 14.

[28] Ein «religiöses Mittagsschläfchen» zwischen Glauben und Leben? Calvin hat dieses Hauptproblem der reformatorischen Ethik schon in seiner ersten theologischen Arbeit, der «Psychopannychia» von 1536–1542 im Auge. Vgl. dazu den magistralen Kommentar von K. *Barth*: Die Theologie Calvins 1922, hrsg. von H. Scholl, Zürich 1993, 202.

[29] Vgl. M. *Luther*, WA 7,33, lff. Zur Frage nach Luthers Lehre von der spontanen Entstehung guter Werke aus dem Glauben vgl. Susi *Hausammann*: Busse als Umkehr, Zürich 1974, 128–130.

so rennt er dem Reichtum nach wie eben der junge Mann meist irgendeiner Schönheit nachrennt. Aber gerade darin liegt die Klippe: «Weisst Du nicht, dass von allen Mitteln, die zum Reichtum führen, er selbst mehr Kraft hat als der Eifer und die Aktivität? Wie eine launische Schönheit flieht er vor denen, die nach ihm trachten, und verfolgt jene, die ihn verschmähen.»[30] Ein Strukturelement des Diskurses liegt in der Form der Anrede, die ständig wechselt, im ständigen Wechsel des Personalpronomens. Mit dem vertraulichen ‹Du› spielt Rousseau sich in die Problematik ein, mit dem höflichen, aber oft strengen ‹Sie› zwingt er nicht nur Chrysophil, sondern den Leser des Diskurses in eine ernsthafte Auseinandersetzung mit seinen Gedanken. Mit dem selteneren ‹Wir› schliesst er versöhnlich alle in die direkte Überzeugtheit ein. Das strenge ‹Sie› ruft auf, das abgründige Wesen des Reichtums zu erkennen. «Sie armer und anständiger Mensch! Aber wissen Sie denn, was aus Ihnen wird, wenn Sie reich sind? Wissen Sie nicht, dass sich, Ihnen zum Trotz, mit Ihrer Situation Ihre Ideen und Maximen ändern werden und dass, wenn Sie nicht mehr sein werden, was Sie heute sind, Sie nicht mehr wie heute denken werden?»[31] Kurz, Reichtum macht stumpf. Ein axiomatisches Fragment lautet: «Reichtümer – Man begehrt sie, um sie gut zu gebrauchen, aber wenn man sie hat, tut man es nicht.»[32] Und so ist nicht nur der Reichtum, sondern besonders das Reichwerden hoch problematisch. Schon der Vorsatz, reich zu werden, muss den guten Chrysophil in Widersprüche mit sich selbst bringen. «Wie ist es möglich, sich zu bereichern, ohne dazu beizutragen, dass andere ärmer werden?»[33] Ein Mensch, der trotzdem versucht, als Reicher seine edeln Maximen zu bewahren, gerät so zwangsläufig in Gewissenskonflikte. «Ich sehe Dich also in allen Deinen Geschäften unaufhörlich beschäftigt mit der Angst, jemandem zu schaden, ohne es zu wissen, und ich kann mir nicht vorstellen, mit welchen Mitteln Du jemals zu dem Schluss kommen willst, Dich über diesen, für eine wohltätige Seele unerträglichen Zweifel, der in der Möglichkeit besteht, unschuldig

---

[30] A. a. O. 12.

[31] A. a. O. 13: «Vous voilà pauvre et honnête homme. Mais savez-vous ce que vous deviendrez étant riche? Ignorez-vous que malgré vous vos idées et vos maximes changeront avec votre situation, et que malgré vous, quand vous ne serez plus ce que vous êtes, vous ne penserez plus comme vous pensez aujourd'hui?»

[32] A. a. O. 17.

[33] A. a. O. 13.

einem Mitmenschen etwas Böses zu tun, zu beruhigen.»[34] Der arrivierte Reiche allerdings bietet unter dem unheimlichen Einfluss des Reichtums ein weniger sensibles Bild, denn Reichtum macht stumpf: «Der Reiche findet es gar nicht seltsam, dass der Gewinn im umgekehrten Verhältnis zur Arbeit steht und dass ein unfreundlicher wollüstiger Faulenzer sich mit dem Schweiss einer Million Elender mästet, die erschöpft sind von Ermüdung und Not. Das ist ihr Zustand, sagt er, dahinein sind sie geboren, die Gewohnheit ebnet alles, und ich bin zwischen meinen Täfelungen nicht glücklicher als ein Ochsenhirt unter seinem Strohdach ...»[35] Und um diese Halbwahrheiten und d. h. dann diese ganzen Lügen möglichst publikumswirksam zu machen, scheuen die Reichen keine Anstrengung, «... sie errichten Lehrstühle und höhere Schulen, in denen nur die Maximen gelehrt werden, die ihnen recht sind. Sie ziehen ohne Unterlass neue Schriftsteller zu sich und bezahlen sie, um den Diebstahl des Armen noch schändlicher darzustellen und den des Reichen noch geachteter. Sie überlegen sich jeden Tag neue Unterschiede, um dieselben Handlungen unter anderen Namen bei dem einen gutzuheissen und bei dem anderen zu bestrafen.»[36] «So lauten die Einwände unserer so genannten Weisen, der gemeinen Schmeichler der Macht und der noch gemeineren Verleumder der Armut, die es verstehen, die Philosophie zimperlich für den Geschmack derjenigen zuzubereiten, die sie bezahlen.»[37] So also lebt, webt und wirkt der Reichtum.

2.4. Entfremdung

Rousseaus Diskurs über die Reichtümer ist, wie gesagt, ein Fragment. Er hat die Arbeit wahrscheinlich darum nicht vollendet, weil er den Inhalt dieses Diskurses mit seinem philosophisch und soziologisch bedeutsamsten Werk, dem Diskurs «Über die Entstehung der Ungleichheit unter den Menschen», 1755, weiterführte und abrundete. Er wird dort seine Entdeckung, dass der Reichtum den Menschen verändert, noch ganz anders auf den Punkt bringen und in die grossen Zusammenhänge stellen, etwa, wenn er die Menschheitsgeschichte nach-denkend zum Schluss kommt: «Der erste, der ein Stück Land umzäunte und sprach das ist mein, und

---

[34] A. a. O. 17.
[35] A. a. O. 21.
[36] A. a. O. 18.
[37] A. a. O. 21 f.

Dumme fand, die es ihm glaubten, ist der Begründer der bürgerlichen Gesellschaft.»[38] Und weil jetzt das Recht, bzw. das Unrecht des Stärkeren sich durchsetzt, muss für Rousseau 1755 diese Geschichte der Menschheit beim Zustand der Korruption enden, «wo die Einzelnen alle gleich sind, weil sie nichts sind, wo ein Kind dem Greis befiehlt, ein Idiot den Weisen leitet und eine Handvoll Leute im Überfluss schwelgt, während die ausgehungerte Masse des Notwendigsten entbehrt»[39]. Das ist Kern und sozialgeschichtliche Bilanz der Entdeckung, die Rousseau überfiel und ihn wortwörtlich zu Boden warf, als er seinen vom korrupten System eingekerkerten Freund Diderot besuchte. Schlagartig, intuitiv, wurde ihm da klar: nicht das schwerblütige Lied von der menschlichen Vergänglichkeit – mit der konnte er ohne weiteres leben –, sondern «der Grund und die Tatsache der Widersprüche der gesellschaftlichen Organisation»[40]. Mit einem Wort: die Tatsache der Entfremdung des Menschen in der Gesellschaft. Sozialgeschichtlich ist der Urgedanke der Entfremdung bei Rousseau so zu formulieren: Das durch die Reichtümer verursachte soziale Übel kann nicht ertragen werden, weil es nicht ertragen werden soll, weil es den Menschen nicht nur um sein Glück – das wäre noch zu ertragen –, sondern um sein Wesen und um seine Bestimmung bringt. Diese radikale Erkenntnis trennt Rousseau von seinen reformfreudigen, aufgeklärten Freunden und in ihnen von der bisherigen Sozialgeschichte überhaupt. Die aufgeklärten Zeitgenossen sehen in der sozialen Organisation Fehler, die behebbar sind, Rousseau dagegen sieht die Schuld der Gesellschaft, die nicht zu ertragen und schon gar nicht zu beschönigen, sondern revolutionär abzuschaffen ist. «Stürze mit starker Hand diesen Riesen!»,[41] heisst eines der kürzesten Fragmente unseres Diskurses.[42]

---

[38] J.-J. *Rousseau*: Schriften zur Kulturkritik – Über Kunst und Wissenschaft (1750) – Über den Ursprung der Ungleichheit unter den Menschen (1755) – Eingeleitet, übersetzt und hrsg. von Kurt Weigand, Hamburg ^{2}1977, 191.

[39] Ebd. 267 f.

[40] J.-J. *Rousseau*. Œuvres complètes, Vol. I, 1135f (Brief an de Malesherbes).

[41] A. a. O.24: «Ebranle d'un bras nerveux cet affreux colosse.»

[42] Zu Rousseaus Schritt in der Sozialethik über sein Jahrhundert hinaus, also zu seiner eigentlichen revolutionären Bedeutung, vgl. den bedeutenden Aufsatz von E. *Cassirer*: Das Problem Jean-Jacques Rousseau, Darmstadt 1970, 25 ff. Cassirer bezieht sich vor allem auf den *contrat social*, der in Rousseaus Denken den im Diskurs über die Reichtümer begonnen Weg sozialpolitischer Revolution zum Abschluss bringt.

Unübersehbar stehen wir im Diskurs über die Reichtümer am Quellpunkt von Rousseaus sozialethischem Denken. Ich habe erwähnt, dass Rousseau die ersten Seiten seines Diskurses schon in druckfertige Reinschrift gebracht hatte. Dort bringt er seine sozialethische Jahrtausendentdeckung der Entfremdung des Menschen durch den Reichtum – also seine vollständig neuartige Analyse der Gesellschaft – in die spielerisch leichte Form einer netten Causerie. Da ist der unendlich sympathische Jüngling Chrysophil, der nach Reichtum trachtet, um die Ungerechtigkeiten des Reichtums wiedergutzumachen. Und nun sagt ihm der ältere Freund, der weise Meister in eleganter, ich möchte fast sagen kierkegaardscher Ironie: «Ich will es Dir, Chrysophil, ohne Umschweife gestehen: Bis zu diesem Zeitpunkt erschienst Du mir nur wie ein junger ehrgeiziger Mann der bereit ist, der Hoffnung auf ein grosses Vermögen grosse Fähigkeiten zu weihen und die Schätze der Natur denen der öffentlichen Meinung zu opfern. Ich fand Gefallen daran, Dich anzusprechen, ich beeilte mich – um es so zu sagen –, die Schmeicheleien Deiner Konversation zu geniessen wie schattiges Laubwerk eines jungen schönen Baumes, den man sorgfältig pflegt, und ich verliess Dich nie, ohne mit Seufzen zu sagen: Er könnte Mensch sein und er will reich sein.»[43] Er könnte Geschöpf sein aus Gottes Hand, Ebenbild des barmherzigen Vaters und doch liegt er dem menschenfressenden Mammon zu Füssen.

3. Reformation und Revolution

3.1. Das sozialethische Plus der Revolution – Rousseau vor Calvin

Die Reformation ist nicht, wie die Max-Weber-These von der Verbindung zwischen Calvinismus und Kapitalismus suggerieren konnte, eine Religion des Geldscheffelns und Kapitalanhäufens oder eine religiöse Legitimation der freien Marktwirtschaft. Wer immer noch diesen Gedanken nachtrauert, lese zur besseren Belehrung den Aufsatz von Dieter Schellong in unserem schönen Barth-Calvin-Symposionsband.[44] Oder noch besser Calvin selber. Etwa die zweihundert Predigten zum Deuterono-

[43] A. a. O. 9: «... je ne te quittois jamais sans dire, en soupirant: Il pouvoit être homme, et veut être riche.»

[44] Dieter *Schellong*: Calvinismus und Kapitalismus. Anmerkungen zur Prädestinationslehre Calvins, in: H. *Scholl* (Hrsg.): Karl Barth und Johannes Calvin –

mium oder den Kommentar zur Synopse der Mosebücher, wo Calvins Sensibilität für die Tragweite der sozialen Frage mit Händen zu greifen ist. Da sagt er beispielsweise zum Sklavenrecht in Ex 21,1–6: «Es ist nötig, dass die Öffentlichkeit einschreiten kann, denn wenn jeder [Reiche] nach seinem Gutdünken mit den Sklaven umspringen kann, dann werden die Häuser der Reichen zu Metzgereien der Armen.»[45] Es gibt einen schönen Gleichklang zwischen Calvin und Rousseau, was soziale Sensibilität anbelangt. Dennoch, die oft vertretene Formel: Rousseau ist säkularisierter Calvinismus, geht nicht auf.[46] Rousseau hat über Calvin und erst recht über die älteren Schichten reformatorischer Sozialethik hinaus ein Plus, eine Dimension mehr, die die sozialethischen Grenzen der Reformation deutlich signalisiert. In seiner Auslegung der Perikope vom reichen Jüngling, Mt 19,16–26, ist Calvin, die Exegese der ganzen Reformation zusammenfassend, rasch bereit, das scharfe Jesus-Wort von der Notwendigkeit des Besitzverzichtes zu zähmen und bürgerlich zu domestizieren: «... es ist leicht zu erkennen, dass gar nicht allen ohne Unterschied geboten wird, alles zu verkaufen; ein Bauer z. B., der es gewohnt ist, von seiner Hände Arbeit zu leben und seine Kinder zu ernähren, würde sündigen, wenn er ohne zwingende Notwendigkeit seinen Grundbesitz verkaufen würde. Zu bewahren, was Gott in unsere Hand gegeben hat, wenn wir nur einfach und bescheiden uns und unsere Familie davon ernähren und einen Teil davon den Armen schenken, ist demnach die grössere Tugend als alles zu verstreuen.»[47]

Demgegenüber analysiert Rousseau am Quellpunkt seiner sozialethischen Schriftstellerei seine Erfahrung mit dem Reichtum: Das Geld verschliesst dem Reichen die Taschen. Es hat eine dämonische Dimension; es macht den Menschen zum Ungeheuer und mitleidlosen Schlächter. Es ent-

Karl Barths Göttinger Calvin – Vorlesung von 1922, Neukirchen 1995, 74–101.

45 CO 24,701: «In Exode autem additur circumstantia, ut interveniat publica cognitio: nam si privatim quisque eius rei fuisset arbiter, divitium aedes carnificinae fuissent ad miseros servos torquendos.»

46 Zu Rousseaus Religion als Calvinismus vgl. die Hinweise von E. *Cassirer*, a. a. O. 5. Die calvinistische Grundstimmung Rousseaus betont besonders G. *Lanson*: Histoire de la Littérature française, Paris 1912, 788: «Jean-Jacques est l'héritier de cent cinquante ans de calvinisme.»

47 CO 45,540, Kommmentar zur Evangelienharmonie zu Mt 19,20. Calvin wendet sich hier ausdrücklich gegen die Vereinnahmung dieser Perikope durch das mittelalterliche Mönchtum.

fremdet ihn in Herzenshärte. Ein Fragment aus unserem Diskurs: «Wenn man glaubt, über den Übeln der Menschheit zu stehen, beklagt man sie in den anderen nicht mehr.»[48] Rousseau hat, ohne die Bibel zu zitieren, den Betrug des Reichtums, von dem der synoptische Jesus spricht, die Dämonie des Geldes erfasst. Darin übertrifft er nicht nur die sozialethisch gesinnten Aufklärer wie Voltaire, Grimm u. a., sondern auch die sozialkritischen Ansätze der Reformation, die beide nur die Symptome bekämpfen und nicht wirklich bis zum Schaden Israels, bis zur Erkenntnis der Entfremdung des Menschen und der Zerstörung der Gesellschaft durch den Mammon durchdringen. Mit einem Wort: Rousseaus Plus gegenüber der Sozialethik der Reformation ist seine Sozialanalyse, die Entdeckung der Entfremdung.[49]

3.2. *Aequum cuique* versus *suum cuique*?

Damit ist bereits das zweite Hauptproblem eines Vergleiches der Sozialethik von Reformation und Revolution – von Calvin und Rousseau – angepeilt. Die Reformation hat gewiss eine bessere, hilfreichere Sozialethik entwickelt als das späte Mittelalter, das die Armut produzierte, ideologisch verbrämte und zugleich die Armen kriminalisierte.[50] In den reformierten Städten der Schweiz gab es in den Jahrzehnten nach der Reformation keine Armut mehr. Hundert Jahre später grassierte sie allerdings wieder und so prägte seit ca. 1700 der Armenvogt das Bild der Städte und mit ihm die uralte sozialethisch Richtlinie *suum cuique*, jedem das Seine, die seit zweitausend Jahren das Feld beherrschte.[51] Es gab zwar

[48] A. a. O. 17.

[49] Zum Begriff der Entfremdung bei Rousseau vgl. Joachim *Israel*: Der Begriff der Entfremdung, aus dem Englischen übersetzt von Marga Krekel, Hamburg 1972. Israel untersucht, im Rückgriff auf B. *Baczko*: Rousseau et l'aliénation, in: Annales J.-J. Rousseau XXV (1963), 223–237, die Entstehung des Entfremdungsbegriffs bei Rousseau rein kulturkritisch. Die Fragmente zum Diskurs über die Reichtümer und so die Rolle des Geldes bei der Entdeckung der Entfremdung des Menschen durch Rousseau bleiben unbeachtet.

[50] Zur Geschichte der Armut vgl. Artikel «Armut» [1]TRE I. Besonders gehaltvoll und kenntnisreich: Michel *Mollat*: Les Pauvres au Moyen Age, Paris 1978, deutsch: Die Armen im Mittelalter, München 1984.

[51] Eine erste grundlegende Analyse und Definition von Gerechtigkeit bietet *Aristoteles*: Nikomachische Ethik, Buch V; hier wird in den Abschnitten V.7f das Verhältnis der Sätze *suum cuique* und *aequum cuique* erstmals grundlegend durchdacht.

durch die Jahrhunderte immer auch ein Wissen um die andere sozialethische Tradition und Faustregel: *aequum cuique*, jedem das Gleiche, aber erst Rousseau formulierte sie so zupackend, dass nicht nur die Feudalherren in den Schlössern, sondern auch ihre Anbeter im dritten Stand erschraken und bis heute erschrecken. «Der erste, der ein Stück Land umzäunte und sprach, das ist mein, und Dumme fand, die es ihm glaubten, ist der Begründer der bürgerlichen Gesellschaft», der Begründer einer fatalen, widernatürlichen Ungleichheit unter den Menschen. Man begreift, dass die harten Männer der französischen Revolution gerade in dieser Schrift von J.-J. Rousseau ihr Ideal fanden. Das ist doch Fleisch von ihrem Fleisch und Bein von ihrem Bein! Mitten im Revolutionsgeschehen ruft Robespierre, eine Generation nach Rousseau, am 7. Mai 1794 im Konvent der französischen Revolution aus: «Unter den Denkern, die als Schriftsteller und Philosophen auftraten, zeigt ein Mann, Rousseau, sich durch den hohen Schwung seines Gefühls und die Grösse seines Charakters würdig, Lehrer des Menschengeschlechts zu sein. Er griff die Tyrannei mit Freimut an. […] Ach, wer kann daran zweifeln, dass sein edler Sinn mit der grössten Begeisterung die Sache der Gerechtigkeit und Gleichheit verteidigt hätte, wenn er Zeuge der Revolution hätte sein können, deren Vorläufer er war.»[52]

Und nun können wir gewiss so viel sagen: Wo immer die reformatorische Sozialethik in bewusster oder unausgesprochener Anlehnung an das konservative *suum cuique* Unrechtsstrukturen und Ausbeutungszustände absegnen und legitimieren will, vielleicht sogar mit dem Jesus-Wort als Schriftbeweis: «Arme habt ihr ja allezeit bei euch» [Joh 12,8a], da gerät sie unter das kritische Verdikt des rousseauschen Urzustandes. «Als Adam grub und Eva spann, wo war denn da der Edelmann?»[53] Ohne *aequum cuique* keine Gerechtigkeit! Da scheitert die Reformation an der Revolution. Das revolutionäre *aequum cuique* wird da zum Schibboleth jeder ernsthaften Sozialethik, nicht nur für Luthers Haltung im Bauernkrieg, sondern auch für den Calvinismus bis hin zum Neucalvinismus im 19. und 20. Jahrhundert.

Aber nun muss auch das andere beachtet werden. Zwar setzt Rousseau neben die Rechtstradition des *suum cuique* die des *aequum cuique*.

[52] Maximilien *de Robespierre*, zit. nach Georg *Holmsten*: Jean-Jacques Rousseau, rororo Bildmonografien Reinbeck bei Hamburg, [13]1994, 165.

[53] Volkslied aus dem deutschen Bauernkrieg 1524/25.

Aber anders als die harten Männer der französischen Revolution eine Generation später, hat Rousseau das *suum cuique* nicht einfach mit dem *aequum cuique* ersetzt; und er hat Zeit seines Lebens die Calvinstadt Genf, die ja dem *suum cuique* einigen Tribut zollte, hoch geschätzt. Wenn er an das alte Genf dachte, dann jubelte sein Herz. Er küsste den Heimatboden, als er glücklich der Verfolgung durch das feudale Frankreich entronnen war.[54] Seinen revolutionärsten Traktat, den «Diskurs über die Entstehung der Ungleichheit unter den Menschen», schreibt er stolz als «citoyen de Genève»[55]. Und in der berühmten Widmung dieses Diskurses an die Genfer, vergisst er nicht das Lob der Genfer Kirche. Noch in der Erstausgabe des *contrat social* preist er Calvin als den Gesetzgeber Genfs überschwänglich: «... solange Vaterlands- und Freiheitsliebe unter uns nicht erlöschen, wird das Gedächtnis dieses grossen Mannes nie aufhören, dabei gepriesen zu werden.»[56] Das kann aber nicht anders interpretiert werden, als dass Rousseau gerade in der Sozialethik Calvins die tiefe Verwandtschaft gespürt hat. Die reformatorisch-calvinische Botschaft von der Gerechtigkeit Gottes ist ja wirklich nicht identisch mit dem antiken *suum cuique*, auf dem die Reichen jeder Gesellschaft gerne ausruhen. Sie ist aber auch nicht identisch mit dem *aequum cuique*, das von der Revolution sehr bald ideologisch missbraucht wurde. Die reformatorische Botschaft von der geschenkten Gerechtigkeit Gottes kann ja sozialethisch, im Blick auf die menschliche Gerechtigkeit nur dies bedeuten: Eine menschliche Gerechtigkeit, die es gibt, gibt es nicht – sie kann sich aber im Wunder Gottes ereignen. Also: «Arme habt ihr allezeit unter euch», ja, aber: «Arme soll es nicht geben unter euch.» Darum dran an die Arbeit – dran, dran an die Predigt und Entwicklung einer verantwortlichen, für arm und reich hilfreichen Sozialethik. Rousseau muss etwas von diesem urreformatorischen Gerechtigkeitsverständnis gespürt haben, das das *suum cuique* mit dem *aequum cuique* in einem höheren Sinne vereinigt. Nur so

---

[54] J.-J. *Rousseau,* Œuvres complètes, Vol. I, 587, Les Confessions – Livre onzième: «En entrant sur le territoire de Berne je fis arrêter; je desendis, je me prosternai, j'embrassai, je baisai la terre, et m'écriai dans mon transport. Ciel protecteur de la vertu, je te loue, je touche une terre de liberté.»

[55] J.-J. *Rousseau*: Diskurs über die Ungleichheit – Discours sur l'inégalité, Kritische Ausgabe des integralen Textes (UTB 725), hrsg., übersetzt und kommentiert von Heinrich *Meier*, Paderborn 1984. Zur Selbstbezeichnung Rousseaus als «citoyen de Genève», vgl. daselbst 4, Anm. 3.

[56] J.-J. *Rousseau*: Du contrat social, II,7.

lässt sich seine Freude an Calvin als Gesetzgeber Genfs verstehen. Dass das keine gefühlsmässige Behauptung ist, mag noch einmal ein Zitat aus der Widmung des Ungleichheitsdiskurses an die Genfer belegen:

«Alle Welt weiss, mit welchem Erfolg die hohe Kunst der Predigt in Genf gepflegt wird. Aber da die Leute zu sehr daran gewöhnt sind zu sehen, dass in einer Art geredet und in einer anderen gehandelt wird, wissen nur wenige, bis zu welchem Grade der Geist des Christentums, die Heiligkeit der Sitten, die Strenge gegen sich selbst und die Milde gegen andere in unserer Pfarrerschaft [corps de nos ministres] herrschen.»[57]

3.3. Humanitas – Menschlichkeit – Brüderlichkeit

«Er könnte Mensch sein und er will reich sein.»[58] Dieses Schlüsselwort des Diskurses über die Reichtümer erinnert uns daran, dass Rousseau mit der Aufklärung zusammen – und diese wiederum besonders in seinen Fussstapfen – das Lied von der Humanitas als Ziel und Leitwert sang. «Wen diese Lehren nicht erfreun, verdient es nicht, ein Mensch zu sein», verkündete bald darauf Rousseaus Zeitalter in Mozarts Zauberflöte. Theologischerseits war man im 20. Jahrhundert traumatisiert durch die Erfahrung satanischer Brutalität, rasch bereit, der Aufklärung und besonders Rousseau ein zu optimistisches Menschenbild anzulasten und bei Mozarts Zauberflöte sogar oberflächliche, freimaurerische Humanitätsduselei einzuklagen. Demgegenüber wies man etwa im Umkreis der Bekennenden Kirche stolz auf Luther, der in seinem Disput mit Erasmus, dem Humanistenfürsten, ein für allemal gezeigt habe, dass Humanismus und Reformation inkompatibel und letztlich unvereinbar seien. Es kann sich hier nicht darum handeln, diese theologische Engführung in aller nötigen Breite und Tiefe zurechtzubiegen und ins richtige Licht zu rücken. Nur soviel: Die Aufklärung, Rousseau und Mozart in die Genealogie des deutschchristlichen Neuheidentums zu integrieren, hiesse, diesem eine Ehre erweisen, die es wirklich nicht verdient.[59] Ein Ansatz zur richtigen

---

57 J.-J. *Rousseau*: Diskurs über die Ungleichheit, UTB 725, 35.

58 Vgl. oben Anm. 44.

59 Das war im deutschen Kirchenkampf der Nazizeit die besorgte und resignierte Meinung vieler Glieder der Bekennenden Kirche. Alfred *de Quervain*, der erste Systematiker der Kirchlichen Hochschule in Wuppertal, hat in einem Rundschreiben mitten im deutschen Kirchenkampf schon 1934 diese Deutung der neueren Geistesgeschichte abgelehnt. Er schrieb der verunsicherten Gemeinde

Bestimmung des Verhältnisses von Reformation und Aufklärung liegt aber gerade in diesem dritten Punkt des Vergleiches der Sozialethik bei Calvin und Rousseau. Wie bei Rousseau, so wird auch bei Calvin oft und betont, ja fast absolut, von der einen Humanitas gesprochen. Machen wir abschliessend nochmals die Probe aufs Exempel an den Grundtexten dieser Vorlesung. Nachdem Calvin in seiner Predigt über die Armut zum Eingang über die geheimnisvolle Zusammengehörigkeit von reich und arm gesprochen hat, diese auf die Anordnung Gottes zurückführt, wobei die antike Ethik im Sinne des *suum cuique* mit anklingt, schliesst die Predigt mit einem Aufruf zur Humanität. «Wenn wir Arme sehen, dann soll es in uns aufsteigen: Halt, wenn ich an ihrer Stelle wäre, was wünschte ich? Ich wollte doch gewiss, dass jemand sein Herz öffnete und sein Empfinden für mich!»[60] Humanität als Mitleid, und keine Humanitas ohne Mitleid, das ist das eine, das Calvin unterstreicht. Ja, Calvins sozialethischer Appell endet in dieser denkwürdigen Predigt vom 18.9.1555 in einer einzigen Feier der Einheit der Menschheit: «Wir wollen dafür sorgen, freundliche Gemeinschaft zu halten mit denen, die mit uns verbunden sind durch ein unzerreissbares Band.»[61]

Man begreift bei dieser calvinischen Sensibilität für die eine Humanitas Rousseaus Freude und Hochschätzung des Genfer citoyen aus dem 16. Jahrhundert. Das multikulturelle Konglomerat aus der Dreiländer-

---

«Ein Wort des Trostes und der Mahnung» (Unveröffentliches Rundschreiben, Matrikel Zk/391 der Bibliothek der Kirchlichen Hochschule Wuppertal): «Wie oft haben wir es in den Kreisen der Bekennenden Kirche gehört, dass heute [von der offiziellen deutschchristlichen Theologie, H. S.] nur das gelehrt wird, was die Welt 150 Jahre lang gepriesen hat. Doch es ist da ein grundlegender Unterschied. [...] Man ereifert sich nicht mehr für die Güte des Menschen wie z. Zt. Rousseaus, wie vielfach auch noch im Liberalismus. Der Glaube an die Güte des Menschen ist zum Glauben an die Güte des Volkes geworden.» (14; 17). Das ist aber nach de Quervain nicht die Weiterführung des deutschen Idealismus und Humanismus, sondern deren absolute Verleugnung. Zur Frage nach dem Bildungsauftrag der Kirche und ihrem Verhältnis zur neuzeitlichen Kultur und Geistesgeschichte vgl. *H. Scholl*: Alfred de Quervain – ein reformierter Ethiker im Kirchenkampf, RKZ 129 (1988), 79–83 und 112–116.

60 CO 27,348: «Si nous voyons gens qui soyent en povreté, que tousiours ceci nous vienne au devant: Helas! et quand i'ay esté en leur lieu, et que desiroye – ie? I'eusse voulu qu'un chacun eust ouvert son coeur, et ses entrailles pour moy: et maintenant que ie soye serré?»

61 CO 27,349; vgl. oben Anm. 16.

ecke Genf im 16. Jahrhundert bekommt in Rousseaus Botschaft von der süssen Stimme der Menschlichkeit ihre bedeutsame Fortsetzung: Humanitas, Menschlichkeit als Mitmenschlichkeit, als Fähigkeit zum Mitleid und zur Brüderlichkeit.[62]

Wir haben erstens in Rousseaus Entdeckung der Entfremdung des Menschen und der Notwendigkeit der Analyse der Gesellschaft eine deutliche Differenz zur Reformation registriert. Wir haben zweitens eine mögliche und notwendige Ergänzung der sozialethischen Rechtstraditionen des *suum cuique* und des *aequum cuique* festgestellt, also eine mögliche höhere Einheit zwischen Reformation und Revolution. Im dritten Punkt, in der Botschaft von der einen Humanitas, können wir, gewiss nicht in einem vordergründigen, wohl aber in einem tieferen Sinne, Reformation und Revolution, Calvin und Rousseau sozialethisch auf einer Linie sehen. Es wäre ein historischer Irrtum zu meinen, mit der Praxis der französischen Revolution sei diese Linie theologisch ad absurdum geführt und abgebrochen worden. Das war die Fehlinterpretation romantisch-konservativer Kräfte im 19. Jahrhundert, die Reformation und Revolution gegeneinander ausspielen wollten.[63] Gerade die Geschichte der Sozialethik in Genf im 19. und im 20. Jahrhundert zeigt ein anderes Gefälle. Die geistige Herkunft Henri Dunants, des Gründers des Roten Kreuzes, der Genfer Konvention zum Schutz der Kriegsgefangenen, und sein Verhältnis zum philosophisch-theologischen Establishment Genfs im 19. Jahrhundert ist komplex und nicht ohne Tragik.[64] So viel aber können wir in unserem Zusammenhang sagen: Nur in dieser Stadt, die in der bewussten oder unbewussten Tradition Calvins und Rousseaus, der Reformation und der Revolution lebte, konnte eine Institution wie das Rote Kreuz entstehen, ein Zeichen der Menschlichkeit in der mörderischen Moderne. Dunant

---

62 Der Begriff des Mitleids (pitié) ist eine der wichtigen anthropologischen Konstanten in Rousseaus Werk. Er erscheint erstmals im Traktat über die Ungleichheit; vgl. dazu UTB 725, 146 und die kenntnisreiche Anmerkung 184 des Herausgebers daselbst.

63 A. *Kuyper*, Reformation wider Revolution, vgl. oben Anm. 17, zog in seinem grossen theologischen Oeuvre nur eine Linie aus, die in der konservativen niederländischen Theologie seit *Guillaume Groen van Prinsterer* (1801–1876) angelegt war und dessen Werk «Tegen den Geest der eeuw» (Gegen die Aufklärung) publikumswirksam das zeitgenössische Denken im 19. Jahrhundert beeinflusste.

64 Das thematisiert der jüngst erschienene, gut recherchierte Roman über H. Dunant von Eveline *Hasler*, «Der Zeitreisende».

war als Genfer Kaufmann 1859 zufällig in Oberitalien Augenzeuge der grässlichen Schlacht bei Solferino geworden. Sein Augenzeugenbericht, der das Jahrhundert aufrüttelte, macht die Motive der Entstehung des Roten Kreuzes und der Genfer Konvention eindringlich klar. Dunant watete unmittelbar nach der Schlacht durch den blutigen Morast, wo niemand sich um die verwundeten und sterbenden Soldaten kümmerte. Im Aufwallen seines Mitleides bot er erste, noch völlig unzureichende Hilfe. Bald fand er in seinem Tun Unterstützung durch die Frauen von Castiglione. Er berichtet: «Ihr armen Mütter in Deutschland, Österreich, Ungarn, Böhmen, wie soll man nicht an die Herzensangst denken, die ihr empfandet, als ihr erfuhrt, dass eure verwundeten Söhne im Feindesland gefangen seien. Die Frauen von Castiglione erkennen bald, dass es für mich keinen Unterschied der Nationalitäten gibt, und so folgen sie meinem Beispiel und lassen allen Soldaten, die ihnen völlig fremd sind, das gleiche Wohlwollen zuteil werden. ‹Tutti fratelli›, wiederholen sie gerührt immer wieder. Ehre sei diesen mitleidigen Frauen, diesen jungen Mädchen von Castiglione! Es gab nichts, was sie zurückgeschreckt, erschöpft oder entmutigt hätte. Ihre bescheidene Hingebung kannte keine Müdigkeit und keinen Ekel; kein Opfer war ihnen zu viel!»[65]

Das eine Band der Humanitas – der liebliche Akt der Menschlichkeit – Tutti fratelli!

[65] Henry *Dunant*: Eine Erinnerung an Solferino, nach der Originalausgabe von 1862 ins Deutsche übertragen von Richard *Tüngel*: Jubiläumsausgabe 125 Jahre Rotes Kreuz, Bern 1988, 44.

VI. «L'Éternel parle» – Das Vorwort an die Juden im Kontext der übrigen Vorworte zur Olivetanbibel 1535

1. Bekanntes, Vergessenes und zu wenig Bekanntes

1.1. Literatur zu Olivetan

Francis M. Higman meldet, es gebe im englisch-amerikanischen Sprachbereich zu Olivetan und der Übersetzung der Bibel ins Französische keine Arbeit und also keine Literatur.[1] Das ist bei der gegenwärtigen englisch-amerikanischen Fülle von Arbeiten zur Reformation und besonders zur Calvinforschung erstaunlich. Ebenso erstaunlich ist allerdings der Umstand, dass das deutsche theologische Jahrhundertnachschlagewerk, die TRE,[2] überhaupt auf einen eigenständigen Artikel zu Olivetan verzichtet, ist doch Olivetan – ein naher Verwandter und Freund Calvins – durch seine erste auf den Ursprachen beruhende französische Bibelübersetzung irgendwie zum Vater des französischsprechenden Protestantismus geworden. Er ist ein bescheidener Mensch. Er nennt sich schlicht den «petit Translateur», den kleinen Übersetzer, und will nur eines, dass man nicht ihn hört, sondern durch die Bibel in der Volkssprache zur Erkenntnis gelangt: «L'Éternel parle!» Dass man aber den kleinen Übersetzer Olivetan so unter den Teppich der Geschichte wischt, das ist schade, schade auch für die Realenzyklopädie.

Zum Glück haben die Franzosen ihren Olivetan nicht ganz vergessen. Wir entnehmen dankbar viele Informationen über ihn aus «Olivetan – Traducteur de la Bible» von G. Casalis und B. Roussel. Ebenso wertvoll

---

1 Vgl. Artikel «Olivetan» in: The Oxford Encyclopedia of the Reformation, hrsg. von H. J. *Hillerbrand*, New York/Oxford, 1996, Vol. III, 174 f. Man vgl. aber immerhin Mary *Sweetland Laver*, Ph. D. Temple University, 1988, ‹Calvin, Jews, and intra-Christians polemics›, die eine (manchmal etwas zu freie) englische Übersetzung des vierten Vorwortes (an die Juden) zur Olivetanbibel bietet.

2 TRE, abgeschlossen 2004; immerhin wird Olivetan im Artikel «Bibelübersetzungen» erwähnt.

und instruktiv ist das Heft der Société biblique suisse, «Olivetan – Celui qui fit passer la Bible d'hébreu en français».

Doch für unsere Thematik geben alle diese Arbeiten wenig oder nichts her. Man muss, um sich ein genaueres Bild vom Kontext zu machen, in dem das Vorwort an die Juden steht, zurückgreifen auf Daniel Lortsch.[3] Lortsch beschreibt die die Olivetanbibel umgebenden und einleitenden Vorworte zum Teil recht genau.[4] Nach ihm lassen sich diese Vorworte in drei Gruppen aufteilen: a) Texte von Olivetan selber, b) Texte von dessen Cousin und Freund Calvin und schliesslich c) weitere kleinere Texte von Mitarbeitern beim Druck der Bibel 1534/35 in Neuenburg.

Lortsch hat vor bald hundert Jahren den Wunsch ausgesprochen: «Il serait fort désirable que toutes les pièces liminaires de cette Bible fussent publiées in extenso en un volume. Il n'y aurait dans notre littérature protestante rien de plus beau, rien de plus prenant.»[5] Sein Wunsch blieb bisher unerfüllt, besonders auch im Blick auf den Text, der uns heute interessiert: das Vorwort an die Juden von 1535. Da lässt uns auch Lortsch eigentlich ganz im Stich. Waren die Augen auch dieses sonst so hellsichtigen Forschers um 1910, also zur Zeit des Dreyfus-Prozesses, nicht doch ein wenig gehalten, wenn er zu diesem umfangreichen Text nur gerade zu sagen weiss: «Es handelt sich um einen Brief an das jüdische Volk, dazu bestimmt, zu zeigen dass Jesus der Messias sei. Auch hier findet man die Liebe zu den Seelen und den missionarischen Geist. Dieser Text ist der erste seiner Art, den man in der protestantischen Literatur findet.»[6]

1.2. Olivetan: eine Biografie mit Lücken

Immerhin kann man sagen, dass, abgesehen vom Vorwort an die Juden, das Olivetanheft der Société biblique suisse einen Teil des lebhaften Wunsches von Lortsch erfüllt hat. Aus dieser sehr schönen und kenntnisreichen Publikation entnehmen wir die wichtigsten Informationen, die für

---

3 D. *Lortsch*: Histoire de la Bible française, Paris 1910. Wir zitieren nach der 2. Auflage (= Nouvelle édition mise à jour par Jules Marcel Nicole, St-Légier, 1984). Die für uns einschlägigen Stellen entsprechen der Auflage von 1910.

4 Vgl. *Lortsch*, 108–127.

5 *Lortsch*, 121, Anm. 1.

6 *Lortsch*, 114. (Übersetzung: H. S.).

unser Thema unumgänglich sind, dabei versuchen wir, zugleich dicht an den Quellen aus dem 16. Jahrhundert zu bleiben.[7]

Olivetan muss ein paar Jahre älter gewesen sein als Calvin (1509–1564). Wie dieser aus Noyon in der Pikardie stammend, ist er Calvin nahe verwandt. Die beiden jungen Männer schätzen einander sehr. Sie sind an den Studienplätzen Orléans und Paris Kommilitonen. Olivetan, sein französischer Name lautet Louis Robert Olivier, steht schon zu dieser Zeit mit reformerisch-reformatorischen Kreisen in Frankreich in Verbindung. Hat er den jüngeren Calvin religiös beeinflusst? Das liegt nahe, doch wir wissen es nicht. 1528 finden wir Olivetan in Strassburg. Das Jahr ist zentral für die oberdeutsche Reformation, zumal eben in diesem Jahr die mit Strassburg eng verbundene mächtige Stadt Bern offiziell die Reformation einführte. Ohne Bern lief am Oberrhein reformationspolitisch nichts, nicht einmal in Zürich.[8] Olivetan hatte das für reformerisch gesinnte Humanisten gefährlich gewordene Frankreich verlassen und steht nun als Sympathisant des Reformkreises von Meaux, als Schüler von Faber Stapulensis u. a., in engem Kontakt mit den Strassburger Reformatoren Bucer und Capito. Bei ihnen perfektioniert er, gewissermassen in der rhenanischen Sprachschule,[9] seine Griechisch- und besonders seine Hebräischkenntnisse. Wahrscheinlich führt er neben der hebräischen Grammatik von Sebastian Münster auch Capitos hebräische Grammatik mit im Gepäck.

Auch Guillaume Farel, der dem Reformerkreis von Meaux angehört hatte, ist in der Gegend und findet in diesen Jahren sein reformatorisches Wirkungsfeld im Auftrag der Stadt Bern in der französischsprechenden

---

7 Das zum 450. Jubiläum der Olivetanbibel erschienen Heft der Société biblique suisse, 1986, ‹Olivetan – celui qui fit passer la Bible d'hébreu en français›, umfasst neben einigen Quellentexten aus und zur Olivetanbibel, drei Studien: 1. Henri *Meylan*, ‹Louis Olivier, dit Olivétan›, 4–7; 2. Dominique *Barthélemy*, ‹Celui qui fit passer la Bible d'hébreu en français: Olivétan›, 18–29; 3. Bernard *Roussel,* ‹Un Chant du Serviteur dans la Bible d'Olivétan›, 30–39. Wir stützen uns im Folgenden besonders auf die Studie von D. Barthélemy.

8 Vgl. dazu G. W. *Locher*: «Die Folgen der Berner Disputation für den Fortgang der Reformation», in: Die zwinglische Reformation im Rahmen der Europäischen Kirchengeschichte, Göttingen und Zürich 1979, 282 f.

9 Vgl. dazu Paul *Adam*: Der Humanismus zu Schlettstadt. Die Schule. Die Humanisten. Die Bibliothek, o. J., aus dem Französischen übertragen von Peter Schäffer.

Westschweiz.[10] Es scheint, dass sich Olivetan selber bereits die Aufgabe gestellt hat, eine auf den Ursprachen beruhende französische Bibel, besonders aber ein französisches Altes Testament, zu erstellen und dass Farel über diese Pläne und Arbeiten des jungen Philologen informiert war.[11]

Ab 1531 überstürzen sich die Dinge. Wir finden Farel in der Romandie, also im Raum Bern-Genf-Neuenburg, in voller reformatorischer Fahrt. Olivetan, eher von schwächlicher Statur, wirkt unterdessen als Schullehrer in Neuenburg. Arm wie eine Kirchenmaus scheint er sein ganzes Geld in Bücher gesteckt zu haben. Er bittet im einzigen von ihm erhaltenen Brief die Behörde von Neuenburg um Lohn für sein pädagogisches Wirken an ihren Kindern, um im Blick auf den kommenden Winter Brennholz zu kaufen.[12] 1532 haben auch die oft verfolgten, aber in ihren Savoyerbergen einigermassen geschützten Waldenser ihre Probleme. Sie bitten den benachbarten Farel, seinen Mitarbeiter Saunier und wohl auch Pierre Viret, der unterdessen als jüngster und zudem als einheimischer Reformator in der Romandie wirkte, an ihrer jährlichen Zusammenkunft in Chanforans teilzunehmen.[13] Dort wird beschlossen, dass die Barden, d. h. die Laienpfarrer der Waldusschüler endlich mit einer guten Bibel in der Volkssprache ausgestattet werden sollten, zumal sie bisher nur handschriftliche Bibelabschnitte zu ihrer Predigttätigkeit mitgeführt hatten. Diese Bibel sollte in Neuenburg gedruckt werden, und zwar für recht viel Geld, das aber erstaunlich schnell zusammenkommt. Man fühlt sich dabei an gewisse religiöse Gruppen heute erinnert, die sich alles kaufen können, wonach ihnen gerade das Herz steht, während die offiziellen Kirchen verarmen. Man bedenke aber im Blick auf die Waldenser damals und die Evangelikalen heute: Si duo idem faciunt, non est idem.

Farel kann nun Olivetan für die anstehende Arbeit gewinnen.[14] Der junge, konzentrierte Gelehrte erscheint dazu auch prädestiniert. Welche Aufgabe übernimmt Olivetan, der jetzt gewiss sein Lasttier mit einem

---

[10] Vgl. dazu Guillaume Farel 1489–1565 – Biographie nouvelle, Neuchâtel/Paris 1930; darin Kap. VI und VII, 259ff; zur Olivetanbibel bes. 404f, Anm. 1.

[11] Vgl. dazu H. *Delarue*: Olivétan et Pierre de Vingle à Genève, BHR 8 (1946).

[12] Vgl. Faksimile des Briefes in: «Olivetan ...», in: Société biblique suisse, Biel 1986, neufranzösische Übersetzung von H. *Meylan*, 4.

[13] Vgl. dazu G. *Audisio*: Die Waldenser-Geschichte einer religiösen Bewegung, München 1996. Zur Problematik der Übernahme der französischen Bibel Olivetans durch die Waldenser (langue d'Oc!) vgl. bes. 216–221.

[14] Vgl. besonders die kenntnisreichen Ausführungen von D. *Barthélemy*, a. a. O. 20ff: «Farel et l'édition de la Bible en français».

schweren Bücherkoffer belädt, in die Savoyeralpen zieht und 1533 bis 1534 unter den Waldensern lebt und arbeitet? Das Titelblatt der Olivetanbibel umschreibt sie: «La Bible qui est toute la Saincte escripture. En laquelle sont contenus le Vieil Testament et le Nouveau translatez en Francoys. Le Vieil de L'ebrieu: et le Nouveau du Grec.»

Zum Nennwert von heute genommen, wäre die Arbeit in der verfügbaren Zeit völlig unausführbar. Es ging aber in den Südalpen 1533 nicht um eine Erstübersetzung der ganzen Bibel nach den Ursprachen, sondern um eine Revision des Neuen Testaments, das, nach der Vulgata übersetzt, bereits französisch vorlag. Dieses sollte am griechischen Text überprüft und berichtigt werden. Dabei konnte sich Olivetan auf den Text der Bibel von Faber Stapulensis aus dem Jahr 1530 stützen und auch schon die Arbeiten von Oekolampad und Zwingli aus den späten zwanziger Jahren beiziehen. Grösser ist Olivetans Beitrag zur Übersetzung der hebräischen Bibel. Hier muss man annehmen, dass er schon gute Vorarbeit geleistet hatte und diese jetzt abrunden und vollenden konnte.[15] Die geneigten Zeitgenossen waren entzückt.[16] Calvin, und etwas später überhaupt die Genfer Theologen, wussten allerdings, dass trotz der grossen Begabung Olivetans bei dem Tempo der Entstehung dieser französischen Bibel noch einiges zu verbessern war. In ihrem schon für die damalige Zeit etwas altertümlichen Französisch ist diese Bibelübersetzung jedoch ein Glanzstück, würdig der Geschichte des französischen Protestantismus, an dessen Ursprung sie nun steht.

Noch ist sie allerdings nicht gedruckt. Im Februar 1535 schreibt Olivetan in den Alpen sein Vorwort an die «kleine Herde Christi»[17], reist dann nach Neuenburg zum Drucker Pierre de Vingle, der nun neben seinem reformerischen Elan auch geschäftlich interessiert ist und alle Hebel seiner Druckerei in Bewegung setzt, um dieses Riesenwerk auch zu dru-

---

[15] Eine Würdigung der philologischen Arbeit Olivetans bietet B. *Roussel* anhand einer Studie zur Übersetzung von Jes 52,13–53: «Un Chant du Serviteur dans la Bible d'Olivétan», in: «Olivetan ...», Heft der Société biblique suisse, 1986, 30–39. Vgl. dazu auch S. *Amsler*: «L'Ancien Testament d'Olivétan à la lumière de sa traduction d'Esaie 53», in: Olivétan – Traducteur de la Bible, Actes du colloque Olivétan, Noyon 1985, Paris 1987, 107–116.

[16] So z. B. der Dichter und ehemalige Sekretär der Königin Margarete von Navarra, Bonaventura *des Périers*, der der Bibelübersetzung Olivetans ein kunstvolles lateinischen Gedicht widmet; vgl. unten VI.2.4.

[17] Vgl. unten VI.2.2 und *Lortsch*, a. a. O. 110–112.

cken.[18] Für unsere Fragestellung der Kombination und Tendenz aller Vorworte sind die Ereignisse der folgenden Tage und Monate besonders wichtig: Eine ganze Gruppe von Mitarbeitern wirkt in der ersten Hälfte 1534 mit an der Entstehung der Olivetanbibel als Buch, als Foliant: Drucker, Korrektoren, Verfasser von Vorworten, Ersteller der verschiedenen wertvollen Indices, Setzer, Buchbinder usw. Einen kleinen Einblick in diese Arbeit gibt uns ein Brief Calvins an den Olivetan-Intimus Pfarrer Fabri im Sommer darauf. Calvin sollte 1536 in Basel an einem Sonderdruck des Neuen Testaments von Olivetan mitarbeiten und Korrektur lesen. Da fehlten in seiner Vorlage plötzlich «sechs Blätter, die nicht sofort ergänzt werden konnten»[19]. Die Monate März bis Juni 1535 müssen im Betrieb de Vingles äusserst stressig gewesen sein. Es muss sich eine ganze Gruppe von hochqualifizierten Leuten in Neuenburg befunden haben, die sich mit den Abschlussarbeiten zur Olivetanbibel beschäftigten, in ständigem Kontakt mit dem stillen Gelehrten.[20] Kann auch Calvin, der ja einige Texte zu dieser Bibel beigesteuert hat und der von Basel aus, wo er ums Neujahr 1535 von Frankreich her eingetroffen war, in diesen Monaten in Neuenburg gewesen sein? Ein Briefwechsel Calvin–Olivetan muss bestanden haben, er ist aber nicht erhalten. Die ältere Forschung nimmt einen Aufenthalt Calvins in Neuenburg zur besagten Zeit an, wir wissen aber nich, auf welche Quellen sie sich dabei stützt.[21]

Was wir sicher wissen ist Folgendes: a) Die Olivetanbibel 1535, ein bibliophiles, ästhetisches und auch theologisch-philologisches Glanzwerk, verkaufte sich schlecht. Noch Jahre später belastete sie die Buchhändler als Ladenhüter. Das Flugblatt von Marcourt[22] gegen die Messe,

[18] Zum Drucker der Bibel Olivetans, Pierre de Vingle, vgl. Michel *Schlup*: «Pierre de Vingle et les premières éditions neuchâteloises», in: Trésors de l'édition neuchâteloise, Hauterive, 1981, 13–27; ferner: E. *Droz*: «Pierre de Vingle l'imprimeur de Farel», in: Aspects de la propagande religieuse, Genève 1957, 38–78.

[19] Johannes Calvins Lebenswerk in seinen Briefen, übersetzt und hrsg. von R. *Schwarz*, 2. Auflage, Neukirchen 1961, Brief 10 (= CO 10/2, Sp. 51f, Brief 29).

[20] Vgl. E. *Droz*: Chemins de l'hérésie, Genève 1970, Bd. 1, 102–105. Droz weist richtigerweise darauf hin, dass «cette énorme Bible d'Olivétan» (102) über die wertvolle ältere Forschung hinaus weitere Studien verdiente.

[21] Vgl. E. Droz, a. a. O. 102, Anm.1.

[22] Vgl. G. *Berthoud*: Antoine Marcourt – Réformateur et Pamphlétaire – Du «Livre des Marchans» aux Placards de 1534, Genève 1973.

aus der gleichen Druckerpresse, wurde ein Reisser.[23] Schöne Bibeln haben ihre Zeit und Flugblätter haben ihre Zeit. Die teure Olivetanbibel stand dazu quer. b) Calvin zieht oder lässt sich bald zu Farel nach Genf ziehen. c) Auch Olivetan findet nach geleisteter Riesenarbeit wiederum als kleiner Lehrer Arbeit in Genf. Wir wissen nicht warum, aber schon 1537 reist er gegen den Rat Calvins und seines Busenfreundes Christoph Fabri nach Italien. Dort stirbt er unter ungeklärten und unbekannten Umständen. Wurde er in der Nachgeschichte seiner Bibel ermordet, wie einer der Waldenserbarden, die das Geschäft mit der Olivetanbibel eingeleitet hatten, fünf Jahre zuvor in Lyon umgebracht worden war? Wir wissen nichts Sicheres. Wir wissen nur, dass Olivetan verschwindet, sogar aus den Lexika! Sein Werk aber bleibt, denn es qualifiziert sich allein schon durch das Motto, das er auf die erste Seite seiner französischen Bibel und so auch über alle Vorworte bis zum Vorwort «V. F. C. a nostre allie et confedere le peuple de lalliance de Sinai» stellte. Es lautet:

«Jsaiah. 1.
Escoutez cieulx/et toy terre preste laureille:
car Leternel parle.»

2. Verfasser, Inhalte und Tendenzen der übrigen Vorworte zur Olivetanbibel

2.1. Zum ersten Vorwort: Calvins «Privilège»

Die wenigen Informationen aus den Primärquellen zeigen uns, dass zwischen dem jungen, 1534 noch weitgehend unbekannten Calvin und seinem Cousin, dem Lehrer und Altphilologen, ein sehr gutes, freundschaftliches Vertrauensverhältnis bestand. So verwundert es nicht, dass Olivetan dem Jüngling Calvin das erste Wort in der ersten, auf den Ursprachen und nicht wie bisher auf dem Text der Vulgata beruhenden, französischen Bibel anvertraute. Was der fünfundzwanzigjährige Calvin in diesem ersten von ihm gedruckten Text bietet – wenn man einmal von seiner humanistischen Arbeit über Seneca absieht –, ist nicht nur elegant, es ist auch äusserst geistreich, nennt reformationstheologisch zentrale Themen und ist gleich vom ersten Moment an politisch höchst effektiv. Ein Kairos-Dokument! Wo

[23] Vgl. J. F. *Gilmont*, in: Olivétan – Traducteur de la Bible, Paris 1987, 31–37.

bisher im 15. und 16. Jahrhundert in grösseren Publikationen, und so auch noch im Neuen Testament von Faber Stapulensis 1530 in Antwerpen herausgegeben, ein ‹Privileg›, eine Druckerlaubnis des Königs oder einer politischen Oberbehörde stand, da erscheint in der Olivetanbibel Calvins Brief: «Jean Calvin a tous empereurs, rois, princes et peuples soumis à l'empire de Christ Salut.»[24] Den Brauch der Privilegia erwähnend setzt sich Calvin mit der Zeitfrage auseinander, ob die Bibel in die Hand des Volkes, der Laien, gehöre. Roussel weist sogar auf päpstliche Voten und auf den Disput an der Sorbonne in den zwanziger Jahren zu dieser brennenden Thematik hin, denen Calvin hier die Stirn bietet.[25] Calvin greift mit seinen Ausführungen die Verkehrtheiten des Zeitgeistes an und biegt diese zurecht. Darin steckt schon die ganze Reformation. Sein Argumentationsgang läuft so:

a) «L'Éternel parle!» Und er, der Ewige, der braucht kein Privileg, keine Erlaubnis zum Wort von irgendeinem Grossen oder weniger Grossen dieser Welt. Darum ist es bei einem Bibeldruck nicht nur nicht nötig, sondern direkt falsch, dazu ein Privileg von politischen Behörden einzuholen, wie es noch Faber Stapulensis 1530 tat. Das hat der Reformtheologe aus Alterschwäche getan. Wir Jungen, Olivetan, Calvin u. a. wissen: Die Politiker sind Diener Gottes (hoffentlich!), und nicht umgekehrt.

b) Die Bibel ist für das Volk da. Das haben schon hervorragende Kirchenväter gewusst und gesagt. So argumentierte ja auch Erasmus 1515 in den Vorreden[26] zum *Novum Testamentum Graece*, allerdings in feinen,

---

[24] Text in modernem Französisch vgl. B. *Roussel*: Société biblique suisse, 8–11. (Abgekürzt: Roussel, Calvin Privilège ...). Ferner CR 37, Sp. 787–790. Vgl. auch Jürgen *Quack*: Evangelische Bibelvorreden von der Reformation bis zur Aufklärung, Diss. Heidelberg 1964, in: Quellen und Forschungen zur Reformationsgeschichte Bd. XLIII, Heidelberg 1975. 93f (Kurzkommentar und Zusammenfassung des Textes durch Quack).

[25] Vgl. den kenntnisreichen Aufsatz von B. *Roussel*: François Lambert, Pierre Caroli, Guillaume Farel et Jean Calvin, in: Calvinus Servus Christi, Referate des Internationalen Kongresses für Calvinforschung Debrecen 1986, hrsg. von W. H. Neuser, Budapest 1988, 35–52. Allerdings ist Calvin noch 1539 mit dieser reformatorischen Grundfrage beschäftigt; vgl. CO 10/2, 328, Brief 162 (Calvin an Farel): Der König von England will «die Schrift in der Landessprache in seinem Reiche nicht dulden, woran doch jeder sehen kann, dass das nicht aus einem gesunden Hirn stammt».

[26] *Erasmus von Rotterdam*: Vorreden zum Neuen Testament (1515), Aufruf (Paraclesis), in: Erasmus, Ausgewählte Schriften, Bd. 3, hrsg. von W. Welzig, Darmstadt 1995, 15: «Leidenschaftlich rücke ich von denen ab, die nicht wol-

aber vorreformatorischen Grenzen. Gerade in der uns beschäftigenden Judenfrage ist das Urteil des Erasmus völlig verschieden vom hebräischen Geist der Olivetanbibel.[27]

c) Weder die Politik noch die Autorität Kirche und auch nicht die Gelehrten sind nötig, damit die Bibel zu Wort kommen und richtig verstanden werden kann, sondern eben die reformatorische Grundeinsicht, die bereits den fünfundzwanzigjährigen Calvin prägt. Sie lautet: Zur Bibel gehört die Ausgiessung des Heiligen Geistes. Diese aber liegt in Gottes Hand.

d) Der Ausgiessung des Heiligen Geistes also entspricht nicht die politische Gewalt und auch nicht die kirchlich angemasste Sorge um das Seelenheil der Schäflein, denn dies ist nichts anderes als theologischer Hochmut. Der Ausgiessung des Geistes entspricht allein die Demut des Hörens: «Jsaiah. 1./Escoutez cieulx/et toy terre preste laureille:/car Leternel parle.»[28] Calvin kennt einen solchen vorbildlich Demütigen. Eben den kleinen Übersetzer, «le petit Translateur», Olivetan. Mit einem schlichten kleinen Lob Olivetans, der von Farel und Viret angefeuert die grosse Arbeit der Bibelübersetzung in aller Stille geleistet hatte, schliesst dieser kluge und für das Verständnis der Reformation in Frankreich überaus aufschlussreiche Text. Was ‹reformierte› Reformation meint und ist, haben wir hier gewissermassen in nuce vor uns.

---

len, dass die heiligen Schriften in die Volkssprache übertragen und auch von Laien gelesen werden.»

27 Vgl. H. A. *Oberman*: «Erasmus von Rotterdam – die Grenzen der Toleranz», in: Wurzeln des Antisemitismus, Severin und Siedler, Tübingen 1981, 48–51. Oberman macht plausibel, dass für Erasmus und dessen Verständnis der Philosophia Christiana die Wiederentdeckung des Hebräischen kein Fortschritt bedeutete, sondern vielmehr der christlichen Gesellschaft damit eine ‹verderbliche Plage› ins Haus stehe.

28 Sicher mit Absicht hat Olivetan die Jesaja-Stelle aus dem Perfekt ins Präsens übersetzt und einen ‹Übersetzungsfehler› in Kauf genommen, um der reformatorischen Dimension seiner Arbeit Ausdruck zu geben. Reformation bezeugt das ‹ewige Heute› Gottes. Vgl. G. *Casalis* et B. *Roussel*, Olivétan – Traducteur de la Bible, Actes du colloque Olivétan, Noyon 1985, Paris 1987, 89.

2.2. Zum zweiten Vorwort: «P. Robert Olivetanus lhumble et petit Translateur a Leglise de Jesus-Christ. Salut.»

Das erste Vorwort Calvins wird nun im zweiten, aus der Feder Olivetans selber stammenden Hauptvorwort inhaltlich nahtlos und sachentsprechend weitergeführt.[29] Eine genaue inhaltlich-theologische Analyse fehlt, soweit ich sehe. Das erstaunt, zumal D. Lortsch gerade von diesem Text der Olivetanbibel in den Fussstapfen von E. Doumergue sagte: «C'est un des plus beaux morceaux de notre littérature religieuse protestante. Il est plein d'amour de d'humour.»[30] Olivetan will sein Werk mit diesem Vorwort nicht irgendeinem grossen ‹Sowieso› widmen, sondern der ‹kleinen Kirche›. Natürlich denkt man dabei zuerst an die Waldensergemeinde,[31] die das schöne Buch finanzierte und so ermöglichte. Aber der Begriff der ‹kleinen Kirche› enthält noch mehr, eine Identifizierung darf nicht zu geradlinig vorgenommen werden. Olivetans Vorwort ist eine einzige Darlegung einer verbindlichen reformatorischen Ekklesiologie. Es zeigt zuerst einmal die Front auf, in der eine solche steht: Da ist die kämpfende, die siegende, die triumphierende Kirche. Ziemlich genau fünfzig Jahre später wird die umfassendste Ekklesiologie des 16. Jahrhunderts, die des dritten Jesuiten-Generals, Robert Bellarmin, diesen Titel tragen.[32] Das ist aber nach dem früheren Robert des 16. Jahrhunderts, nach Olivetan, gar nicht die Braut Christi, sondern die eigentliche Verfolgerin der Christen. «Ich meine nicht die in Pomp und Reichtum triumphierende Kirche, noch die streitbare Kirche, die mit Waffen Krieg führt.»[33] Das Bild, das die Reformation von der

---

[29] Der Text umfasst in der Olivetanbibel zwei Folioseiten. Er ist, mit einigen Verstehenshilfen versehen, wiedergegeben in: G. *Casalis* et B. *Roussel*, Olivétan – Traducteur de la Bible, 169–176. Wir zitieren nach dieser Ausgabe (Olivétan, Traducteur). Wertvolle historische und philologische Hinweise zu diesem Vorwort finden sich in den Aufsätzen von D. *Barthélémy* und B. *Roussel*, vgl. oben Anm. 7.

[30] Vgl. E. *Doumergue*: Calvin, Tom. I, 121.

[31] Ein französisches Schlussgedicht des Druckers, «Au lecteur de la Bible», weist verschlüsselt auf die Waldenser als Sponsoren der Olivetanbibel hin; vgl. D. *Lortsch* a. a. O. 121.

[32] Disputationes Roberti *Bellarmini*: Politiani, S. R. E. Cardinalis, De contoversiis Christianae Fidei adversus huius temporis haereticos, Quatuor Tomis comprehensae, ... Venetiis 1599. Liber Tertius: De Ecclesia militante; Tom II,4: De Ecclesia quae triumphat in coelis.

[33] Olivétan, Traducteur, 170: «Je ne dis point cette église triomphante en pompes et richesses: ni militante, c'est-à-dire guerroyante par faits d'armes.»

päpstlichen Kirche hat und verbreitet, erscheint in den dunkelsten Farben. Vielleicht kritisiert Olivetan auch bereits reformatorische Verhärtungen im beginnenden konfessionellen Zeitalter. Demgegenüber ist die kleine Magd, die als die wahre Braut Christi nun diesen einen Schmuck und Schatz bekommt, nämlich das Wort Gottes auf Französisch, die kleine, die bescheidene Kirche. «Wahrhaftig, ich sehe keinen Grund, warum es [das Geschenk der Bibelübersetzung] jemandem anderem als dir gegeben werden sollte. Denn was sollte man denen noch geben, die alles haben, und denen von allen alles gegeben wird? Aber dies hier, das wohl ebenso viel wert ist und noch mehr als aller weltliche Besitz und Reichtum, gehört dir, arme kleine Kirche, der man – ach – leider eher etwas wegnimmt als schenkt. Und die du so aller Güter beraubt bist, so dünn, so verschmachtet und abgezehrt bist, dass dir nur das Wort bleibt. Wahrhaftig, es bleibt dir nur das Wort! Das Wort aber, meine ich, der Wahrheit und des Lebens, das Wort Gottes, das ewig bleibt.»[34] Was Olivetan hier ausführt, ist im Grunde das von Calvin im ersten Vorwort («Privilegia») angeschlagene Thema der reformatorischen Bescheidenheit, nun ekklesiologisch gewendet: Reformation als Akt der Bescheidenheit, als Ruf zur Bescheidenheit. Man wird nicht an der historischen Wahrheit vorbeizielen, wenn man in diesem Text ein Erbe der spätmittelalterlichen Imitatio-Christi-Haltung erkennt. Die *devotio moderna* wirkte bekanntlich gerade im vorreformatorischen Elsass stark nach. Dabei kann man wohl an den Einfluss Capitos auf Olivetan denken, der sicher über den in Strassburg erhaltenen Hebräischunterricht weit hinausging.[35] Auch dieses Vorwort ist ein deutlicher Hinweis auf eine oft vergessene Dimension der Reformation, nämlich Reformation als spätmittelalterliche Bussbewegung: Mensch, werde endlich bescheiden! Bescheidenheit ist deine Zier! Dabei geht es nicht um irgendeine Mickrig-

---

[34] Olivétans, Traducteur, 170f: «Et certes, je ne voyais raison aucune, pourquoi il se dût donner à autre qu'à toi. Car que voudrait-on donner à ceux qui ont tout, et auxquels tout de tous se donne. Or ceci qui vaut bien autant et plus que le tout des chevances (profits) et richesses mondaines, est pour toi pauvrette église à qui – las – on ôte plustôt qu'on ne donne, et qui es tellement dessaisie de tous biens, qui es tant mince, affadie, et amaigrie, qu'il ne te reste que la parole. Vraiment il ne te reste que la parole. La parole (dis-je) de Vérité et de Vie, la parole de Dieu laquelle demeure éternellement.»

[35] Vgl. Kapitel III: « Wolfgang Fabricius Capitos reformatorische Eigenart»; ferner G. W. *Locher*: Der Berner Synodus als reformierte Bekenntnisschrift, in: Der Berner Synodus von 1535, Bd. 2, Studien und Abhandlungen, Neukirchen 1988, 22 ff.

keit, sondern um die einzige Haltung, die menschlich und ekklesiologisch unter einer biblischen Verheissung steht. Darum endet Olivetans Text mit dem Hinweis auf den ‹Schriftgrund› Lk 12,32: «Fürchte dich nicht, du kleine Herde, denn es hat eurem Vater gefallen, euch das Reich zu geben.» Reformation nicht als Erfindung der Langsamkeit, sondern der Bescheidenheit. Die Hugenotten, auf die ja die Olivetanbibel letztlich hinführt, werden das später beispielhaft und historisch effektiv durchspielen (müssen) in den nun kommenden Jahrhunderten der Unbescheidenheit. So trägt eine hugenottische Abendmahlsmarke, ein so genanntes ‹mereau›, gerade eine künstlerisch eindrückliche Darstellung der von Olivetan als abschliessenden Schriftgrund verwendeten Bibelstelle.[36]

Olivetan fasst in der Schlusssequenz seines Vorworts auf knappem Raum alle wesentlichen Gedanken zusammen:

a) Ein traditionelles Vorwort wäre nichts als falscher Gehorsam, also falsche Bescheidenheit dem arroganten Brauch und Zeitgeist gegenüber.[37]

b) Der Name dessen, der spricht, «l'Éternel», stellt alles an seinen richtigen Ort: Er selbst muss die aufnahmefähigen Herzen, die er will, schaffen und er tut es auch. Der Augustinismus, der unterschwellig die ganze Reformation bis hin zum französischen Jansenismus färbt, prägt auch diesen Text und die ganze Olivetanbibel, indem das Vorwort der kleinen, bescheidenen Kirche versichert, dass es Gottes Wille ist, sie in Kleinheit und Armut zu erhalten: «Da quod vis et jube quod des.»[38]

c) Das letzte Wort dieses Olivetantextes wird sicher nur mit einem Schmunzeln auf den Stockzähnen richtig verstanden. Der Text ist dem Olivetan nämlich als Vorwort doch recht lang geraten. Es leitet zurück zu den historischen Gegebenheiten und Überraschungen bei der Entstehung der Olivetanbibel vor allem im Winter 1534/35 in den Alpen: «Je te eusse escrit plus amplement: mays tu voys ici le destroict [manque, Mangel] ou je suis de papier et d'autres choses.»[39]

---

[36] Eine Sammlung solcher ‹Münzen› findet sich im eindrücklichen Musée du Désert, Mas Soubeyran, Anduze, France, Salle ‹Antoine Court›.

[37] Olivétan, traducteur, 176: «De te faire plus de préface, que le titre et face du livre ne porte (comme aussi le requérait icelle arrogante Coutume) j'estime que ce ne serait pas seulement labeur superflu, mais aussi témérité.»

[38] A. *Augustin*: De spiritu et litera, Kap. 22; Olivétan, Traducteur, 176: «Car le nom de celui qui parle ici […] est de telle autorité, qu'il n'y a oreille qui ne doive être attentive …»

[39] Olivétan, Traducteur, 176.

2.3. Zum dritten Vorwort: «Apologie du Translateur»

Aus dem dritten Vorwort konnte die bisherige Forschung weitgehend ihr historisches Wissen zur Entstehung der Olivetanbibel entnehmen.[40] Wir lernen hier die Westschweizer Reformatoren vor Calvin kennen, aber auch Leute wie den Dichter und einstigen Sekretär der Königin Margarete von Navarra, Bonaventura des Périers, und andere, die an der Entstehung der Bibel Olivetans regen Anteil nahmen.

Olivetan gibt seinen Mitreformatoren und den Lesern überhaupt Rechenschaft über die Schwierigkeiten bei der Entstehung der französischen Bibel. Er nennt die Hilfen, die er beiziehen konnte; er nennt sprachliche Probleme, die sich ihm stellten. Da ist nicht zuletzt die französische Orthografie, die ihm, da sie ja um 1530 noch sehr in der Schwebe und im Fluss war, schwere Entscheidungen abverlangte. Wer ist imstande und spricht da ein Machtwort? Die einen halten sich an ein altertümlich lateinisch tönendes Französisch; andere modernisieren. Olivetan klagt: «Ung chascun estime son orthographe estre la plus seure» [Sp. 10 Mitte]. Olivetans Ausführungen machen auf Schritt und Tritt deutlich, dass seine Arbeit von grossem Interesse für die Entwicklung der französischen Sprache ist und bleibt, aber auch, dass er bei seinem philologischen Handwerk immer wieder mit den sensibelsten theologischen Fragen seiner Zeit und überhaupt konfrontiert wird. Das Tetragram z. B. will er nicht wie die Juden behandeln, also es schweigend in Ehrfurcht übergehen, sondern er fragt nach seinem Ursprung: «Ich habe es nach seinem Ursprung ausgedrückt (und zwar so nahe wie es mir nur möglich war) durch das Wort: der Ewige. Denn Jawh kommt von *Hwa*, was bedeutet: ‹ist›. Nun gibt es doch nur ihn, der wirklich im Sein ist und macht, dass alle Dinge ‹sind›. Und das erklärt er selbst, indem er sagt: Ich bin der ich bin (Ex 3,[14]); und in der Johannes Apokalypse heisst es von ihm: ‹Er der war, der ist und der sein wird› (Apk 1,[8]).»[41]

---

40 Vgl. D. *Lortsch*, op. zit., ferner G. *Casalis* und B. *Roussel*: «Olivétan – Traducteur de la Bible» und vor allem der Aufsatz von D. *Barthélemy*: «Celui qui fit passer la Bible d'hébreu en français: Olivétan», in: Société biblique suisse 1986, 18–29.

41 Apologie du translateur, Sp. 8 m: «Je lay exprime selon son origine (au plus pres quil ma este possible) par ce mot /Eternel. Car Jehovah vient de qui vault a dire que (Est). Or nya il que luy qui vrayement soit en estre/et face toute

Olivetan nennt endlich die Grundschwierigkeit der ganzen Arbeit: Wie bringt man eine Krähe, nämlich das Französisch um 1530, dazu, so zu singen wie die Nachtigallen, nämlich Griechisch und Hebräisch?[42]

Neben all diesen Themen und Tönen beherrscht aber doch ein anderer als Cantus firmus die olivetansche Apologie seines Werkes und seiner Person. Wir könnten den Ton eigentlich erraten, errechnen. Wenn sein eigentliches Vorwort den reformatorischen Kirchenbegriff zum Inhalt hat, den er der katholischen *ecclesia triumphans* entgegensetzt und darum von der kleinen Herde, der unscheinbaren Braut Christi spricht, so muss der Cantus firmus der Apologie sich jetzt als Lob und Ziel der Bescheidenheit entpuppen. Der kleinen Herde der reformatorischen Kirche entspricht der bescheidene Mensch. Nach geleisteter Arbeit in den Alpen sagt Olivetan seinen Freunden: «Ich schäme mich nicht, wie die Witwe im Evangelium, meine kleinen Papiere vor euch zu bringen wie einen Koffer, der meine ganze Substanz ausmacht.»[43] Die markinisch/lukanische Witwe mit ihrem Scherflein ist sein theologisches Überich. In paulinischer Ekklesiologie ausgedrückt, nennt er sich in der Apologie «die kleine Zehe am Leib Christi»[44]. Die Reformatoren Farel und Viret, die ihn zum Werk angetrieben hatten, hätten es sicher besser gemacht, sagt er. Aber da täuscht sich Olivetan. Gerade durch seine ironische Bescheidenheit drückt er der Bibel der französischen Reformation den Stempel auf, der sie zur vollmächtigen Prophetin der evangelischen Botschaft macht: Nicht am begabten Menschen, nicht am geistesmächtigen Reformator, nicht am arrivierten Kirchenmann oder sonst an grossen Leuten misst und bewährt sich die Reformation, sondern daran, dass an diesem Buch klar wird: «L'Éternel parle.»

Der Standpunkt der Bescheidenheit legitimiert und befähigt die Crew der Olivetanbibel erst, mit den ersten Hörern des Ewigen, mit den Juden, in einen Dialog zu treten, ihnen die Bruderhand zu reichen, aber auch, sie

---

chose estre. Ce que luy mesme explique quand il dit: Je suis qui suis. Et Jehan Apocalyp.1. qui estoit/qui est/et qui sera.»

42 Apologie du translateur, Sp. 1 unten: «Veu aussi quil est autant difficile (comme vous scavez) de pouvoir bien faire parler a leloquence Ebraicque et Grecque/le languaige Francoys (lequel nest que barbarie au regard dicelles) si que lon vouloit enseigner le doulx rossignol a chanter le chant du corbeau enroue.»

43 Apologie du translateur, Sp. 11 unten: «Ainsi donc [...] ie nay point honte (comme la vefue Evangelique [Mk 12,42]) davoir apporte devant voz yeulx mes deux petis quadrins en valeur dune maille/qui est toute ma substance.»

44 Apologie du translateur, Sp. 2 Mitte.

an den Ort zu rufen, wo die junge Reformation steht, nämlich unter die Gnade und das Gericht der Erkenntnis: «L'Éternel parle.» «Hört ihr Himmel/und du Erde leih dein Ohr, denn der Ewige spricht.» Das *Sch^e^ma Israel* in der jesajanischen Fassung verbindet alle, die hören können, und stiftet die Gemeinde der Hörenden aus dem Alten und dem Neuen Testament. Ich glaube, damit ist bereits das Wesentliche angetönt, das nun zum neuen Vorwort, es ist das vierte der Olivetanbibel, zu sagen ist: Juden und Christen sind, wenn sie sich recht verstehen, die Hörenden des einen ewigen Wortes. «L'Éternel parle.» Bevor wir in die Details dieses einzigartigen Textes eintreten, wird uns ein kurzer Blick auf das fünfte Vorwort den bisherigen Duktus bestätigen.

2.4. Zum fünften Vorwort: des Périers und Calvin in der Olivetanbibel

Das Gedicht, das Bonaventura des Périers[45] zur Olivetanbibel beisteuert, erinnert an französisch-humanistische Spielereien, die die Reformleute in Frankreich von Rabelais bis Calvin um 1530 zusammenhält und charakterisiert. Es enthält gewiss nicht die volle Substanz, wohl aber den äussern Anblick, die *forma*, der französischen Reformbewegung, die mit zur Entstehung der französischen Reformation führte: ein Humanismus, der einen ersten Schritt tut, aber dann nicht unbedingt sicher weiterschreitet. So fehlt es dem lateinischen Gedicht, das in versteckter Form den ‹Translateur› und Sprachschöpfer Olivetan preist, nicht an Humor und französischer Leichtigkeit des Seins. Umgekehrt wird der menschlich sehr schwierige und komplexe Frühhumanist von Olivetan als Freund bezeichnet. Hier der Text des Gedichtes:[46]

1 Plus nimio quondam rerum studiosa novarum,
Eloquii dives Gallica lingua fuit.

[45] Vgl. zu Bonaventura des Périers die eindringliche Studie und Würdigung durch Josef *Bohatec*: Budé und Calvin – Studien zur Gedankenwelt des französischen Frühhumanismus, Graz 1950, 179–214. Das Gedicht von des Périers aus der Olivetanbibel wird dort nicht erwähnt.

[46] Die Nummerierung der Strophen stammt von mir. Im Blick auf die Übersetzung des Gedichtes verdanke ich einige Hilfe und Hinweise meinem Wuppertaler Kollegen von der Kirchlichen Hochschule, Herrn Dozent Wilhelm Köhler. Die deutsche Übersetzung ist als Verstehenshilfe gedacht und beansprucht nicht, eine völlig abgerundete und definitive Wiedergabe des Gedichtes zu bieten.

2 Tot sibi librorum cum scripserit agmina, (mirum est)
Raro, vel numquam, Biblia sacra refert.

3 Vana refert: Domini spernens oracula vatum,
Seria futilibus posthabet illa jocis.

4 Ridiculas autem, Christo revocante, jocandi
Optabit tandem ponere blanditias.

5 Blanditias sed nacta novas, monimenta salutis,
En habet, et fidei pignora certa suae.

6 Religionis habet nunc pura fluenta beatae,
Trita sur Ausonio quae latuere luto.

7 Viderat ante suas haec Gallica lingua sorores
Scribere veracis verba retecta Dei.

8 Otia cum captat, tandem perfusa recenti
Luce Dei, voluit tam pia facta sequi.

9 Immo jam sequitur non inferiore loquendi
Utilitate, eadem quotquot in orbe ferunt,

10 En igitur faxis, gens Gallica, cordis apertas
Trajiciant aures, quae tua lingua canit.

11 Accipe, volve diu noctuque volumina sancta,
Non sine sollicito versa lobore tibi.

12 Vana decent vanos. Tu non ignota recantes.
Sat, tua (cum potis es) non aliena colas.

13 Ad Candidum Lectorem.
Quisquis es, o Lector, primores carminis hujus
Tu ne sperne notas. Qui tibi vertit, is est.

Und hier seine deutsche Übersetzung:

1 Das Mass überschreitend und eloquent war bisher
die französische Sprache bemüht um neue Dinge.

2 Doch so viele Bände sie auch füllte, selten
oder nie lag ihr an der Heiligen Schrift.

3 Um Nichtiges sich kümmernd und die Worte
göttlicher Propheten verachtend, setzte sie ernsthafte Dinge
den Lächerlichkeiten hintan.

4 Unter dem Widerspruch Christi hegt sie
schliesslich den Wunsch nach lächerlichen Schmeicheleien.

5 Und siehe, hat sie das erreicht, hält sie es
für Denkmäler des Heils und sichere Pfande des Glaubens.

6 Jetzt allerdings hat sie den klaren Fluss der Religion,
der im lateinischen Sumpf versickert war, entdeckt.

7 Wie ihre Schwestern zuvor hat die französische Sprache
nun die geoffenbarten Worte des wahrhaftigen Gottes vernommen.

8 Als sie sich endlich Zeit nahm, wollte sie, übergossen
vom neuen Licht Gottes, den frommen Taten Folge leisten.

9 Ja, schon folgt zum nicht geringen Nutzen der Sprache
eben das, was in der Welt heute sich zuträgt.

10 Siehe darum, französisches Volk, wenn du daran gehst,
wird man offene Ohren finden, dafür, was deine Sprache singt.

11 Nimms an, und wälze Tag und Nacht die heiligen Bücher;
nicht ohne grosse Mühe sind sie jetzt für dich übersetzt.

12 Nutzloses ziemt sich für Nichtsnutze.
Du aber sollst das allzu Bekannte widerrufen.
Genug, kümmere dich, wenn du kannst, um das Deinige
und nicht um Fremdes.

13 Dem geneigten Leser:
Wer du auch seiest, o Leser, beachte wohl die
Anfangsbuchstaben dieses Gedichtes. Er ist es,
der dir die Sache übersetzt hat.

Es wäre allerdings zu einfach, im Gedicht von des Périers nur frühhumanistische Spielerei zu finden. Näher betrachtet bietet das Gedicht neben dem Spiel eine scharfe Analyse der Zeit, ein Aufdecken ihrer Krankheit und einen vollmächtigen Heilungsvorschlag. Ein Liebhaber, mehr noch, ein Spezialist der Sprache spricht. Er ist im Latein der gelehrten Zeitgenossen so gut zu Hause wie im werdenden Französisch, im Français moyen des frühen 16. Jahrhunderts. Er stellt fest: Die Sprache der Zeit ist zum Geschwätz geworden: «Um Nichtiges sich kümmernd [...] setzt sie ernsthafte Dinge den Lächerlichkeiten hintan.» (3) Schlimmer noch, mit den *vana* des Zeitgeistes verwechselt sie rasch die Gabe des Himmels, das Heil. Die Sprache wird zur Lüge: «Und siehe, hat sie das erreicht, hält sie es für Denkmäler des Heils und sichere Pfande des Glaubens.» (5)

Aber jetzt meldet sich im Gedicht das reformatorische *nunc*, das mit der Titelseite der Olivetanbibel gegeben ist, «l'Éternel *parle*». «Wo Gefahr ist, da wächset das Rettende auch.» «Jetzt allerdings hat sie [die französische Sprache] den klaren Fluss der Religion, der im lateinischen Sumpf versickert war, entdeckt.» (6) Wiederum kehrt einer dem Sumpf (luto) der Zeit den Rücken. Mit dem ‹Ausonio› ist die ganze spätmittelalterlich-lateinisch-römische Denkart bezeichnet. Ganz ähnlich wird Calvin Jahre später in seinem ‹Bekehrungsbericht› den Vorgang umschreiben.[47] ‹Lutus›, ‹Sumpf›, heisst die Krankheit der Zeit; es ist eine Krankheit zum Tode. Das, was aber in der Zeit heute, *nunc*, sich zuträgt, die Heilung von der Krankheit, heisst Reformation. «Ja, schon folgt zum nicht gerin-

[47] CO 31,21: «Ac primo quidem, quum superstitionibus papatus magis pertinaciter addictus essem, quam ut facile esset *e tam profundo luto* me extrahi, animum meum, qui pro aetate nimis obduruerat, subita conversione ad docilitatem subegit.» (Vorwort zum Psalmenkommentar 1557).

gen Nutzen der Sprache eben das, was in der Welt heute sich zuträgt.» (9) Was Reformation ist, liegt nicht einfach auf der Hand. Damals nicht und heute auch nicht. Des Périers versucht, das Geheimnis der Reformation dichterisch zu umschreiben und zu erfassen:

1. Sie ist ein Sprachereignis: «Als sie [die französische Sprache] sich endlich Zeit nahm, wollte sie, übergossen vom neuen Licht Gottes, den frommen Taten Folge leisten. Ja, schon folgt zum nicht geringen Nutzen der Sprache eben das, was in der Welt heute sich zuträgt.» (8 und 9)

2. Sie ist der Übergang vom Sumpf der spätmittelalterlichen lateinischen Sprechweise zum klaren Wasser der werdenden französischen Volkssprache, die von allen verstanden wird.

3. Sie ist der Schritt vom Nutzlosen, Nichtigen, vom allzu bekannten Unwesen der Zeit, das vom Schummrigen, Unklaren lebt, zur Klarheit im neu geoffenbarten Licht Gottes.

4. Sie ist der Schritt vom Fremden (z. B. Römischen) zum Eigenen. Es wird jedem, der den Schritt tut klar: *Tua res agitur.* «Nutzloses ziemt sich für Nichtsnutze [z. B. Mönche]. Du aber sollst das allzu Bekannte widerrufen. Genug, kümmere dich, wenn du kannst, um das Deinige und nicht um Fremdes.» (12)

Endlich schliesst das Gedicht mit einem Wort an den geneigten Leser und erinnert uns daran, dass wir in Frankreich um 1534 noch an den Anfängen der Reformation stehen, dort, wo sie sich bewusst wird, dass sie einerseits nicht einfach identisch ist mit dem beschwingten Humanismus der Zeit, andererseits sich aber auch gerne dieser Verwandtschaft erinnert. Zurück aus dem Sumpf zu den klaren Quellen, ist ja beider, des Humanismus und der Reformation, Devise.

Die humorvolle Leichtigkeit, wir könnten auch sagen Schwierigkeit, den Schöpfer der französischen Bibel von 1535, eben Olivetan, zu identifizieren, wie das in diesem Gedicht geschieht, relativiert darum auch den Ernst der Zeit, löst bisherige Verkrampfungen und ermöglicht somit, dass in einer reformatorischen Bibel – soweit ich sehe in der einzigen und auch nur in ihrer ersten Edition – ein Vorwort an die Juden stehen kann. Damit relativiert es auch das Christentum zur Konfession, d. h. dann zu einer Religion unter anderen, ohne der Wahrheitsfrage zu nahe zu treten. So gilt auch von dem tragischen und komplexen des Périers, der zuletzt als Bekämpfer der Reformation und in Verzweiflung enden sollte, mit Hölderlin: «Was bleibet, stiften die Dichter.»

Hunderte Seiten später,[48] als Vorwort zum Neuen Testament, steht nun, in ganz anderem Ton gehalten, ein weiterer Text. Er stammt aus der Feder Calvins unter der Überschrift: «Epitre a tous amateurs de Jesus Christ et de son Evangile. Salut.» Dieser Text ist, im Unterschied zu den vorher erwähnten, schon mehrfach behandelt und analysiert worden.[49] Calvin bringt in diesem Vorwort eigentlich bereits einen theologischen Entwurf zur Reformation vor der Abfassung der *Institutio* 1535/36. Er betont die Bedeutung Jesu Christi für den christlichen Glauben, obwohl er seinerseits hier schon, eventuell in den Spuren von Zwingli und Bullinger, die Einheit des Bundes vertritt, ein Thema, das ihn auch später stets beschäftigen wird.[50] Ebenso sehr legt Calvin viel Gewicht auf ein figurales, typologisches Verständnis des Alten Testamentes: Legt er den Juden Christus als Messias im Alten Testament, aber auch den «Liebhabern Jesu Christi» das Alte Testament in Christus nahe? Eine neue Analyse dieses sehr schönen Textes[51] unter der Fragestellung nach den Kontexten in der Olivetanbibel, und natürlich besonders sein Verhältnis zum vierten Vorwort ist nötig, kann hier aber nicht geleistet werden.[52]

Immerhin sei so viel gesagt: Eine genaue Lektüre des Calvinvorwortes zum Neuen Testament zeigt deutliche Bezüge zu den ersten drei Vorworten der Olivetanbibel, die sich an der unumgänglichen Bescheidenheit christlicher Existenz wie an einem Leitfaden ausrichten: Die nötige Bescheidenheit der Obrigkeit (Vorwort 1), die kleine Herde (Vorwort 2),

---

48 Die Seiten oder Blätter der Olivetanbibel sind nicht nummeriert. Paginierte Textausgaben bieten: CO 9,787–822; Calvin Studienausgabe 1,1, Neukirchen 1994, 27–57 (Bearbeiter: E. *Saxer*), dort (32) Hinweis auf weitere Textausgaben in modernisiertem Französisch; ferner: Jean *Calvin*: Œuvres choisies, Edition présenté, établie et annotée par Olivier Millet, Editions Gallimard 1995, 25–56. Wir zitieren hier nach der Edition von Olivier Millet.

49 Zuletzt in der entsprechenden Einführung zur Calvin Studienausgabe 1,1, 1994, von E. *Saxer*. Einen gehaltvollen Kommentar liefert auch J. *Quack*: Evangelische Bibelvorreden von der Reformation bis zur Aufklärung, Quellen und Forschungen zur Reformationsgeschichte, Bd. XLIII, Heidelberg 1975, 94–112.

50 Vgl. *Calvin* Inst II 10,2 (1539).

51 Vgl. E. *Saxer*: Calvin Studienausgabe 1.1,32: «Die Vorrede [A tous amateurs de Jesus Christ] könnte ihn in einem etwas anderen Licht zeigen – nicht als den unerbittlichen Theologen, Polemiker und ‹Kirchenfürsten›, sondern als den sehnsuchtsvoll dem Gottesreich Entgegenschauenden, der Calvin immer geblieben ist.»

52 Vgl. unten 214 ff.

der «petit Translateur» von Vorwort 3. Die schwungvolle Zusammenarbeit zwischen Olivetan und Calvin klingt auch im Vorwort zum Neuen Testament nach. Calvin nimmt die Argumentation Olivetans auf und verschärft sie. Gegenüber den päpstlichen Theologen, die die Bibel nicht in der Hand des Volkes wissen wollen, lautet Olivetans Hauptargument: Gott hat allen Menschen seinen Geist verheissen. Calvin geht darüber hinaus, greift die romtreuen Gegner persönlich an und beschuldigt sie des Hochmuts, ja der Gotteslästerung.[53] Mit anderen Worten: Ohne den Gedanken der Bescheidenheit, der spätmittelalterlichen Imitatio-Frömmigkeit, aufzugeben, bekommt die Olivetanbibel mit Calvins Beiträgen nun ihren Biss und ihren reformatorischen Impetus, der in spätere Jahre des Reformationsgeschehens weist. Auch die Olivetanbibel wird oft in Frankreich mit ihren Besitzern auf dem Scheiterhaufen enden.

Die Olivetanbibel hat bekanntlich im Genf Calvins bald einmal viel korrigierende Weiterarbeit erfahren, und es ist aus ihr die Genferbibel geworden. Das schöne, aber unhandliche Format des Folianten musste einem kleineren, besser versteckbaren Buch weichen. Die Vorworte fielen weg. Es blieb eigentlich nur eines, nämlich das Calvins zum Neuen Testament, jetzt unter einer neuen Überschrift an den Anfang der ganzen Bibel gestellt. Hiess es 1535: «Epitre a tous amateurs de Jesus Christ et de son Evangile. Salut», so brauchte jetzt Calvin, bei nur geringer Veränderung im Korpus des Textes, die neue Überschrift: «Epitre aux fideles montrant comment Christ est la fin de la Loi.» Die Geschichte der Genferbibel ist trotz den Arbeiten von Lortsch noch nicht geschrieben. Sie kann hier auch nicht geboten werden. Es sei nur auf einen der ersten Schritte hingewiesen:

1543 (im Jahr von Luthers Schrift «Wider die Juden und ihre Lügen»!) erweiterte Calvin sein Bibelvorwort von Christus als dem «fin de la Loi», mit dem Zusatz: «Jean Calvin au lecteur».[54] Er schreibt, wenn er jetzt, gewissermassen frisch von der Leber weg ein Vorwort zur französischen Bibel schriebe, dann würde er drei Punkte ausführen, die er jetzt nur eben erwähnen wolle:

---

[53] Vgl. *Quack*, 108, Anm. 107. Diesen Gesamteindruck ruft aber m. E. stärker das erste Vorwort «Privilegia» hervor als das Vorwort zum Neuen Testament.

[54] Vgl. *Calvin*: Œuvres choisies, Edition d'Olivier Millet, Gallimard 1995. 51–56. Vgl. auch unten Anm. 164.

a) Die Bibel ist der eigentliche Schatz der Kirche. Sie bietet einen unermesslichen Profit. Sie ist das Licht unseres Fusses, die Lampe, die uns leuchtet, mitten in den Finsternissen dieser Welt.

b) Er würde ferner ausführen wie der Leser die Bibel lesen soll, um zu seinem *profit* zu kommen. Er würde darauf hinweisen, dass jede Anmassung, jeder Dünkel aufzugeben sei, «pour s'abaisser à une humilité et petitesse telle que Dieu la requiert en ses disciples»[55]. Das kommt uns natürlich bekannt vor, denn drittens würde Calvin in seinem ausführlichen Vorwort jetzt als Hauptpunkt schreiben:

c) «Was die Übersetzung der Bibel ins Französische betrifft, so denken wir an Maître Pierre Robert, also an Olivetan! Er war zu seiner Lebzeit ein treuer Diener der Kirche. Jetzt, nach seinem Hinschied, tragen ihn alle in bester Erinnerung, denn er hat sich so gemüht, dass seine Arbeit höchstes Lob verdient, und es gibt niemanden, der ein vernünftiges Urteil hat, der ihm dieses Lob nicht spenden möchte.»[56] Calvin erwähnt dann die Schwächen der Olivetanbibel, die aber vollständig erklärbar sind und dem einstigen Eifer Olivetans nicht im geringsten Abbruch tut. Sechs Jahre müsste eine Gruppe von Fachleuten arbeiten, um das zu vollbringen, was Olivetan im Jahr 1534 in den Alpen vollständig allein geleistet hat. Solch ein Lob spendet der grosse Calvin dem früh verstorbenen Olivetan.

So ist die Olivetanbibel ein bedeutendes Dokument für die Anfänge der Reformation in Frankreich, für deren Geist und Tendenz. Sie ist aber auch ein Dokument einer schönen und bedeutenden Freundschaft zweier junger Reformatoren, ein Dokument reformatorischer Humanitas.

[55] Ebd. 53.
[56] Ebd. 54.

3. «V. F. C. a nostre allie et confedere le peuple de lalliance de Sinai. Salut.» Das vierte Vorwort der Olivetanbibel im Kontext der übrigen Vorworte

3.1. Zur bisherigen Forschung

Edouard Reuss (1803–1892), ein Mitherausgeber der Calvini Opera (CO),[57] bezeichnete 1865 den Text, dem wir uns jetzt stellen, als konfus und schwer zu analysieren. Es könne sich keinesfalls um einen Calvintext handeln, «denn er ist nicht würdig seiner Feder»[58]. Droz sagt, dass der gelehrte Theologe Reuss zu diesem Urteil gekommen sei, weil er sich ohne eigentliche Kompetenz auf das Feld der Sprachwissenschaft begeben habe. Das kann sein; ich selber vermute, dass dieses Fehlurteil zusammenhängt mit der allgemeinen antisemitischen Stimmung, die die zweite Hälfte des 19. Jahrhunderts prägte[59] und die es Reuss verunmöglichte, Sensibilität für die Bedeutung dieses einzigartigen Textes zu entwickeln. Ich vermute ferner, dass Reuss im Zeitalter des ungebrochenen, angeblich undogmatischen theologischen Liberalismus für die theologischen Inhalte des Textes nicht die nötige Aufmerksamkeit und das nötige Verständnis aufbrachte und darum den Text konfus fand. Der Text ist alles andere als konfus, sondern klar aufgebaut, theologisch gehaltvoll und wäre ohne weiteres der Feder Calvins würdig, wie wir gleich sehen werden.

Nach dem Verdikt von Reuss blieb der Text in der Forschung eigentlich bis nach dem Holocaust unbeachtet. Von 1960 endlich datiert der kenntnisreiche, aber theologisch noch nicht befriedigende Aufsatz der Historikerin Eugénie Droz (1893–1976), «Jean Calvin à Bâle».[60] Droz kommt

[57] Vgl. E. *Droz*: Chemins de l'hérésie, Genève 1970, I,108, Anm. 24.

[58] Vgl. E. *Droz,* Chemins I,109, dort Hinweis auf E. *Reuss*, Fragments littéraires et critiques relatifs à l'histoire de la Bible française, in: Revue de Théologie de Strasbourg, 1865, 217–252 und 1866, 1–2.

[59] Vgl. Friedrich *Battenberg*: «Die Entstehung des modernen Antisemitimus», in: Das europäische Zeitalter der Juden, Teilband II, Darmstadt 1990, 175–207.

[60] E. *Droz*, Chemins, I, 89–130. Vorher hat immerhin schon *Lortsch*, Histoire de la Bible française, 114, das Vorwort der Olivetanbibel an die Juden erwähnt und ganz kurz bewertet. Er sagt, es wolle zeigen, «que Jésus est le Messie»; man finde darin «l'amour des âmes, l'esprit missionaire. Ce morceau est le premier de ce genre que l'on trouve dans la littérature protestante.»

zu ganz anderen Schlüssen als Reuss. Für sie kommt dem Text ein Ehrenplatz in einer nächsten Calvinausgabe zu. Droz geht rein historisch vor. Sie sieht den jungen Calvin in Basel zu Füssen des grossen Hebraisten Sebastian Münster, der Calvin, lateinisch sprechend, mit dem Hebräischen vertraut macht und ihn auch auf das Werk Reuchlins, «De verbo mirifico», aus der Generation zuvor, gewiesen hat. Die Schrift Reuchlins ist unterdessen am Oberrhein auch deutsch zugänglich unter dem Titel «Tütsch missiv warum die Juden so lange im Elend sind»[61].

Droz will sogar direkte formale Abhängigkeiten Calvins von diesem Reuchlintext feststellen, indem hüben und drüben hebräische Leitworte und Begriffe hebräisch zitiert und dann lateinisch (in unserem Text von 1535 französisch) erklärt werden. Das ist zwar alles äusserst interessant, aber nicht einfach zwingend, so sehr oder so wenig wie ihre Entschlüsselung der Initialen V. F. C. am Eingang des Vorwortes an die Juden in der Olivetanbibel als: ‹Votre Frère Calvin›[62].

Droz geht dann doch noch auch auf den Inhalt des Judenvorwortes ein. Einen Aufbau des Textes sucht sie nicht zu finden, doch sie erwähnt die jüdische Befreiungsgeschichte: die Herausführung aus Ägypten, dann die Unfähigkeit, das Gesetz zu erfüllen, endlich den Messias aus dem Geschlecht Davids im Neuen Testament, wohin doch das Alte Testament führe. E. Droz weist eine beachtliche Sensibilität für die historische Bedeutung dieses Textes auf, zumal sie nach dem Holocaust lebte. Als Historikerin will sie sich nicht mit Theologie befassen.[63] Vielleicht wäre das aber nötig, um einem Vorwort zur Bibel auch historisch gerecht zu werden.

Den Durchbruch zu einem adäquaten Verständnis des Vorwortes an die Juden schaffte erst Gottfried Wilhelm Locher (1911–1996) mit einem 1966 in den USA gehaltenen Votum: «Calvin spricht zu den Juden.»[64] Allerdings übernimmt er kritiklos von E. Droz die Entschlüsselung von V. F. C. als ‹Viret. Farel. Calvin›, was ihm harsche Kritik von B. Roussel

61 Vgl. E. *Droz*, Chemins I, 113 f.
62 E. *Droz*, Chemins I,108.
63 Vgl. ebd. 111. Sie sagt angesichts von A. *Ganoczys* grosser Studie «Le jeune Calvin», Wiesbaden 1966, von ihrer eigenen historisch wertvollen Studie: «Il n'est pas question de théologie.»
64 G. W. *Locher*: Calvin spricht zu den Juden, ThZ 23 Basel 1967, 180–196.

einbrachte[65] und den Durchbruchswert des Aufsatzes etwas schmälerte. Zudem ist Lochers Aufsatz, auch abgesehen von diesen historischen Grundfragen, nicht ganz problemlos, zumal er nur kurz und plakativ auf das Vorwort eingeht, die übrigen Vorworte der Olivetanbibel unbeachtet lässt und damit den Sitz im Leben des Textes nicht bedenkt. Kurz, Lochers Aufsatz ist wertvoll, stösst ahnungsvoll eine Tür auf, aber gerät dann doch zu knapp. Ich versuche also, dem locherschen Durchbruch gerecht zu werden, aber in der Beachtung des ganzen Textes, seiner Einzelheiten und historischen Gegebenheiten genauer hinzusehen.

In seinem Aufsatz von sechzehn Seiten geht Locher über vier Seiten auf den Text des Judenvorwortes ein. Das ist wertvoll, weil jetzt endlich der Inhalt des Vorwortes, d. h. wenigstens einige Gesichtspunkte, zur Geltung kommt. Einleuchtend weist er darauf hin, dass, während im Luthertum die Formel ‹Gesetz und Evangelium› einen positiven Zugang zu den Juden fast verunmöglicht, der vorliegende Text an die Juden nicht mit diesem Schema arbeitet, sondern mit den Hinweisen auf den Fall des Menschen, das Gesetz, Gottes Bundeszuwendung, Regeneratio und auf den Heiligen Geist, also einen deutlich reformierten oder gar calvinischen Aufriss gebraucht. Gemeinreformatorisch ist nach Locher besonders der innere Kampf des Glaubenden, den er bei Luther, Calvin und den Juden gleichermassen findet. «Calvin weiss um den inneren Kampf des Glaubenden, den Zweifel an Reinheit und Kraft des eigenen Glaubens, und ist überzeugt: Der Jude kennt ihn auch. […] Auf dem Weg dieses Eingehens auf die Hingabe, den Ernst und die Trauer des frommen Juden in seinem Exil gelangen Calvin und seine Freunde in nüchternen französischen Sätzen zu einer Beschreibung der inneren Anfechtung des Glaubens, die den erschütterndsten Zeugnissen Luthers gleichkommt, um nicht mehr zu sagen.»[66]

Das ist also der Durchbruch zu einem richtigen, vertieften Verständnis dieses wenig beachteten Textes aus der Frühzeit der Reformation im französischen Sprachbereich. Er erscheint aber in Lochers Behandlung etwas

---

[65] Vgl. B. *Roussel*: François Lambert, Pierre Caroli, Guillaume Farel … et Jean Calvin 1530–1536, in: Calvinus Servus Christi, Referate des Internationalen Kongresses für Calvinforschung in Debrecen 1986, hrsg. von W. H. *Neuser*, Budapest 1988, 35–52.

[66] G. W. *Locher*: Calvin spricht zu den Juden, ThZ, 1967, 191.

entstellt von der modernen Faszination am Zweifel, dem eher ein Castellio als ein Calvin und auch nicht ein Luther zu Gevatter standen.[67]

Der Aufsatz Lochers hat bei all seiner neuartigen Qualität seine Grenzen: Einmal verzichtet auch Locher, wie noch E. Droz, darauf, den Text von 1535 zuerst in seinem Aufbau zu erfassen und dann eine wirkliche Analyse vorzulegen. Sein Zugriff auf den Text erscheint dadurch recht zufällig. Dann kümmert sich Locher kaum um den Sitz im Leben dieses Textes und auch nicht um die Situierung gegenüber den verschiedenen Vorworten. Hat er sich überhaupt um eine sachgemässe Übersetzung aus dem Französischen des frühen 16. Jahrhunderts bemüht? Der Hinweis auf einen nicht-theologischen Kollegen aus der Romanistik vermag mich nicht zu beruhigen.[68] Endlich übernimmt Locher kritiklos eine Reihe von unbewiesenen Annahmen zu diesem Text, z. B. der Text sei stilistisch schlecht, was überhaupt nicht stimmt. Jeden Leser, der mit dem Französisch des 16. Jahrhunderts vertraut ist, überrascht und erfreut die Lebendigkeit dieses Textes. Oder der Text sei ungelenk, zumal er vom *jungen* Calvin stamme, was wiederum nicht bewiesen ist, zudem sind die anderen Texte vom gleichen jungen Calvin stilistisch meisterhaft. Kurz, soweit Locher den allgemeinen reformatorischen Horizont dieses Vorwortes im Auge hat, ist seine Arbeit erhellend und umsichtig. Sie ist sensibel für die Bedeutung dieses Textes im Blick auf eine Israeltheologie der Reformation. So ist sie für uns heute wichtig und hilfreich. Als Dokument zum Verständnis der französischen Frühreformation oder gar als Beitrag zum Problem ‹der junge Calvin› bleibt Lochers Aufsatz dagegen marginal.

3.2. Der Aufbau des Vorwortes

Der Druck des Textes erfolgte 1535 noch in gotischer Schrift. Kurz darauf erschienen die meisten Texte in den besser lesbaren, romanischen Lettern. Wahrscheinlich hat auch dieser Wechsel die Verkaufbarkeit der Olivetanbibel eingeschränkt. Unser Vorwort ist ohne eine Einteilung gedruckt, enthält aber viele Unterabschnitte. Eine genaue Lektüre lässt, entgegen der traditionellen Meinung, er sei konfus, erkennen, dass der Text zwei

---

67 Der Titel eines Hauptwerkes von *Castellio* in diesem Zusammenhang lautet: «De arte dubitandi»! Das ist natürlich weder Luthers noch Calvins Thema und Fragestellung.

68 Vielleicht kannte Locher die englische Übersetzung von M. *Sweetland Laver*, vgl. unten Literaturverzeichnis.

Hauptteile hat und diese, streng parallel, je drei Unterteile aufweisen. Damit lässt sich der Text folgendermassen gliedern:

Erster Teil (p. 1 oben bis p. 2, Zeile 10 von unten)[69]
a) Die *Gottesfurcht* entspringt der Befreiungstat Gottes und verbindet Juden und Christen. Grundtexte sind Ps 111 und 112. Bilanz: «Daher erwähnen die Schriften oft die Befreiung der Kinder Israels aus der Knechtschaft Ägyptens, damit die lebhafte Erinnerung an dieses grösste Gnadengeschenk sie zu einer starken Liebe zu Gott entflamme.»[70] (P. 1, Zeilen 1–22)

b) Die *Anthropologie* ist bestimmt vom *Jezer ha ra*, vom bösen Trieb, und der findet sich wiederum bei Juden und Christen. Grundtext ist Gen 3. Bilanz: «Das Verderben der Sünde liegt offen zu Tage durch diesen unversöhnbaren Krieg, der im Menschen tobt.»[71] (P. 1 oben bis p. 1, Zeile 5 von unten)

c) *Emuna* wird verstanden als Weg des Gesetzes. Überfordert sind sogar Mose und Abraham. Bilanz: «Welche Hoffnung auf Heil bleibt uns da noch, wenn uns sogar seine gnädigen und freimütigen Verheissungen erschrecken?»[72] Der Weg des Gesetzes steht für Juden und Christen zur Diskussion. Seine Aporien auch. (P. 1, Zeile 4 von unten bis p. 2, Zeile 11 von unten)

Zweiter Teil (p. 2, Zeile 10 von unten bis p. 3 Schluss)
a) Eine neue *Befreiung* im Opfer Christi stiftet einen neuen Opferdienst, der aber, genau gesehen, der alte ist (p. 2, Zeile 10 von unten bis p. 3,

[69] Die Stellenangaben p. 1–3 beziehen sich auf die Textkopie des Textes in der Olivetanbibel. Eine moderne französische Fassung des Textes existiert nicht. Wir modernisieren in den folgenden Zitaten den Text leicht unter Auflösung der gothischen Abkürzungen. Der Originaltext findet sich abgedruckt im Anhang 2, 238–243.

[70] P. 1 oben: «Parquoy les escriptures font souvent mention de la delifrance des enfants de Jsrael de la servitude de Egypte: affin que la vive memoire des tresgrands benefices les enflamme a une grande amour envers Dieu.»

[71] P. 1 Mitte: «La corruption de peche est apparante par cette guerre irreconciliable, qui est dedans lhomme.»

[72] P. 2 unten: «Quelle esperance de salut nous reste il donc si meme les gratuitez et liberalles promesses nous espouantent?»

Zeile 12 von oben). Das Reich des Messias ist zukünftig (Maleachi) und im Geiste schon gegenwärtig als ‹vernünftiger Gottesdienst› (Röm 12). Bilanz: «Weil der Gesalbte des Herrn über ein ewiges Königreich verfügt, hat er auch eine ewige Erlösung gefunden.»[73] (Thema ist hier eigentlich die Einheit der Testamente, «le double Testament», das Neue Testament im Alten Testament und umgekehrt).

b) Hier wird die *neue Anthropologie* als Christologie, genauer *als Werk Christi* (p. 3, Zeile 13) bezeichnet: Hinter der reformatorischen Rechtfertigungsbotschaft steht die Frage nach dem Verhältnis von *emuna* und *pistis*. Die Rechtfertigung gereicht dem Menschen zum Trost und nicht zum (konfessionellen) Rechthaben. Grundtext ist Röm 9–11. Bilanz: «Es ist doch einfach nötig, dass er zu seinem Kommen und seiner glücklichen Ankunft uns ein besseres Herz schenkt und mit seiner Freigiebigkeit dem vollen Glauben Raum verschafft.»[74]

c) Glaube als *emuna* hüben und als *pistis* drüben, wobei *die emuna als integraler Teil der pistis* erscheint (p. 3 Mitte bis Schluss): «Dennoch bleibt das Gesetz, soweit es nämlich zur Substanz des Bundes gehört.»[75] Dabei gibt es aber eine Bedrohung des Glaubens bei Juden und Christen durch die Existenz von glaubensverfälschender Tradition: «Auch sollten sie sich nicht so sehr auf ihren Talmud und die Rabbinen verlassen, wodurch sie wie die Türken durch den Koran und die Christenheit ohne Christus durch die [kirchlichen] Konstitutionen und Dekrete oft gehindert werden, zum wahren Licht und zur wahren Einsicht zu kommen.»[76]

Soweit der Aufriss und die Gliederung des Vorwortes. Es wird schon bei diesem ersten Blick auf den Text klar, dass da Juden und Christen gegen-

---

[73] P. 3, Zeile 1: «Le Messiah du Seigneur par ce quil a le Royaume eternel aussi a il trouve leternelle redemption.»

[74] P. 3 Mitte: «Il est donc necessaire que a son entree et heureuse bienvenue il donne meilleur coeur, et baille par sa liberalite la pleine foy, laquelle nostre nature qui est incredule na point.»

[75] P. 3 Mitte: «Toutesfoys la loy reste encore, quante a ce qui appartient a la substance de lalliance.»

[76] P. 3, Zeilen 7f von unten: «... et ne se fiant point si asseurement a leur Thalmud et Rabbins par lesquellez (comme les Turcz par Alcoran, et la Chrestiente sans Christ par les constitutions et decretz) sont souvent retardez de venir a la vraye lumiere et intelligence.»

seitig verschränkt durch das Alte und das Neue Testament verbunden und unauflöslich zusammengehalten sind und so in einem höchst lebhaften und existenziellen Dialog stehen. Kein Ton von Überheblichkeit oder Vorwürfen ist da zu hören, sondern ein freundschaftliches Gespräch, das die Partner unter dem verbindlichen und verbindenden Anruf von Jes 1,2 weiss: «Escoutez [...] car Leternel parle.»

3.3. Gottesfurcht und Gotteserkenntnis

Verbundenheit

Auf dem dunkeln Hintergrund der Erfahrungen des Judentums in Europa im Mittelalter und im Spätmittelalter (Spanien, Portugal!), wie sie uns Friedrich Battenberg in Erinnerung ruft,[77] erscheint unser Text von 1535 ohne Einschränkung wie ein neuer, herrlicher Tag, ja, wie ein friedlicher Sonnenaufgang: «V. F. C. an das mit uns verbundene und konföderierte Volk vom Sinaibund geht unser Gruss.» Der Text ist in der Folge eine einzige Auslegung ebendieses Grusses. «Wir beten, du mögest zur wahren Erkenntnis des Herrn unseres Gottes gelangen, freundlicher und liebenswerter Leser, der du von Herzen den Herrn fürchtest, denn du bist uns nahe und mit uns in Gott auf einzigartige Weise verbunden, weil du in der Furcht Gottes stehst.»[78] Die Verbundenheit von Christen und Juden wird festgestellt, freudig begrüsst und dann mit Bildern und Vorstellungsmustern aus den Ps 111 und 112 umschrieben. Diese Psalmen loben das zuverlässige Grundgeschehen des Bundes; die Hinwendung Gottes zum Volk und seinen Menschen wird da gefeiert und nicht zuletzt im Gottesdienst erlebt.[79] Dabei ist der springende Punkt unseres Textes nicht einfach die Haltung Israels nach diesen Psalmen, etwa nach Ps 111,10 («Der Anfang der Weisheit ist die Furcht des Herrn»), sondern die gemeinsame

---

[77] Vgl. F. *Battenberg*: Das Europäische Zeitalter der Juden, Darmstadt 1990, Teilband I, bes. 123–165: «Das spätmittelalterliche Judentum in Mittel- und Westeuropa.»

[78] P. 1 oben: «Nous prions que tu aye la vraye congnoissance du Seigneur Dieu et de sa parolle, gratieuy et amiable lecteur, quiconque de coeur crains le Seigneur. Car tu nous es prochain et aucunement conioinct a nous en Dieu, pource que tu as la crainte diceluy.»

[79] Vgl. H.-J. *Kraus*: Biblischer Kommentar, Band XV/2, Psalmen Neukirchen 1960,769, zu Ps 111: «... dieser Psalm verherrlicht das zuverlässige Grundgeschehen des Bundes und die fortwährende Heilstreue Jahwes in Geschichte und Gottesdienst.»

Haltung Israels und der Leute um die Olivetanbibel, also von Olivetan, Calvin, den die Bibel bezahlenden Waldensern sowie der kleinen Herde überhaupt, die mit dieser Bibel leben (und sterben!) wird. Die Gottesfurcht und die Erkenntnis des Herrn, die unser Text im Judentum feststellt, ist ja inhaltlich identisch mit dem, was der Genfer Katechismus zwei Jahre später als Ziel des Menschenlebens überhaupt angibt: Gott erkennen und ihn in Furcht und Liebe anbeten.[80] Juden und Christen sind gemäss dem vierten Vorwort der Olivetanbibel genau darin verbunden.

Begründung der Verbundenheit
Die gemeinsame Verbundenheit wird allerdings noch weiter qualifiziert. Das zeigt ihre Umschreibung und Begründung, wie sie am Schluss des ersten Teiles erscheint. «Daher erwähnen die Schriften oft die Befreiung der Kinder Israels aus der Knechtschaft Ägyptens, damit die lebhafte Erinnerung an dieses grösste Gnadengeschenk sie zu einer sehr starken Liebe zu Gott entflamme.»[81] Die Befreiungstradition, und damit die Erwählungstradition, ist der Boden, auf dem Israel und mit ihm die Christenheit steht. Wenn ein Gnadengeschenk sie einigt, dann diese Gabe der Befreiung, der Freiheit. So wird hier die Wirklichkeit der Psalmen 111 und 112 interpretiert und verwendet. Freiheit ist Herausführung aus der Knechtschaft. Man erkennt die Neuheit und Wichtigkeit dieser Psalmeninterpretation erst, wenn man daneben Luthers Relativierung der ‹vive memoire›, des Gedächtnisses, stellt. Luther sieht, Ps 111 exegesierend, das Gedächtnis von Ostern als Überwindung von Tod und Teufel als das eigentliche Wunder, also den Psalm individualisierend, existenzialisierend. Dagegen, führt er aus, sind die alten Wunder nicht zu vergleichen. «Denn sie sind kaum Fürbilder oder Zeichen gegen diese rechten Wunder.»[82] Unser Text dagegen hütet sich, solche Relativierungen, die dann schliesslich zu zwei Bünden, dem alten und dem neuen führen, geltend zu machen. Sie würden

[80] Vgl. *Calvin*, OS I 378, Genfer Katechismus 1537: Wir Menschen «sind alle auf das Ziel hin erschaffen worden, die Herrlichkeit unseres Schöpfers zu erkennen und, indem wir sie erkennen, ihn über alles zu verehren und in aller Furcht, Liebe und Ehrerbietung anzubeten».

[81] P. 1 oben: «Parquoy les escriptures font souvent mention de la delifrance des enfans de Jsrael de la servitude de Egypte: affin que la vive memoire des tresgrans benefices les enflamme a une grande amour envers Dieu.»

[82] Vgl. H.-J. *Kraus*: Biblischer Kommentar AT, Neukirchen 1960, Bd. XV/2,769 1960, zu *Luther*, WA 31,1.412.

nicht nur das Gespräch mit den Juden verunmöglichen, sondern auch die Glaubenserfahrung, man möchte sagen ihre politische Dimension, des Olivetankreises verfehlen. Es wäre interessant, hier das lutherische und das reformierte Verständnis von ‹memoria› auf diesem Hintergrund des Gespräches mit den Juden zu sichten.[83]

Fleisch und Geist

Es gibt auch in unserem Text für das Verständnis der Psalmen einen Schnitt, eine nötige Unterscheidung, aber nicht die von alten und neuen Wundern wie bei Luther. Der Massstab für die Verbundenheit von Juden und Christen und für das Verständnis der Begründung dieser Verbundenheit in der Befreiungstradition ist die Unterscheidung von Fleisch und Geist. Ob die Gottesfurcht und -erkenntnis, von der die Psalmen 110 und 111 sprechen, echt, integer sind, entscheidet sich an der Unterscheidung von Fleisch und Geist. Unser Text formuliert das Problem so: «Es könnte einer sagen, dass wir menschlicherseits schon ein ungeteiltes Wollen haben, durch das Werk das Gesetz Gottes zu erfüllen, und den Willen, das Böse zu fliehen und das Gute zu tun.»[84] Was wäre einem Juden im banal christlich-mittelalterlichen Verständnis des Judentums zu antworten? Keinesfalls: Ihr Juden denkt eben so mit eurer Werkgerechtigkeit, oder das Alte Testament denkt so und das Neue Testament eben nicht. Nein, sondern hier ist mit Olivetan *cum suis* Juden und Christen verbindend mit der Unterscheidung von Fleisch und Geist zu antworten («Sag neu», vom Bund im Neuen Testament, «weil er im Geiste bestand haben soll», heisst es später).[85] «Nun also, es ist doch klar, dass es nicht im Menschen liegt [dass es ihm unmöglich ist], sich in keiner Weise auf menschliche Dinge zu richten, nicht einmal im Gottesdienst. Denn es ist nie so, dass das Fleisch nicht sich selbst sucht. Der Geist allein aber hat Acht darauf, was dem anderen dient, und müht sich um die göttlichen Dinge und das gewiss

---

[83] Ansätze dazu bei B. *Klappert*: Erwählung und Rechtfertigung, in: H. *Kremers* (Hg): Die Juden und Martin Luther – Martin Luther und die Juden, Neukirchen 1985, bes. 384 f. Der innerprotestantische Disput um Gesetz und Evangelium, dessen Relevanz Klappert im Blick auf das Verhältnis Juden – Christen richtigerweise unterstreicht, hat auch Folgen für das beiderseitig verschiedene Verständnis der Abendmahlstexte.

[84] P. 1 oben: «… si quelquun nayme mieulx dire que nous avons humainement ung entier vouloir daccomplir par oeuvre la loy de Dieu et volunte de fuyr le mal et faire le bien.»

[85] P. 2 unten, vgl. unten Anm. 126.

nicht, um viel Lärm davon zu machen, wie es bei den Heuchlern der Brauch ist, die ihre Werke vollbringen, um von den Menschen gesehen zu werden. Sie haben allerdings ihren Lohn dahin [nach Mt 6,2].»[86]

Unser Text entlastet also den jüdischen Gesprächspartner gerade von der gängigen antijüdischen Anklage der Selbstüberschätzung. Der Jude ist nicht der fleischbestimmte Mensch, obschon er, wie die Christen auch, in der Versuchung des Fleisches steht. Recht verstanden ist der Mensch des Alten Testaments der geistige Mensch, ausgestattet mit einer unsterblichen Seele, wie der Mensch im Neuen Testament – und, unausgesprochen, mit Konsequenzen für alle Menschen überhaupt. Sein Zeichen ist: «Unser Nächster vom Sinaibund fürchtet Gott und tut nichts um eiteln Ruhmes willen, er hat also in sich den Willen, die Gebote [Weisungen] zu halten vor dem Herrn. Dieser Wille entspringt der Wertschätzung Gottes ...»[87] Gewiss mag es in einer so umschriebenen geistgeschenkten Gottesfurcht und -erkenntnis, die Juden und Christen «nahe zusammenführt» und «verbindet in einzigartiger», eben geistiger Weise, Stufen geben. Der Heilige Geist ist ja kein Gleichmacher. Darum kann unser Text sagen: «Wer eine solche [Gottes-] Furcht hat [sie ist nach Ps 111 der Anfang der Weisheit], mag vielleicht das volle Licht der Welt, nämlich die Erkenntnis Christi als des Gesalbten Gottes, noch nicht erhalten haben, aber ganz sicher ist seine Seele voll des geheimen göttlichen Samens, und das ist das Wort Gottes im Fleisch; wenn man nicht lieber sagen will, dass wir darum schon menschlicherseits ein ungeteiltes Wollen haben, durch das Werk das Gesetz Gottes zu erfüllen, und den [daraus geistgewirkt schlichten] Willen, das Böse zu fliehen und das Gute zu tun.»[88] Gerade der jüdische

---

86 P. 1 oben: «Or qui est celuy qui ne sache quil nest pas en lhomme de non se attendre aucunement au iour humain, mesme en la besongne du Seigneur: Car iamais nadvient que la chair ne se cherche. Mais ung seul esperit considere ce qui est utile aux autres, et sempesche aux choses divines, non certes pour conquester bon bruyt, comme ont de coustume les hypocrites, qui font leurs œuvres pour estre veuz des hommes aussi ont ilz receu leur loyer.»

87 P. 1 oben: «Mais cestuy nostre prochain craingnant Dieu qui ne faict rien pour vaine gloire, ains contient en soy la volonte daccomplir les commandemens devant le Seigneur. Laquelle volonte (qui est appellee des Ebrieux ... Hephez) provient de dilection de Dieu.»

88 P. 1 oben: «Qui est lhomme bien advise qui ose estimer celuy vivre comme sans Dieu et sans Christ en ce monde qui a une telle crainte, ia soit [bien que] quil nayt point encore receu la claire lumiere du monde cest adire la congoissance de Christ le Messiah du Seigneur? Certes son ame est pleine de secrette semence de Dieu laquelle est la parolle de Dieu en chair: si quelquun nayme

Mensch steht ja unter der Wirkung des grössten Gottesgeschenkes, nämlich der Befreiung der Kinder Israels aus Ägypten, oder wie es unser Text gleich zu Beginn nennt: «Das Wort Gottes im Fleisch.»[89] Die Ausführungen des Vorwortes stehen auf dem Hintergrund der Paulusrenaissance im Spätmittelalter, und diese ist eine Auswirkung von Augustins Schrift «De Spiritu et Littera».[90] Noch wichtiger allerdings scheint es mir, die Wurzeln dieser Juden und Christen verbindenden Gedanken beim Propheten Hosea zu erkennen, welche am Schluss des Vorwortes explizit genannt werden: Liebe und Erkenntnis Gottes als Gaben des Geistes im Sinaibund.[91]

3.4. Die Erkenntnis des Menschen. Anthropologie

Das ‹negative› reformatorische Menschenbild

Unser Text ist nicht nur ein Vorwort zur Bibel, sondern eine reformatorische Dogmatik in nuce. Welcher geneigte Leser dächte nicht, nach der eingangs erwähnten Gotteserkenntnis als des erwählenden Befreiers, nun da vom Menschen gehandelt wird, an den ersten Satz der *Institutio* 1536 (den Calvin vielleicht zu diesem Zeitpunkt schon zu Papier gebracht hatte): «Die Summe der heiligen Lehre umfasst offenbar diese beiden Teile: Die Erkenntnis Gottes und die Selbsterkenntnis.»[92] Der Abschnitt 1b enthält das in grosser Kompetenz, aber auch in erstaunlicher Dichte gehaltene, oft beklagte so genannte negative reformatorische Menschenbild. Dabei sind zwei Beobachtungen vorweg bedeutsam: Einmal betont der Text die Wichtigkeit für den Dialog mit den Juden, das negative Menschenbild voll aus dem Alten Testament zu erheben. Zweitens ist für unseren Text dieses negative reformatorische Menschenbild nicht der Ausdruck eines grundsätzlichen Pessimismus, sondern eine Frucht des biblischen Realismus, der um das Negative weiss, aber auch das Positive

mieulx dire que nous avons humainement ung entier vouloir daccomlir par oeuvre la loy de Dieu et la volunte de fuyr le mal et faire le bien.»

89 P. 1 oben; vgl. Anm. 86.

90 Vgl. z. B. *Augustin*: De spiritu et littera, Sendschreiben aus dem Jahr 412 an den hohen römischen Beamten Marcellinus, Kap. XXX, gewissermassen mit dem ‹reformatorischen› Hauptthema: Die Gnade hebt den freien Willen nicht auf, sondern richtet ihn vielmehr geradezu auf.

91 Hos 6,6, vgl. p. 3 Mitte: «Jay voulu misericorde et non sacrifice, et la sience de Dieu plus que les holocaustes.»

92 Der Satz figuriert 1536 als Einleitung zur *Institutio*, er wird in den folgenden Ausgaben der *Instituio* 1539–1559 thematisch breit ausgeführt.

nicht übergeht. Er sucht aber das Positive nicht hochmütig im Menschen, sondern demütig in Gott. «Angesichts dessen also, dass wir von unserer Natur aus böse sind, ist das Gute, das durch uns geschieht, Gabe Gottes und entspringt nicht der Tugend oder der Macht des Menschen.»[93] Reformation bedeutet nicht anthropologische Miesmacherei, sondern existenzielle Selbsterkenntnis des Menschen unter Gottes Gericht und Gnade.

Anthropologische Traditionen

Der Text kann sein Menschenbild mit verschiedenen Traditionen stützen. Der Mensch sucht statt Gott immer sich selbst, denn er ist ja nach Luther, der in mehrfacher Weise in die Vorgeschichte dieses Vorwortes gehört,[94] der *homo incurvatus in se*. Mit Luther zusammen bejaht unser Text ebenso die augustinische Sicht des menschlichen *amor sui*. Ja, er kann sogar auf heidnische Stimmen hören, sagt doch Seneca, ähnlich wie Paulus: «Alle sind schlecht, aber einige sind noch schlechter als die anderen.»[95] Der springende Punkt dieser Traditionsreihe liegt aber darin, dass dieses Menschenbild Christen und Juden verbindet. «Diesen Schmutzfleck müssen wir unserem Urvater Adam anrechnen.»[96] Gerade die Bibel der Juden weiss diesen Schmutzfleck zu illustrieren: «Weil aber schlechte Denkart und üble Vorstellungen (was die Hebräer *Jezer ha ra*, den bösen Trieb nennen) dem Menschen immer Gesellschaft leisten, ist es unmöglich, dass der, der stets damit beschäftigt ist, die Gunst Gottes für sich selbst zu erwerben, nicht doch einfach sich selbst sucht.»[97] Der böse Trieb

---

93 P. 1 oben: «... veu donc que de nostre nature nous sommes mauvais, le bien qui se faict par nous est don de Dieu, non la vertu ou puyssance de lhomme.»

94 Vgl. *Luther*: Dass J. Christus ein geborener Jude sei. 1523. Dazu H. A. *Oberman*: «Die Juden als Wegweiser zur Reformation», in: Wurzeln des Antisemitismus, Tübingen 1981, 135–143.

95 P. 2 oben: «Dont il [Seneca] estime nul homme estre bon: mais bien entre les hommes aucuns estre pires que les autres.» Vgl. *Seneca*: De clementia, par III, IV 1,6.3: «Peccavimus omnes, alii gravia, alii leviora; [...] nec deliquimus tantum, sed usque ad extremum aevi delinquemus.» In: L. Annaeus Seneca: Philosophische Schriften, Lateinisch und Deutsch, Fünfter Band, 41; übersetzt von Manfred Rosenbach, Wissenschaftliche Buchgesellschaft Darmstadt, 1989. Bekanntlich bildet Senecas Schrift «De Clementia» den Grundtext für Calvins «iuristische Dissertation», Paris 1531. Der vom Vorwort der Olivetanbibel erwähnte Senecatext liesse sich ev. noch genauer belegen.

96 P. 1 Mitte: «Cette tache devons nous imputer a nostre premier pere Adam.»

97 P. 1 oben: «Mais pource que mauvaise penser et mauvaise imagination (lesquelles les Ebrieux appellent Jezer hara) tiennent tousiours compaignie a

leistet dem Menschen immer Gesellschaft, sei es in stets neuem Fall, sei es im steten Versuch, den Fall zu verstecken.[98]

Seelenlehre

Wir können dem Text aber noch mehr Farbe verleihen und gerade in diesen anthropologischen Passagen seinem Proprium als Vorwort der Olivetanbibel noch näher kommen. Neben den allgemein reformatorisch-augustinischen Aussagen bringt der Text eine knappe Seelenlehre anhand der Ausführungen zu Adam.

Dabei muss ein Dreifaches zur Kenntnis genommen werden: Einmal ist der Mensch Fleisch, d. h. tierähnlich, sterblich, dem Niederen nicht nur zugewandt, sondern selbst auch dieser Sphäre angehörig. Zweitens ist da eine unsterbliche Seele. Sie gehört als solche nicht automatisch zur höheren Sphäre, denn sie ist schwach und ist von ihrer Natur her den Dingen des Fleisches zugeneigt. Der Text sagt nicht, sie sei eigentlich Fleisch, aber die Tendenz zu dieser Seelensicht ist da. Unsterblich ist die Seele nur als Schöpfung Gottes. Ihre Unsterblichkeit macht sie aber nicht automatisch göttlich. Sie kann sich ohne weiteres verfehlen. Drittens ist da noch – man möchte fast sagen, der Text denkt, ‹zum Glück› – der Geist Gottes, als Lenker und Führer der Kinder Gottes. Ist der im Menschen anwesend, dann wird die Seele ein Licht genannt: «Das Licht Gottes, dieses ist die Seele des Menschen, andernfalls ist die Seele nur Finsternis und Unwissenheit.»[99]

Woher diese Seelenlehre? Sie weist natürlich einerseits auf Gen 2f zurück, ist aber damit keinesfalls identisch. Stark schimmert auch die neutestamentliche Trichotomie ‹Leib – Seele – Geist› durch. Daneben aber erinnert der ganze Abschnitt an Calvins Frühschrift «Psychopannychia». Offensichtlich wird ihr Thema und auch ihr Inhalt hier weitgehend übernommen. Jedoch schliesst sich Calvin enger an Gen 2f an und arbeitet in seiner Seelenlehre ausdrücklich mit der Gottebenbildlichkeit,[100] die

---

lhomme: il nest pas possible que cestuy qui sest du tout addonne a preparrer a soy la faveur de Dieu, quil ne cherche encore soymesme.»

[98] Der Text nennt weitere Bibelstellen für den ‹bösen Trieb›: Gen 6,5 und Gen 8,21.

[99] P. 1 Mitte: «La lampe de Dieu, cest lame de lhomme, autrement lame ce nest que tenebres et ignorance.»

[100] Vgl. Francis M. *Higman*: Calvin et l'imago Dei (1996); vgl. auch in der Sammlung seiner Aufsätze, Lire et Découvrir – La circulation des idées au temps de

in unserem Vorwort nicht expressis verbis genannt wird. So liest sich der Text stellenweise wie eine Korrektur, Vereinfachung und Systematisierung der calvinischen «Psychopannychia». Diese, von Calvin mehrfach überarbeitet, ist in ihrer Frühfassung (von 1534) sehr verwirrlich, gerade was ihr Seelenverständnis anbelangt. Wir gehen wohl nicht fehl in der Annahme, dass sich hier Calvin und Olivetan treffen, zumal, wie wir wissen, Olivetan zu den ersten Lesern und Kritikern von Calvins «Psychopannychia» gehört. Beide Texte sind sich also, wie ihre Verfasser, verwandt.[101] Augenfällig ist in dieser Passage der platonisch-augustinische Einfluss auf die beiden jungen Franzosen, die zum Kreis der Margarete von Navarra gehören.[102] Der Text versteht unter Sünde das Verfallensein an die Konkupiszenz im augustinischen Sinn. Adam «erkannte die Nacktheit, d. h. die Hässlichkeit der Sünde, die in seinem Leibe herrschte durch die Begierde.» [Konkupiszenz][103] Man kann heute diese augustinische Interpretation der Sünde bedauern oder gar belächeln. Ich würde aber sagen, dass uns der Zustand der modernen Gesellschaft für die Ambiguität der Sexualität wieder sensibler machen dürfte. Wahrscheinlich waren Augustin in den letzten Tagen Roms und der Kreis um Faber Stapulensis am Ende des Mittelalters theologisch doch wenigstens so kompetent in der Beurteilung der Anthropologie wie wir heute nach der Verpsychologisierung des Menschen in der Gegenwart. Sehr calvinisch klingt dann wiederum der Abschnitt über die Wirkung des Fleisches auf die Seele: «Das Verderben der Sünde liegt offen zu Tage durch den unversöhnbaren Krieg, der im Menschen tobt. Denn das Fleisch bedrängt durch das ganze Leben hindurch den Geist und verbaut ihm den Weg, sodass ihm der Zugang

---

la Réforme, Préface de Jean-François Gilmont, Genève 1998, 663–673. F. Higman untersucht allerdings nicht die «Psychopannychia» Calvins, sondern arbeitet mit Calvins homiletischen Texten. Das Bild dieser beiden Quellen ist nicht voll identisch.

[101] Vgl. Brief Calvins an Pfr. Fabri zu Thonon, CO 10b,51f, (Nr. 29). Dieser Brief belegt den regen Austausch der schriftlichen Arbeiten zwischen Olivetan und Calvin in den Jahren 1534–1536.

[102] Zu Margarete von Navarra, der Schwester von Franz I., ihren Gedanken und ihrem Dichter- und Intellektuellenkreis vgl. J. *Bohatec*: Bude und Calvin, Studien zur Gedankenwelt des französischen Frühhumanismus, Graz 1950, 108f und 180; ferner, Jean-Luc *Déjean*: Marguerite de Navarre, Fayard 1987.

[103] P. 1 Mitte: «Il congnoit la nudite, cest a dire la villenie de peche regnant en son corps par concupiscence ... Hasegel.»

zum Herzen nicht offensteht. […] Auf diese Art belastet der verdorbene Leib die Seele nicht nur, sondern verwüstet sie ganz. Erst nach dem Tod weicht dann die Sünde vom Fleisch, wenn sie besiegt ist und die Seele frei wird von ihrem Gefängnis.»[104] Hier begegnet der Text ganz positiv der «Psychopannychia» Calvins, nimmt sie auf, schreibt sie weiter, wie es Calvin dann in den folgenden Jahren selber tut, wenn er in der *Institutio* die Gedanken aus der «Psychopannychia» abrundet oder in der Schrift gegen die Täufer 1543 erst richtig auf den Punkt bringt.[105]

Das alles, so wichtig es für das Timbre unseres Textes, für seinen Sitz im Leben des Olivetankreises ist, gehört zur Vorbereitung und nicht zum Scopus des ersten Teiles des Wortes an die Juden. Es handelt sich um Hinweise auf den vernünftigen Sinn der biblisch-augustinischen Anthropologie. «Die Vernunft aber, erleuchtet durch den Geist, bemüht sich um gute Dinge und kämpft gegen das Fleisch; sie hegt die Überzeugung, dass der Mensch nicht für sein verderbliches Fleisch unsterblich geschaffen ist, sondern vielmehr, dass das Fleisch für den Menschen geschaffen ist.»[106]

3.5. *Emuna* und der unversöhnbare Krieg im Menschen

‹Sünde, uns zur Natur geworden›
Erst hier nimmt der Text die traditionelle Debatte um Juden und Christen auf. Das Judentum besteht nicht einfach in der Adam-Sage der Genesis, obschon da Entscheidendes zur Natur des Menschen gesagt ist. Schon die Überschrift des Vorwortes erwähnt ja den Sinai, den Berg des Gesetzes. Und so tönt auch mitten in der Frage nach der Seelenstruktur des Menschen das eigentliche, traditionelle Judenthema an: «Im Gesetz waren für die Sühnung dieser Unwissenheit und Mängel ganz bestimmte Opfer

[104] P. 1 unten: «La corruption de peche est apparante par ceste guerre irreconciliable, qui est dedans lhomme. Car la chair est par toute la vie forclos lesprit et luy estouppe le chemin, que lentree au coeur ne luy soit ouverte […] De telle sorte le corps corrompu non seulement aggrave lame: mais aussi la deguaste. Tant seulement apres la mort peche se part de la chair, quand elle est aboli et lame delivree de sa prison.»

[105] Vgl. CO 5, 196,20 passim (Psychopannychia 1536–1542); ebenso in der Kurzfassung der «Psychopannychia» gegen die Täufer CO 7,111–139.

[106] P. 1 unten: «Raison illuminee par esprit sesforce a choses bonnes, et bataille contre la chair, et convainct que lhomme nest pas cree immortel, pour la viande corruptible: mais plus tost que la viande est cree pour lhomme.»

befohlen.»[107] Und noch deutlicher, kurz danach: «Das Verderben der Sünde liegt offen zu Tage durch diesen unversöhnlichen Krieg, der im Menschen tobt.»[108]

Der Text gibt in der Folge eine Umschreibung der Existenz des Menschen unter dem Gesetz. Dabei wird diese Existenz nicht einfach negativ in dunkeln Farben geschildert, auch wenn die Bilanz letztlich negativ ausfällt. Es handelt sich eben um einen Kampf in der Menschenbrust, um ein Ringen zwischen guten und schlechten Elementen. Dabei bekommt das Gute den Namen *emuna*, d. h. Glaubensgehorsam. Der geneigte Leser aber merkt bald, dass dieses Positive Juden und Christen verbindet. Glaubenskampf ist hüben und drüben nun einmal Glaubenskampf. Wir alle haben die gleiche Natur. Das ist für das Vorwort mit ein Grund gewesen, die Anthropologie der «Psychopannychia» recht breit aufzunehmen. Auch im Negativen sind wir gleich, denn «das Laster ist uns, ist dem Menschen, nämlich nicht nur zur Gewohnheit geworden, sondern zur Natur»[109]. Das dürfte doch, meint der Schreiber, hüben und drüben klar sein, denn es ist allgemein menschlich. «Höre doch in dieser Sache auf den Heiden Seneca, der im Altertum der grösste und entschiedenste Verfechter der Tugend war, den es je gab. Dieser gesteht, dass [im Menschen] wütende, gegensätzliche Gefühle herrschen und sich bekämpfen, auch wenn die Vernunft uns auf das Gute weist und von uns die Tugend erheischt. Daher nimmt er an, kein Mensch sei gut, aber unter den Menschen seien einige schlechter als andere.»[110]

Wie sieht nun der Weg des Gesetzes nach unserem Text aus und was taugt er? G. W. Locher erfasst in dieser traditionellen Frage eher intuitiv als in ausgeführter Interpretation diesen Aspekt des Vorwortes, wenn er unterstreicht, dass es für den Juden und den Christen klar ist, dass die Kenntnis

[107] P. 1 Mitte: «... dont en la loy estoient ordonnez pour les ignorances et defautes certains sacrifices.»

[108] P. 1 unten: «La corruption de peche est apparante par ceste guerre irreconciliable, qui est dedans lhomme.»

[109] P. 2 oben: «... le vice nest pas seulement tourne en coustume: mais en nature.»

[110] P. 2 oben: «Escoute a ce propos Senecque homme payen qui a este entre les anciens le plus grand et vehement recommandeur de vertu qui fut onc. Jceluy confesse que tresfurieuses affections repugnent, et resistent: ia soit que la raison nous induise et requiere de nous tout bien et vertu. Dont il estime nul homme estre bon: mais bien entre les hommes aucuns estre pieres que les autres.»

des Gesetzes nicht seine Erfüllung garantiert. Das «war und ist wider den Humanismus aller Jahrhunderte auch eine jüdische Erfahrung, über die man vom 4. Esra über das Mittelalter bis hin zu Martin Buber erschütternde Texte nachlesen kann.»[111] Leider verzichtet Locher hier auf nähere Angaben.

Auch im zweiten Schwerpunkt, den Locher setzt, weist er auf Wesentliches, doch treibt ihn eher die moderne Sensibilität für den Glaubenszweifel als die eigentliche historische Interpretation des Vorwortes, das er zudem sehr kühn und unvorsichtig einfach Calvin zuweist.[112] «Calvin weiss um den inneren Kampf des Glaubenden, den Zweifel an Reinheit und Kraft des eigenen Glaubens, und ist überzeugt: Der Jude kennt ihn auch.» Locher erwähnt dann den Gedanken des Vorwortes, dass auch die Verheissungen des Alten Testaments dem Gewissen keinen Frieden bringen (ohne Christus!) und schliesst: «Wir müssen hier unmittelbar anmerken: Wer als Christ in dieser Weise spricht, richtet die Worte nicht nur zum Juden hin, sondern in erster Linie gegen sich selbst.»[113] Locher hat, und das ist ein grosser Schritt in der Kenntnis reformatorischer Auslassung über die Juden, den ernsthaften Gesprächs- und Diskussionscharakter dieses Textes erkannt. Der Text spricht nicht über die Juden, wenn möglich noch von völlig falschen Vorstellung her, wie das leider auch im 16. Jahrhundert der Normalfall war, sondern er spricht mit ihnen von gleich zu gleich. Er kennt seinen Gesprächspartner und liebt ihn als Nächsten. Das ist ein Durchbruch.

Das jüdische Verständnis des Gesetzes

Dennoch muss, um der Sache gerecht zu werden, der Weg des Gesetzes, wie ihn das Vorwort sieht, historisch genauer erfasst werden, als Locher das tut. Gewiss bejaht das Vorwort zuerst einmal den reformatorischen, eigentlich den lutherischen *usus elenchticus* des Gesetzes, aber nicht tel quel, sondern als Bilanz eines vernünftigen Schlusses aus einer gemeinsamen Anthropologie. «Das, was schon an sich schlecht ist, kann nicht von sich aus gut gemacht werden, denn es kann sich ja nicht wandeln zu einer anderen Natur ...»[114] Also muss gelten, folgert das Vorwort: «Die

[111] G. W. *Locher*, Calvin spricht zu den Juden, 190.
[112] Zur Verfasserfrage vgl. unten Kap. VI.4.3.
[113] G. W. *Locher*, a. a. O. 191.
[114] P. 2 oben: «Maintenant ce qui est desia mauvais de soy, ne peust estre faict bon: car il ne se peust changer en autre nature et se faire autre quil est.»

Kenntnis des Gesetzes zeigt dem Menschen die Sünde an, d. h. seinen Unglauben, und das Vertrauen, das er auf die anderen Geschöpfe setzt, was ja nichts anderes ist als eine Verleugnung des einen Gottes. Es zeigt ihm auch seine Unbarmherzigkeit und die fehlende Liebe, die er dem Nächsten gegenüber an den Tag legt. Und das ist ja das Gegenteil von Liebe [...], was sich täglich durch Tatsachen und im Verhalten der Menschen bestätigt.»[115]

Auch die Ausflucht auf die grossen Heiligen, Abraham und Mose wird erwogen und verworfen: «Auch die heiligsten Gottesmenschen waren dem Unglauben nicht ganz enthoben, wenn ihnen Gefahren und Drohungen den Mut raubten; so hat Abraham verschwiegen, dass Sara seine Frau war, und Mose [scheiterte] in Meriba [...], wo sie [die Israeliten] schwer zu Fall kamen.»[116]

Dennoch wäre unser Vorwort falsch interpretiert mit der Annahme, hier solle nun offen oder unausgesprochen doch den Juden der Mund gestopft und sie sollten in ihrem Judebleiben der Starrköpfigkeit überführt werden, wie das sonst in den antijüdischen Schriften der Zeit üblich ist. Nein, Ton und Inhalt des Vorwortes klingen auch hier ganz anders. Der Weg des Gesetzes, der hier beschrieben wird, ist eigentlich gar nicht der Weg des Gesetzes. Der Weg des Gesetzes, der ins Verderben führt, ist der Weg Roms. Auch Calvin stellt 1538 das Judentum über das römische Verständnis des Christentums, welches nur noch dem Namen nach ein Christentum, im Übrigen aber völlig in Aberglauben versunken sei.[117] Der Weg des Gesetzes, das rechte Verständnis des jüdischen Glaubens, ist nach dem Vorwort der Weg der *emuna*, und diese wird im Vorwort an zentraler Stelle umschrieben wie die christliche *pistis*. «Also, kommen wir zum [...] Thema: Beachte und studiere das Gesetz Tag und Nacht und zuletzt wirst du einsehen und erkennen, dass Gott, der Allmächtige, *schaddai* (d. h. der in sich Seiende und umfassend über alle Dinge Ver-

[115] P. 2 oben: «Donc la congnoissance de la loy monstre le peche a lhomme, ascavoir son incredulite, et la fiance quil a aux creatures qui est le reniement du seul Dieu. Aussi luy monstre limmisericorde et fauste damour quil a envers son prochain qui est lopposite de charite.»

[116] P. 2 Mitte: «Mesmement les hommes de Dieu tressaintz nont pas totalement este exemptz dincredulite, ausquelz les perilz et dangiers ont rompu le courage comme Abraham qui dissimula que Sarah fust sa femme, et Moseh en Memeribah (cest eaues de lestrif) lesquelz sont lourdement tombez.»

[117] Vgl. *Calvin* an du Tillet, CO 10 b, 149: «Car l'idolatrie [bei den Juden] n'y est pas telle, ne les abominations tant horribles» [wie bei den Papisten!].

fügende), mit dir verbunden ist durch einen Bund und dir ganz gehört ...», dann wird die *emuna* umschrieben: «Der Glaubensgehorsam, *emuna*, ist eine feste Erkenntnis, dass unser Gott ein Gott ist, ein Gott allein und kein anderer neben ihm. Und von daher kommt und entspringt dann die grosse Liebe zu Gott ...»[118] Die *emuna* Israels – gleich wie die *pistis* der Christen, möchten wir hinzufügen – ist eine feste Erkenntnis, die die Werke und Taten des glaubenden Menschen aus sich heraussetzt, durch welche der Mensch hingegeben und bereit gemacht ist, Gottes Ruhm zu feiern und zu preisen, damit er alles aus der Hand Gottes empfange. Und das soll dankbar und fröhlich geschehen.

Es handelt sich nicht, noch nicht, um eine feste, oder gar schon verfestigte Bundestheologie, wohl aber um die Feststellung der je vorgängigen Zuneigung Gottes zum Menschen. Und diese Zuneigung, dieser ‹Bund›, ist unauflöslich, weil Gott Gott ist, d. h. der ewige. So ewig wie er, ist sein Bund. Diese «feste Erkenntnis» ist die Reformation (also das Judentum): «O blindes Herz, das nicht einsieht, dass nicht dadurch wahre Güte erlangt wird, indem man sich nach dem Gesetz bewegt und dessen Sache besorgt, wenn der Geist, der der Reformator der Herzen ist, fehlt.»[119]

An Stelle der dialogwidrigen lutherischen Formel von Gesetz und Evangelium betont unser Text den ständigen Akt der Heilsgeschichte gerade im jüdischen Weg des Gesetzes und weist hin auf das Wirken des Heiligen Geistes. Das Vorwort charakterisiert, zusammenfassend gesagt, den Weg des Gesetzes so: Das Gesetz wird begleitet und übertroffen von Verheissungen Gottes. Diese genügen aber bei allem Nutzen auch nicht vollständig. Sie rufen nach dem Verheisser selber, nach Gott, nach dem Heiligen Geist. Auch wenn dieses Konzept hier nicht festgeprägt erscheint, erinnert es doch stark an die Geistkonzeption des Berner Synodus von 1532, der weitgehend aus der Feder von Olivetans Hebräischleh-

[118] P. 2 oben: «Or venons a la presente matiere regarde et estudie a la loy iour et nuict a la parfin tu apprendras et congnoistras que Dieu [...] Sadai (cest a dire ayant et conprenant en soy suffisance de toutes choses) est conioinct a toy par alliance et est du tout tien [...] (Emunah de la foy) Qui est certaine congnoissance que nostre Dieu est ung seul Dieu, et nen ny a point dautre. Dont vient et procede ce grand amour de Dieu par lequel est satisfaict a ce commandement: Tu aymeras ton Dieu de tout ton coeur et de toutr ton ame etc. Deute 6.»

[119] P. 2 Mitte: «O coeur aveugle, qui ne vois pas icy, que on ne acquiert pas vray bonte de verser et vacquer a la loy, si lesperit qui est reformateur des coeurs est absent.»

rer W. F. Capito stammt. In diesem wichtigen Dokument der oberdeutschen Reformation wird der theologische Gedankengang von Capito umschrieben mit dem Begriff «der Gang der Gnade»[120]. Wir können es auch so sagen: Bilanz des ersten, stärker am Alten Testament orientierten Teils, lautet: Das Neue Testament ist voll enthalten im recht verstandenen Alten Testament. «Du [Jude] bist uns nahe und mit uns in Gott auf eine einzigartige Weise verbunden, weil du in der Furcht Gottes [also in der *emuna*] stehst.»[121]

3.6. Bund und Geist – Der zweite Teil des Vorwortes als judenmissionarischer Text?

Der Weg des Gesetzes führt bei aller Qualität des Gesetzes als Gottes- und Nächstenliebe an eine Grenze. Sie heisst, haben wir gesehen, Fleisch, *Jezer ha ra*, Ungehorsam, schlechtes Gewissen. Wir erinnern uns aber auch daran, dass im ersten Teil des Vorwortes, gewissermassen im alttestamentlichen Teil, das Gesetz durch die *emuna* gegenüber dem reformatorischen Gesetzesverständnis etwas verändert erschien, nämlich ohne das stetige Gegenüber zum römischen oder zum täuferischen Gesetzesverständnis. Überraschend am zweiten Teil des Vorwortes ist nun, dass zwar jetzt von etwas Neuem die Rede ist, z. B. «Der alte Bund hat immer im Blut von Tieren seinen Bestand gehabt, der Neue Bund besteht in einem neuen Blut.»[122] Erfolgt nun nicht einfach ein missionarischer Ruf, vom Alten zum Neuen zu schreiten? Schaut man näher hin, geht es dem Vorwort um ein differenzierendes Gespräch am alten Ort. «Kehren wir also um und gehen wir zum Mittler mit dem Volk am Berg.»[123] Dort aber, muss der Text feststellen, stiess auch Mose an seine Grenze. Auch er war vom Ungehorsam gekennzeichnet und so konnte der Bund Gottes, die Hinneigung Gottes zum Menschen nie wirklich Fuss fassen. «Aber immer

[120] Vgl. G. W. *Locher*: «Hans Georg vom Berg ‹Der Gang der Gnade. Leben und Lehre nach dem Berner Synodus›», in: Der Berner Synodus von 1532, Bd. 2: Studien und Abhandlungen, Neukirchen 1988, 118–149:

[121] P. 1 oben: «Car tu nous es prochain et aucunement conioinct a nous en Dieu, pource que tu as la crainte diceluy.»

[122] P. 2 unten: «Le Vieil Testament a tousiours consiste en sang de bestes, Le Nouveau consiste en nouveau sang.»

[123] P. 2 unten: «Retournons nous donc et recourons au mediateur avec le peuple entour [= à l'entour de] la montaigne.»

und bis jetzt haben die Verheissungen und die Bundesschlüsse Gottes nicht Bestand gehabt, weil die Pflichtvergessenheit des Menschen überhand genommen hat mit dem bösen Herzen, welches ja auch der Ursprung der Pflichtvergessenheit ist, worauf dann die Verheissungen nicht Wurzeln schlagen können.»[124] Der Bund wartet auf seine Erfüllung, um ganz vermittelt zu werden. Sie liegt aber vor, denn der Eingangssatz zum zweiten Teil führt ja so weiter: «Kehren wir also um und gehen wir zum Mittler mit dem Volk am Berg Sinai, zum Mittler, der voll und ganz den Bund erfüllt hat.»[125] Das Judenvorwort 1535 arbeitet im Gespräch zwischen Juden und Christen, man achte auf das betonte ‹wir› mit der Christologie des *einen* Gehorsamen. Er hat den Bund erfüllt, nicht ein neuer Gehorsam wird gefordert, sondern der alte wird erfüllt. Der neue Weg ist der alte Weg. Das klärende, das erklärende Wort, das Schlüsselwort dabei heisst ‹Geist›: «Gott hat den Neuen Bund verheissen, sag neu, weil er im Geist Bestand haben soll.»[126]

Es liegt jetzt natürlich der jüdische Gesprächseinwand in der Luft: Das alles ist Hoffnung, Zukunft, Eschatologie, der Messias wird es uns bringen! Und jetzt erst erklingt der ‹missionarische› Satz des Vorwortes, ‹missionarisch› in Anführungszeichen, denn eigentlich handelt es sich hier um eine andere Kategorie: «Weil der Gesalbte des Herrn über das ewige Königreich verfügt, hat er auch eine ewige Erlösung gefunden. Es ist daher nötig, dass er den bösen Trieb, das böse Denken auslösche; die alten Hebräer hoffen das für die Zukunft, aber durch die Gnade Gottes erfahren wir, dass das bereits geschehen ist. Die Sünden werden uns nämlich nicht mehr angerechnet in der Gnade dessen, der uns erwählt hat in Jesus Christus, durch dessen Geist die Überreste der Sünde (d. h. böses Herz und böse Regung) von Tag zu Tag weniger werden, sich je länger je mehr läutern und verflüchtigen, damit sich ein neues Herz und ein neuer Geist erhebe, durch den, der alle Dinge neu macht, der Gesalbte des Herrn.»[127]

---

[124] P. 2 unten: «Mais tousiours iusque a maintenant les promesses et alliances de Dieu ne tiennent pas par ce que la prevarication de lhomme a surmonte, avec le mauvais coeure, qui est la racine de prevaricquer.»

[125] P. 2 unten: «Retournons nous donc au mediateur avec le peuple entour la montaigne, lequel mediateur a parfaict et consomme [=accompli]lalliance.»

[126] P. 2 unten: «Dieu a promis le Nouveau Testament, dict Nouveau pour autant quil doibt estre en esprit, sans les circonstances anciennes.»

[127] P. 3 oben: «Le Messiah du Seigneur par ce quil a le Royaume eternel aussi a il trouve leternelle redemption. Il est donc necessaire quil oste [...] la mauvaise pensee: ce que les anciens Ebrieux esperent advenir; mais graces a Dieu nous

Man kann den Disput mit andern Worten so umschreiben: Das Fleisch will die Erlösung sofort sehen. Gott aber ist gnädig. Er schafft Existenzmöglichkeit ‹im Geist›. Sie heisst im Alten und im Neuen Testament, bei Juden und Christen: Fortschritt von Tag zu Tag. Es handelt sich um den Leitsatz christlicher Existenz, den Calvin gerne umschreibt mit der augustinischen Formel: ‹Lieber auf dem rechten Weg kriechen als auf dem falschen rennen.› Oder man denke an den Heidelberger Katechismus, der eine Generation später diese urreformatorische und besonders urreformierte Sache mit dem Ausdruck ‹je länger je mehr› auf den Punkt bringt.[128]

Ist das judenmissionarisch? Unser Vorwort versteht das eher so, dass hier die Juden zu ihrer ureigenen Sache gerufen werden. Es findet im Alten Testament das Neue Testament. Das ist deutlich angezeigt im Propheten Maleachi: «Er wird blasen und das Silber reinigen und er wird die Kinder Levis reinigen, er wird sie reinigen und sauber machen wie Gold und Silber und es wird Menschen geben, die dem Herrn Opfer darbringen werden in Gerechtigkeit [Mal 3,3]. Was verlangst du nach einem anderen Zeugnis? Denn Maleachi spricht doch ganz klar von Christus.»[129] Das Vorwort identifiziert dann die ‹Opfer in Gerechtigkeit›, von denen Malea-

---

experimentons ce estre desia faict. Car les pechez ne nous sont point imputez par la grace de celuy qui nous a esleu en Jesus Christ, par lesperit duquel les reliques de peche (cest adire mauvais coeur et affection) tous les iours petit a petit et de plus en plus se espurent et nettoyent, affin quil se leve ung coeur et esperit nouveau, par celuy qui renouvelle toutes choses, cest le Christ du Seigneur.»

128 Calvin, Inst III 14,4: «Es ist besser auf dem rechten Weg zu hinken, als abseits von ihm zu laufen.» Calvin zitiert hier Augustin, in Ps 31, enarr. II 4. So nach Inst. 1559, Barth/Niesel. Im Heidelberger Katechismus 1563 wird der grundlegende reformierte Progressionsgedanke breit aufgenommen und variiert, vgl. Frage/Antwort 70; 81; 89; passim.
«Frage 115: Warum lässt uns denn Gott also scharf die Zehn Gebote predigen, wenn sie in diesem Leben niemand halten kann? Antwort: erstlich, auf dass wir unser ganzes Leben lang unsere sündliche Art je länger je mehr erkennen und so viel begieriger Vergebung der Sünden und Gerechtigkeit in Chrisus suchen; darnach, dass wir ohne Unterlass uns befleissigen und Gott bitten um die Gnade des Heiligen Geistes, dass wir je länger je mehr zu dem Ebenbild Gottes erneuert werden, bis wir das Ziel der Vollkommenheit nach diesem Leben erreichen.»

129 P. 3 oben: «Cecy est clerement monstre au prophete Malachi: Il sera soufflant et purgeant largent et purifiera les filz de Levi, et les rendra purs et netz comme lor et largent, et y en aura qui offriront au Seigneur sacrifice en iustice. Quel autre tesmoingnage requiers tu? Car il parle appertement de Christ.»

chi spricht, im Neuen Testament mit dem Opfer des vernünftigen Gottesdienstes nach Röm 12,1f: das Neue Testament im Alten Testament, das Gott wohlgefällige Opfer hüben und drüben. Die Spiritualität des Alten Testaments ist die Spiritualität des Neuen Testaments. Wie das? «Warum sind sie [nämlich die Opfer hüben und drüben] dazu gut und ausreichend? Ganz sicher in der Kraft des Geistes Christi, der sie der Sünde abfordert, der von ihnen den Schmutz sanft wegbrennt und sie rein macht vom Unrat des Herzens.»[130] In der Kraft des Geistes! Davon sprach schon das erste Vorwort, Calvins «Privilegium».[131] Davon wird Calvin später noch deutlicher sprechen. Dazwischen liegen aber auch Voten ähnlichen Inhalts aus Strassburg vor. Es gibt eine Erlösung, schon heute und gestern. Der Geist ist der Bund. Er ist der ‹Stern der Erlösung›.

3.7. Die Gerechtigkeit Gottes in Jesus Christus

Da das Vorwort streng in zwei Teilen aufgebaut ist, muss jetzt entsprechend den Ausführungen in der ersten Hälfte ein Ausblick auf die Christologie erfolgen. Dies soll hier knapp, aber gehaltvoll geschehen. Dabei richtet der Text sein Augenmerk nicht auf die Naturenlehre, sondern auf das Werk Christi, ganz gemäss dem spätmittelalterlich-reformatorischen Interesse.[132] Zuerst wird Kreuz und Auferstehung bedacht: «Der ans Kreuz geschlagen wurde kommt zurück ins Leben und steigt in den Himmel, um alles zu vollenden.»[133] Er schafft unsere Befreiung. «Er schafft, dass die Sünden uns nicht mehr angerechnet werden.»[134] Ja, noch mehr: «Seine Gerechtigkeit ist jetzt unser, sein Leben (das unser Leben ist) ist unsterblich in Gott und es löscht in uns den ewigen Tod der Hölle aus.»[135] Und das Ziel der Rechtfertigungslehre heisst hier: «Denen, welchen die Gabe des

---

[130] P. 3 oben: «Mais dont sont ilz a ce ydomes et suffisant? Certes par lesperit de Christ qui les argue de peche, qui brusle doulcement et nettoye lescume et ordure du coeur.»

[131] Vgl. oben 165 f.

[132] Von *Thomas von Kempten* (1380–1471) bzw. *Gerhard Groote* (1340–1384): Imitatio Christi, Buch 1, Kap. 1,3: «Was nützte es dir, über die Dreieinigkeit gelehrte Reden zu führen, wenn du der Demut ermangeltest, ohne die du der Dreieinigkeit ferne stündest», führt bekanntlich ein direkter Weg zur reformatorischen Kritik an der Spätscholastik.

[133] P. 3 oben: «Celuy qui a este mis en croix, iceluy mesme retourn a vie est monte au ciel, pour accomplir tout.»

[134] P. 3 oben: «... il faict que les pechez ne nous sont point imputez.»

Glaubens von Christus geschenkt wird, denen gereicht Christi Tod zur Reinigung und zur Vergebung ihrer Sünden, und im gleichen Geist werden sie von Tag zu Tag erneuert, wiedererschaffen als neue Menschen.»[136]

Ist es nicht jetzt klar, dass Juden und Christen auseinanderdividiert werden? Entpuppt sich nicht spätestens hier das vierte Vorwort als Vorläufer einer fragwürdigen Judenmission? Natürlich spricht der Text von dem Seinen, stellt es ins Licht. Wie sollte die Christologie nicht das Herzstück christlicher Rede sein? Und erst recht, wie sollte die Rechtfertigungslehre nicht im Hintergrund, nein, im Mittelpunkt jeglicher reformatorischer Überlegung und Überzeugung stehen? Dennoch wäre der Text hier als rein besserwisserisches Missionsschreiben unterinterpretiert und falsch verstanden. Das wird klar, wenn wir den zeitgenössischen Diskurs an die Juden oder über die Juden überblicken. Er ist geprägt von der Besserwisserei der Ekklesia gegenüber der Synagoge, der vor Schreck die Gesetzestafeln aus der Hand fallen.[137] Es kann diese Besserwisserei sich noch steigern und die Juden einfach der Starrköpfigkeit zeihen: Die christliche Botschaft ist doch so klar, dass die ganze Gesellschaft mit Blick auf das Gemeingut (*bonum commune*) ihre besten Kräfte für den entsprechenden ‹Kirchenbau› einzusetzen hat. In dieser Mentalität liegen Reuchlin, Pfefferkorn, Erasmus, Eck und Luther in *einer* Linie, wie H. A. Oberman eindrücklich gezeigt hat.[138]

Unser reformatorische Text aber ist gerade *nicht* von dieser Geisteshaltung der spätmittelalterlich-reformatorischen *ecclesia triumphans* geprägt. Die Rechtfertigungslehre ist hier nicht, wie dies so leicht in der Reformation geschehen konnte, zur Keule entartet, die heisst: ‹Und willst

---

[135] P. 3 oben: «Car icelle [iustice] est nostre, duquel la vie (qui est nostre) immortelle en Dieu, esteinct en nous la mort de gehenne.»

[136] P. 3 Mitte: «... a ceulz auquelz le don de foy est donne de Christ la mort des Christ est purgation, et absolution de leurs pechez, et par ung mesme esperit de iour en iour sont renouvellez et recreez en nouveaux hommes.»

[137] Vgl. die entsprechende ergreifende Skulptur des ‹Ekklesia Meisters› um 1220 am Südportal des Strassburger Münsters.

[138] Vgl. Heiko A. *Oberman*, Wurzeln des Antisemitismus. Christenangst und Judenplage im Zeitalter von Humanismus und Reformation. Berlin 1981. Noch breiter wird der fatale Consens gegen die Juden in der ‹christlichen› Gesellschaft und Theologie im Jahrhundert der Reformation neuerdings erforscht und dargestellt von Achim *Detmers*, Reformation und Judentum. Israel-Lehren und Einstellungen zum Judentum von Luther bis zum frühen Calvin. Stuttgart, 2001.

du nicht mein Bruder sein, so schlag ich dir den Schädel ein.› Nein, sie hat hier ihren eigentlichen Sinn behalten, nämlich als das bare Wunder die gebeugten Gewissen aufzurichten, den geplagten Menschen zu erquicken. «Kommt her zu mir alle, die ihr mühsam und beladen seid», so heisst schon der Leitsatz der Reformation bei Zwingli. Trost als bares Wunder ist der Sinn der Christologie. Darum wird in unserem Text der christliche Glaube nicht als das Naheliegende, Selbstverständliche, sondern als das Unerwartete umschrieben: «O tiefes Geheimnis!», «O profond mystere!», setzt er wie eine Überschrift zu seinen christologischen Ausführungen. Dieses Wunder umschreibend, sagt er: «Denn alle Dinge sind nur unter einer gewissen Bedingung verheissen, nämlich [...] dass wir sie glauben und fest in unseren Herzen behalten, indem wir sie tun [...]. Wann aber sollten Fleisch und Blut [zu hören ist: jüdisches oder christliches Fleisch und Blut] das je erreichen und vollbringen?»[139] Später lesen wir in derselben Tendenz: «Gott der Herr hat bei der Disposition seines Königreiches, dessen er selber der gepriesene Herr aller Zeiten ist, seinen Diener David als Fürsten eingesetzt, zumal er das gemacht hat, was allein Gottes ist und zumal die Macht, solches zu vollbringen, die Art und Möglichkeit aller Natur voll und ganz übersteigt.»[140] Die Solidarität von Christen und Juden – oder Christen unseres Textes mit den Juden als Gesprächspartner und nicht als Angepredigte – steht unter dem Verschluss der gemeinsam scheiternden Natur und darum der gemeinsamen Trostbedürftigkeit. Die besten Vorbilder von Juden und Christen, z. B. Abraham der Vater des Glaubens schlechthin, sind gescheitert. Das weiss christliche *pistis* (z. B. Heb 11), so gut wie jüdische *emuna*.

Unser Text ist kein Missionsschreiben und erst recht kein pietistischer Versuch von Judenmission. Unser Text ist vielmehr das Wagnis, Juden und Christen in ihrer Trostbedürftigkeit anzusprechen nach dem Vergilvers «Solamen miseris, socios habuisse malorum». Alle ruft er zur Bescheidenheit auf, also zur Erkenntnis, dass *alle* Gott Dank schulden,

[139] P. 3 oben: «Car toutes choses sont promises soubz certaine condition: que nous les oyons, que nous les observions, que nous les faisions cest adire que nous les croyons et gardions fermement en noz coeurs en les faisant par effect, purement. Quand est ce que la chair et le sang les pourront atteindre et accompli?»

[140] P. 3 Mitte: «Le Seigneur Dieu disposant son Royaume a constitue David son serviteur prince sus iceluy dont luy mesme est le Dieu beneict aux siecles; veu quil a faict ce qui appartient seulement a Dieu et que ceste puissance de faire telle choses, surmonte en toute maniere la capacite de toute nature.»

d. h. Röm 9–11 erscheint als Hintergrund, oder eben als geheime Mitte des Textes. Er steht zu seiner eigenen Trostbedürftigkeit. Das ist die einzige Anfrage an die Juden: «Ohne Christus kann der Verheissungsglaube das Herz nicht ruhig machen. [...] Mit Christus aber und in ihm (auf den sich alle Verheissungen beziehen) macht der Glaube das Gewissen still und ruhig.»[141] Es ist klar und liegt in der Natur der Sache, dass hier der stärkste und zugleich der schwächste Teil des Vorwortes vorliegt. Der Olivetankreis legt aber auch hier die nötige Bescheidenheit an den Tag. «Es ist doch einfach nötig, dass er [der Messias] zu seinem Kommen und seiner glücklichen Ankunft uns ein besseres Herz schenkt und mit seiner Freigiebigkeit dem vollen Glauben Raum verschafft, welchen unsere ungläubige Natur nicht hat. ‹Dieser Glaube an Jesus Christus sieht und erkennt, dass Gott alle Dinge unter dem Unglauben verschlossen hat, damit ihm alle Dank schulden [Röm 11,32].›»[142]

3.8. «Le double Testament»

Tradition

Es ist zu erwarten – und liegt in der Sache –, dass nach diesen rein christologischen Ausführungen[143] das Vorwort nochmals zu den Juden im Alten Testament und im 16. Jahrhundert zurückkehren muss. Der gedankliche Ablauf gestaltet sich folgendermassen: Zuerst wird nachgewiesen, dass das Alte Testament christologisch verstehbar ist. Es geht also um die hermeneutische Frage der christologischen Auslegung des Alten Testaments. Dann muss zweitens das alttestamentliche Gesetz eine neue Deutung bekommen. Und endlich muss drittens die Judenschaft im 16. Jahrhundert, und ihre mit der Reformation verwandte Situation und Hoffnung gesichtet und erwähnt werden.

---

[141] P. 3 Mitte: «Sans Christ la foy de promesse ne peust appaiser ny rendre tranquille le coeur [...] mais avec Christ et en Christ (auquel sont toutes les promesses) la foy rassasie et saouelle la concience.»

[142] P. 3 oben: «Il est donc necessaire que a son entree et heureuse bienvenue il donne meilleur coeur, et baille par sa liberalite la pleine foy, laquelle nostre nature qui est incredule na point. ‹Laquelle foy en Jesus Christ voit et congnoit que Dieu a conclus toutes choses subz incredulite, affin quil ayt merci de tous›.»

[143] Sie entsprechen von der Gliederung des Vorwortes her dem anthropologischen Abschnitt in der ersten Hälfte des Textes.

Um rasch zur Sache zu kommen, legt sich in der Kommentierung eine kleine Umstellung nahe. Wir stellen um und beginnen mit dem dritten Punkt: die Judenschaft heute und die Reformation. Der Verfasser des Vorwortes spricht gegen den Schluss des Traktates an die Adresse der Juden heute einen Wunsch aus: «Auch sollten sie sich nicht so sehr auf ihren Talmud und die Rabbiner verlassen, wodurch sie (wie die Türken durch den Koran und die Christenheit ohne Christus durch die Konstitutionen und Dekrete) oft gehindert wurden, zum wahren Licht und zur wahren Einsicht zu kommen.»[144] Hier wird die Solidarität zwischen Christen und Juden in der Reformationszeit gewissermassen *ex negativo* aufgezeigt. Beide, Juden und Christen stehen in der strukturell gleichen Gefahr, durch das Gewicht der Tradition das Wesentliche zu verfehlen. Sogar die Türken kennen diesen Mechanismus. Der Olivetankreis schreibt aus der Sicht seiner Frontstellung gegen die römischen Dekrete. Seine Gegnerschaft gilt nicht den Juden, sondern den Papisten. Die Juden sind vielmehr wegen des einen, Juden und Christen umfassenden Bundes eine geheime Einheit («allie et confedere»). Ja, es gibt eine weitere geheime Einheit zwischen dem Olivetankreis, dieser kleinen Herde, die im Versteck der Alpen diese Bibel finanziert hat, und den Juden: nämlich die der im Wirken des Geistes zu erweisenden Leidensbereitschaft.[145]

Es ist aber anzunehmen, dass der Verfasser in der Parallelisierung von abwegigen Traditionen hüben und drüben mit der judenfreundlichen Schrift Luthers von 1523 arbeitet, besonders aber mit deren lateinischer Übersetzung von Justus Jonas. Auch der Lutherkreis weiss, dass es eine negative christliche Sicht des Judentums gibt, wie sie etwa Johannes Eck, der scharfe römische Kontroverstheologe, um 1524 vertritt, die aber leider Luther in Korrektur von Justus Jonas wiederum vertritt und damit seine schöne Reformation, was die Judenfrage anbelangt, ins Mittelalter der Kreuzzüge zurückwirft.[146]

---

[144] P. 3 unten: «... et ne se fiant point si asseurement a leur Thalmud et Rabbins par lesquelles (comme les Turcz par Alcoran, et la Chrestiente sans Christ par les constitutions et decretz) sont souvent retardez de venir a la vraye lumiere et intelligence.»

[145] Vgl. p. 3 unten sowie Olivetans Aufruf zur Leidensbereitschaft in seinem Vorwort an die kleine arme Kirche, «O pauverette petite Eglise» (zweites Vorwort der Olivetanbibel).

[146] Vgl. dazu H. A. *Oberman*, Wurzeln des Antisemitismus, 52–63. Ebenso A. *Detmers*, Reformation und Judentum, 37–116: ‹Das Nebeneinander von Christen und Juden in der Reformationszeit›.

Der Messias
Anders unser Text aus dem Provinzstädtchen Neuenburg in der Romandie. Der hält die Solidarität mit den Juden durch bis ans Ende. Es erklingt keine einzige der im Mittelalter und in der Reformation gängigen Anklagen und Verdächtigungen gegen die Juden. Vielmehr zitiert er abschliessend und zusammenfassend den Geist, der ihn motiviert, charakterisierend, Röm [1]2: «Ruhm und Ehre und Friede für alle, die das Gute tun werden, dem Juden zuerst und auch dem Griechen.»[147]

Er muss sich aber auch der positiven Bewertung des Alten Testaments und besonders des Gesetzes klarer werden (und geworden sein) als das bei Luther geschieht. Über Luther und Justus Jonas hinaus erwähnt er neben dem Talmud und den päpstlichen Dekreten auch noch den Koran mit seinen ähnlich gelagerten Traditionsfragen. Damit erweitert er den Horizont der bisherigen Sicht von Juden und Christen in imposanter Weise und lässt bereits die Fragen von Lessings Nathan anklingen. Doch das ist Zukunftsmusik, wenn auch von der bessern Sorte. Vorerst allerdings muss er sich noch einmal zwei Grundproblemen des Miteinander von Juden und Christen stellen: der Frage nach der christologischen Deutung des Alten Testaments und der Frage nach dem Sinn des Gesetzes nach der Zerstörung des Tempels in Jerusalem.

Im Anschluss an den rein christologisch gehaltenen Teil wird die alttestamentlich-davidische Tradition christologisch begründet und interpretiert. Der Verfasser des Vorwortes erweist sich hier als subtiler Kenner der alttestamentlichen Prophetie. Er zitiert Ez 34,23–25, um die Teilhabe Christi am Heilswerk Gottes zu erklären und alttestamentlich verstehbar zu machen: «Gott ist *schaddai*, der Erhabene, wie wir ja schon betont haben. Es ist keine andere Hilfe zu erwarten und gibt keine ausser ihm. Und doch hat Christus zugleich die volle Macht und es ruht in ihm die ganze Erlösung ...» Und jetzt folgt der davidische Schriftbeweis (Ez 34,23–25): «Gott der Herr hat bei der Disposition seines Königreiches, dessen er selbst der gepriesene Herr aller Zeiten ist, seinen Diener David als Fürsten eingesetzt, zumal er das gemacht hat, was allein Gottes ist.»[148] Dies alles aber

[147] P. 3 unten, Schluss des Textes. Zu lesen ist: Röm 2,10.

[148] P. 3 Mitte: «Dieu est [...] comme nous avons ia dit. Il ne sattend point et na que faire de layde daustruy. Et toutefois Christ a pleine puissance et parfaite redemption. Jeheze 34. Le Seigneur Dieu disposant son royaume a constitue David son serviteur prince sus iceluy dont luy mesme est le Dieu beneict aux

übersteigt menschliches Denken. Es reicht ans Geheimnis Gottes, das nun einmal heisst ‹der Messias› aus dem Stamm Davids.

Wie oben im christologischen Teil stehen wir auch hier an der Klippe des Textes und des jüdisch-christlichen Disputes, der darin stattfindet: Wird hier nicht den Juden das Alte Testament entwunden? Lassen sie es sich so nehmen und christologisch vereinnahmen? Ist die christologische Interpretation der Davidtradition vertretbar, hermeneutisch verbindlich, legitim? Welchen Stellenwert, welchen Wert hat überhaupt die figurale Lektüre des Alten Testaments? Andererseits, wie wollen die Juden ihre davidische Tradition einbringen, halten und gewissermassen *remoto Christo* durchhalten? So viel lässt sich mit Sicherheit aus der bisherigen Lektüre dieses Vorwortes zur Olivetanbibel sagen: Es ist kein judenmissionarischer Text. Es lässt das Geheimnis Israels stehen und will es weder mit Macht noch mit ‹viel List› aufbrechen. Es weiss aber auch, dass es kein Christentum ohne Christus, den gekommenen und wiederkommenden Erlöser, gibt. Verbunden mit den Juden ist der Olivetankreis durch das Warten auf das von Gott längst disponierte Reich.

Das Gesetz

Verbindender, und wohl auch bedeutsamer für den jüdisch-christlichen Dialog heute, ist die Frage nach einer theologischen Beantwortung und Verantwortung. Hüben, d. h. im reformatorischen Lager, fällt die Antwort zudem verschieden aus. Ich denke an den Unterschied zwischen der lutherischen und der reformierten Reformation, die hier den Hintergrund bildet. Warum bricht die Reformation auseinander und blockiert sich selbst? Die Frage kann natürlich hier nicht in extenso aufgerollt werden. Es gilt für diesen Aspekt, was unser Text zum Ganzen sagt: «Dieses Geheimnis kann natürlich in der hier vorliegenden Kürze nicht vollständig entschlüsselt werden.»[149]

Hier aber zur *urreformierten* Position, wie sie ja im Vorwort des Olivetankreises vorliegt, immerhin so viel: Der Text formuliert die Frage selbst: «Wie also, ist das Gesetz damit [nämlich durch die Christologie, d. h. das Evangelium im lutherischen Sinn, das Neue Testament] abgetan?» Und er gibt auch selbst eine Antwort: «Darauf wird im apostolischen Hebräer-

siecles: veu quil a faict ce qui appartient a Dieu seul et que ceste puissance de faire telles choses, surmonte en toute maniere la capacite de toute nature.»

149 P. 3 Mitte: «Ce mystere certes en ceste briefvete ne peust estre plenement dechiffre ne declare.»

brief Antwort gegeben, wo es heisst, dass das Neue das Alte abtut und vertreibt. Dennoch bleibt das Gesetz, soweit es nämlich zur Substanz des Bundes gehört. Denn das Gesetz hat zwei Teile, Gebote erster Ordnung und solche zweiter Ordnung. Die zweiten sind zeitlich, die ersten ewig. Daher kommt es, dass das Volk Israel nach seiner Rückkehr aus Babylon gerügt wurde, weil es sich mit dem äusserlichen Opferdienst so viel Arbeit und Mühe machte, aber Glaube und Liebe vergass, wovon doch der Herr bei Hosea sagt: Ich habe Erbarmen gesucht und nicht Opfer, und die Erkenntnis Gottes ist mehr wert als alle Ganzopfer. Hosea 8. [Hos 8,12]. Und Gott mahnte durch seine Propheten täglich an die Hauptpunkte, nämlich an die Gotteserkenntnis, die im Glauben besteht, und an das Erbarmen, die Wohltätigkeit und Liebe zum Nächsten.»[150]

Das Vorwort erinnert an den einen Bund; seine Substanz ist nicht ohne das Gesetz, ja, seine Substanz ist das Juden und Christen verbindende Gesetz. Luther spottet über die Juden seiner Zeit, die das Gesetz, das er als «der Juden Sachsenspiegel», also als eine ans Land gebundene Grösse (miss)versteht, fernab von Jerusalem weiterführen wollen.[151] Einen anderen Weg schlägt der Verfasser unseres Vorwortes ein. Er sieht Juden und

[150] P. 3 Mitte: «Quoy donc? La loy est elle abroguee? A ce est respondu en lespistre apostolicque aux Ebrieux, ou il est dict que le nouveau abrogue et dechasse le vieil. Toutesfoys la loy reste encore, quant a ce qui appartinct a la substance de lalliance. Car la loy a deux parties/premieres/et secondes. Les secondes sont temporelles, les premieres eternelles. Dont vient que le peuple Disrael estant retourne de Babylone fut reprins de ce quil prenoit tant de peine et travail aux sacrifices exterieurs en delaissant la foy et la charite desquelz le Seigneur dit en Hosea: Jay voulu misericorde et non sacrifice, et la science de Dieu plus que les holocaustes. Et derechef: Je leur escry les choses plus honorables de la loy. Hosea. 8. Et Dieu tous les iours par ses prophetes enhortoit le peuple a ces choses principalles, a la science de Dieu, qui est la foy, et a misericorde/beneficence/et amour de son prochain.»

[151] Vgl. WA 50,323f: «So lasst sie noch hinfahren ins Land gen Jerusalem, Tempel bauen, Priesterthum, Fuerstenthum und Mosen mit seinem Gesetze aufrichten und also sie selbs wiederum Jueden werden und das Land besitzen. Wenn das geschehen ist, so sollen sie uns bald auf den ferssen nach sehen daher komen und auch Juden werden. Thun sie das nicht, so ists aus der massen lecherlich, das sie uns Heiden wollen bereden zu; jrem verfallen gesetze, welches nu wol Funffzehenhundert jar verfaulet und kein Gesetz mehr gewest ist. Und wir sollten halten, das sie selbs nicht halten noch halten konnen, solange sie Jerusalem und das Land nicht haben.» Vgl. dazu auch H. A. *Oberman* a. a. O., 56–63.

Christen unter dem einen ewigen Wort Gottes «l'Éternel parle». Weil er der Ewige ist, ist auch der Bund ewig. Dabei ist die Unterscheidung von zwei Ordnungen, zwei Dimensionen des Gesetzes, kein Kunstgriff, um einer Aporie zu entgehen, sondern das Gebot der fortgeschrittenen Stunde in der «Disposition seines Königreiches» («Le Seigneur Dieu disposant son Royaume.»).

Mit der Proklamation der biblischen Hoffnung endet dieser wunderbare, Christen und Juden verbindende Text, indem er die ganze Menschheit um die Stadt Jerusalem schart. Bund, Geist, Gesetz, kommendes Jerusalem sind die Säulen dieser Hoffnung. Der Gedankengang stellt sich, in einigen Schlusszitaten sehr verdichtet, etwa so dar: «Also, die wichtigsten Teile des Gesetzes sind in die Herzen [von Juden und Christen] geschrieben. [...] Das Ende der Welt aber ist der letzte Tag, wenn der Tag Christi aufleuchtet, dessen Reich nicht von dieser vergänglichen Welt ist, denn er ist ewig und verdirbt nicht; aber die Figur dieser Welt, wie gross sie auch sei, wird vergehen.»[152] «Wir wollen also beten, dieses Heil möge erstrahlen und erkannt werden von jedermann, damit der Tempel und die Stadt Jerusalem, dieses erhabene Land, gänzlich erbaut werde, und wir die Braut Christi sehen, geschmückt mit diesen schönen Gaben. [...] Ruhm und Ehre und Friede für alle, die das Gute tun werden, dem Juden zuerst und auch dem Griechen.»[153]

Es stellt sich hier und jetzt die Frage: Wäre der Holocaust im 20. Jahrhundert möglich gewesen, wenn statt der mittelalterlich-lutherischen Voten über die Juden das Urwort der Reformierten aus der Olivetanbibel die evangelische Christenheit in Europa durch die Geschichte begleitet hätte? Die Frage stellen heisst für alle Kenner der Materie, also besonders für die Kenner der späten Lutherschriften, sie verneinen. Von der Olivetanbibel 1535 her führt kein Weg zum Holocaust.

Wohl aber wird man zur frühreformatorischen Eigenart des christlich-jüdischen Dialogs, die sich im vierten Vorwort der Olivetanbibel artikuliert, das sagen können und müssen, was der lutherische Bischof Hans

[152] P. 3 unten: «Les principalles parties donc de la loy, sont escrites aux coeurs [...] Mais la fin du monde (acherim hajomim) cest le dernier des jours quand le jour de Christ luict/duquel le Royaume nest point de ce monde corruptible, car il est eternel et incorruptible; mais la figure de ce monde autant grand quel est, passera.»

[153] P. 3 unten. Schlusssatz des Vorwortes.

Knuth 2004 in einem anderen Zusammenhang und aus anderer Warte sagte:

«Es ist wahr, im Neuen Testament geht es immer um Erneuerung, um den neuen Menschen, die neue Gemeinschaft, die neue Schöpfung. Aber dann ist überraschenderweise das Neue oft das Alte: die wiedergefundene Quelle, der ursprüngliche Sinn, die elementare Kraft des Wortes.»[154]

4. Die Vorworte 6 und 7 und die Verfasserfrage zum Vorwort an die Juden

4.1. Das Vorwort zu den Apokryphen des Alten Testaments

Es bleibt, nach den Vorworten 1 bis 5, noch ein kurzer Blick auf die beiden Vorworte mitten in der Olivetanbibel zu den alttestamentlichen Apokryphen und zu dem bedeutsamen frühen Calvintext, Vorwort 7, zum Neuen Testament, zu werfen. Zu beiden Texten liegen bereits recht tiefdringende Studien und Arbeiten vor, allerdings ohne Reflexion ihrer Stellung in der Olivetanbibel, sodass wir sie nun abschliessend doch kurz in ihrer Stellung zum vierten Vorwort, an die Juden, beachten müssen.

Das kurze Vorwort zu den Apokryphen des Alten Testaments ist von Wilhelm Neuser in einem gehaltvollen Aufsatz behandelt worden.[155] Neusers Arbeit geht aber unter der unbewiesenen Annahme, dass das Vorwort Calvin zuzuschreiben sei, weit über den kurzen Text hinaus und behandelt die Bedeutung der Apokryphen im ganzen Werk Calvins. Erst von den späteren Calvintexten in der Genferbibel, die auf dem anonymen Vorwort der Olivetanbibel von 1535 beruhen, vereinnahmt Neuser diesen kurzen Text für Calvin. Diese Zuweisung ist nicht zwingend. Es kann und könnte ja einmal auch Calvin der Lernende gewesen sein und von Olivetan die Hauptgedanken übernommen und noch etwas weitergeführt haben.

Detmers dagegen übergeht dieses Vorwort gerade mit der Begründung, es stamme kaum von Calvin, zudem gebe es nichts her für seine

---

[154] Hans *Knuth*: Zeitzeichen, Evangelische Kommentare zu Religion und Gesellschaft, 5. Jg.Okt. 2004.

[155] Wilhelm *Neuser*: «Calvins Stellung zu den Apokryphen des Alten Testaments», in: Text – Wort – Glaube, Kurt Aland gewidmet, hrsg. von M. Brecht, AKG 50, Berlin, New York 1980, 298–323.

(Detmers) Fragestellung nach Calvin oder der Reformation allgemein und dem Judentum.[156]

Das kurze Vorwort (35 Zeilen) zeigt, knapp referiert, folgenden Inhalt: Unter Apokryphen verstehen wir Schriften aus dem Judentum, die aber nur griechisch vorliegen. Sie können nicht kanonische, d. h. kirchliche Lehre begründende Bedeutung beanspruchen, aber zur persönlichen Erbauung sind sie allzumal nützlich.[157] Zur Begründung kirchlicher Lehre, sagt das Vorwort, braucht es mehr als Erbaulichkeit, es braucht dazu Gottes Wort, soweit es klarer begründet ist als das Licht des Tages.[158] Das ist reformatorische Gemeinlehre, schon von Luther so vertreten. Es wäre also möglich, dass nicht Olivetan und Calvin einander abgeschrieben haben, sondern beide hier Luther weiterschreiben und klären. Für eine Verfasserschaft dieses Textes von Calvin spricht dennoch einiges: Er musste sich gerade in dieser Zeit in der «Psychopannychia» recht intensiv mit der Verwendung der Apokryphen durch seine theologischen Gegner befassen. Auch das vom Vorwort verwendete Bild aus dem Umfeld der Juristerei spricht eher für den Juristen Calvin als für den gütigen Schulmeister Olivetan: «Auch die Rechtsgelehrten sagen, wenn sie sich grosse Mühe geben, ihre Ansichten zu erhärten und sie durch das menschliche Gesetz zu festigen, sie schämten sich, ohne Gesetzesgrund zu sprechen.»[159]

Detmers ist der Meinung, das kurze Vorwort zu den Apokryphen, von Olivetan oder von Calvin geschrieben, gebe nichts her zur Thematik ‹Re-

---

[156] A. *Detmers*: Reformation und Judentum; Israellehren und Einstellungen zum Judentum von Luther bis zum frühen Calvin, Stuttgart, Berlin, Köln 2001, 239, Anm. 1.

[157] Vorwort zu den Apokryphen des Alten Testamentes «Aux fideles Lecteurs», Zeile 9f: «Et generallement de tous les livres Apocryphes/dit quon les peult lire pour ledification du peuple: mais non point pour vouloir corroborer lauthorite des doctrines Ecclesiastiques.»

[158] Zeilen 23f: «Il dit parolle de Dieu/comme tresveritable et trescertaine/manifestee par les Prophetes et Apostres divinement inspirez/desquelz avons le temoignage plus clair que le iour.»

[159] Zeilen 24–26: «Les Jurisconsultes aussi ayans grand soing de confermer et establir leurs opinions par la loy humaine/disent quilz ont honte de parler sans loy.» Der Hinweis am Rand: «Erubescimus sine lege loq» weist wohl auf den lateinischen Grammatiker Priskian, 5./6. Jahrhundert n. Chr. Institutiones artes grammaticae, Buch 1,16, 1–139v. Vgl. dazu Ingeborg *Dorchenas*: Art. Priskian, T. Bautz Biographisch-Bibliographisches Kirchenlexikon, Bd. VII, Köln 1994, 957–965.

formation und Judentum›.[160] Das mag auf den ersten Blick stimmen. Tatsache aber ist, dass die Olivetanbibel die Apokryphen des Alten Testaments recht liebevoll behandelt. Sie begründet und beginnt damit eine reformierte Tradition, diese Schriften und damit jüdisches Leben und jüdische Überlieferung kennen und schätzen zu lernen. So spiegelt sich in der Tiefe doch auch in diesem Vorwort irgendwie das Thema ‹Judentum und Reformation›. Hundert Jahre nach Olivetan wird es in einem neuen, deutlich von der Reformation motivierten Bibelfrühling, z. B. bei den Reformierten in den Niederlanden, eine Liebe und Beachtung der Apokryphen geben, die selber beachtlich ist. Es zeigt sich darin, dass gerade von den Apokryphen her Brücken zwischen Christen und Juden geschlagen werden konnten. Man muss dazu nur das Werk und die Biografie Rembrandts (1606–1669) genauer anschauen und man wird da auf Schritt und Tritt Hinweise auf Rembrandts Liebe und Wertschätzung der Apokryphen finden.[161] Tobit, Susanna im Bade, Ester u. a. sind Themen, die Rembrandt zu herrlichen Gemälden motivierten; sie zeugen von seinem Interesse und seinem freundlichen Umgang mit seinen jüdischen Nachbarn in Amsterdam lange vor der Emanzipation der Juden im Europa der Aufklärung.

4.2. Das Vorwort Calvins zum Neuen Testament: «A tous amateurs de Jesu Christ»

Dieses letzte Vorwort stammt nun sicher aus der Feder Calvins. Es steht unmittelbar vor dem Neuen Testament. Der Text ist schon oft beachtet und bearbeitet worden.[162] Insofern ist eine umfassende Analyse hier nicht nötig. Es muss genügen, auf die Tendenz dieses Vorwortes im Blick auf das Judentum und damit auf seine Bedeutung im Blick auf die Interpretation von Vorwort 4 hinzuweisen.

Ich vermag zwischen dem Judenvorwort und dem Vorwort Calvins zum Neuen Testament stilistisch keinen signifikanten Unterschied festzustellen: Beide Texte sind klar aufgebaut; beide bezeugen durch eine

---

[160] Vgl. oben Anm. 156.

[161] Umfassend und bisher nicht überboten dazu bleibt das Werk von Christian *Tümpel*: Rembrandt, Mythos und Methode, Königstein im Taunus, 1986. Vgl. auch Verena *Scholl*: Rembrandts biblische Frauenporträts. Eine Begegnung von Malerei und Theologie. Zürich 2006.

[162] Vgl. oben Anm. 51.

gehobene Prosa eine gewisse jugendliche Begeisterung für die Sache der Bibel. Beide verwenden einen Wortschatz, der wenigstens als verwandt bezeichnet werden muss.[163] Calvins Vorwort zum Neuen Testament erscheint in der Olivetanbibel zwar anonym, die Verfasserschaft Calvins wird aber in den späteren, von Calvin und den Genfer Pfarrern überarbeiteten Fassungen bestätigt. Ab 1543 lautet seine Überschrift «Epitre aux fidèles montrant comment Christ est la fin de la Loi»[164]. In der Fassung der Olivetanbibel 1535 steht die Einleitung ins Neue Testament noch unter der begeisterten Überschrift: «A tous amateurs de Jesus Christ et de son Evangile. Salut.»

Das Vorwort trägt zuerst einen heilsgeschichtlichen Aufriss zu Schöpfung, Fall und Erhaltung des gefallenen Menschen vor. Dann legt Calvin, den heilsgeschichtlichen Aufriss leicht variierend, die Lehre vom Bund Gottes mit den Menschen dar, der zur Hauptsache in der Gabe des Gesetzes an das erwählte Volk Israel besteht, aber dennoch sein Zentrum in Jesus Christus hat. Es ist deutlich, dass hier eine dem vierten Vorwort ähnliche Israellehre anklingt, doch wird sie lange nicht so breit ausgeführt wie im Judenvorwort. In einem dritten Schritt legt der Text, wiederum ähnlich, aber viel breiter als im vierten Vorwort, die Lehre vom Werk Christi, die Rekapitulationslehre des Irenäus von Lyon im Nachhall zum Kolosserbrief, dar. Ein Zusatz in der Genferbibel 1543 verdeutlicht den Gedankengang, indem er unterstreicht, dass Gesetz und Propheten zu Christus führen, mit anderen Worten: Der alte Bund ist der Neue Bund. Also geht es auch im letzten Vorwort um das doppelte Testament, «le double Testament», der Olivetanbibel.[165]

---

[163] Das 1855 von einem anonymen, aber kundigen Verfasser erstellte «Glossaire – Dictionnaire des Locutions obscures et des mots viellis qui se rencontrent dans les œuvres de Jehan Calvin», bietet auch für die Lektüre der Vorworte in der Olivetanbibel eine überraschend gute Hilfe.

[164] Vgl. dazu *Calvin*: Œuvres choisies, Edition d'Olivier Millet, Gallimard, Paris 1995, 25–27. Eine Untersuchung über die Entwicklung der Genferbibel von Olivetan bis zum Tod Calvins wäre nötig und hilfreich, kann hier aber nicht geboten werden; vgl. aber Bettye *Thomas Chambers*: Bibliography of French Bibles, (15. und 16. Jahrhundert), Genève 1983, 88–92. Chambers stellt fest, dass das Vorwort an die Juden in keiner weiteren französischen Bibel erscheint. Zum Inhalt – den sie mit E. *Droz* Calvin zuweist! – äussert sie sich nicht.

[165] Ein anonymes, abschliessendes Gedicht in der Olivetanbibel (wahrscheinlich von B. *des Périers* verfasst) nennt die ganze Bibel: «Le double Testament», nach den vielen Vorworten gewissermassen ein kurzes zusammenfassendes Nachwort!

Calvin hat in der Zeitspanne 1535 bis 1543 die Lehre von der Einheit der Testamente klar erfasst und wahrscheinlich im Kontakt mit der oberdeutschen Reformation sie gegen die Vernachlässigung und Unterbewertung des Alten Testaments durch die Täufer profiliert und ausgeführt.[166] Bei der Mitarbeit an der Olivetanbibel 1535 ist Calvins Motivation noch einmal anders ausgerichtet: Gottes ständiges Wirken in der Schöpfung und in der Erhaltung des gefallenen Menschen gipfelt im Werk Jesu Christi und motiviert so zur Reformation. Das Vorwort endet darum 1535 auch mit einem Aufruf an die kirchlichen und die politischen Behörden, die Reformation der Kirche endlich ganz ernsthaft an die Hand zu nehmen. Damit schliesst sich der Ring der Calvinvorworte zur Olivetanbibel vom «Privileg» bis zum Wort «An alle, die Jesus Christus lieb haben». Klar ist dabei, dass Calvin 1535 kein einziges böses Wort gegen die Juden sagt, sondern ihre Erwählung sieht und würdigt, aber letztlich doch nicht so, dass vom Vorwort 7 her ein positiver Blick auf das zeitgenössische Judentum fiele. So führt, trotz vieler paralleler Gedanken zwischen den Vorworten 4 und 7, 1535 keine Brücke von Calvin zu den Juden. Mit seiner christozentrisch akzentuierten Sicht von «A tous amateurs de Jesus Christ» fällt Calvin als möglicher Verfasser des Vorwortes an die Juden aus. Wir können eigentlich nur *ex negativo* argumentierend feststellen, dass Calvin im Vorwort 7 die Juden nicht christologisch argumentierend mit der lutherischen Formel von Gesetz und Evangelium bedrängt.[167] Das ist viel in der Zeit der Reformation, aber es ist doch zu wenig, um eine Verfasserschaft Calvins für das vierte Vorwort ernsthaft in Erwägung zu ziehen.

---

166 Vgl. dazu H. *Scholl*: Calvin – Studienausgabe, Band 3, Neukirchen 1999, 267–278, (Einleitung zu Calvins Streitschrift gegen die Irrtümer der Anabaptisten 1544).

167 Vgl. dazu den Aufsatzband: Die Juden und Martin Luther – Martin Luther und die Juden: Geschichte, Wirkungsgeschichte, Herausforderung, hrsg. von Heinz *Kremers* in Zusammenarbeit mit Leonore *Siegele-Wenschkewitz* und Bertold *Klappert*, Neukirchen 1985; darin für unseren reformatorischen Kontext besonders wichtig und erhellend: B. *Klappert*: «Erwählung und Rechtfertigung», mit der Bilanz, dass (385) «Luther von seiner Konzentration auf den Galaterbrief her entscheidende Aussagen von Röm 11 für irrelevant erklären» musste.

4.3. Wer ist der Verfasser des vierten Vorwortes?

Die Verfasserschaft der Vorworte zur Olivetanbibel ist eindeutig und klar bis auf das vierte Vorwort «V. F. C. a nostre allie et confederee le peuple alliance de Sinai». Dabei ist dieses Vorwort nicht nur das umfangreichste, sondern für uns heute auch von besonderem Interesse. Gerne wüssten wir, wem die reformatorische Christenheit diesen gehaltvollen und hoffnungserweckenden Text zu verdanken hat. Fällt nun, wie wir gezeigt haben, trotz aller Berührungspunkte, Calvin als Verfasser aus, dann liegt es nahe, einfach an den Hauptverfasser der Bibel aus Neuenburg von 1535 zu denken. Ist nicht Olivetan selbst der Verfasser? Auf alle Fälle hat er ein positives Verhältnis zu diesem das Judentum bejahenden Vorwort, sonst würde es nicht in seiner Bibelübersetzung stehen. Die Forschung hat es ihm hin und wieder auch schon zugeschrieben, Reuss expressis verbis;[168] E. Droz und G. W. Locher rechnen damit, dass Olivetan als Sekretär und Zusammenfasser von Gedanken der an diesem Bibelwerk mitbeteiligten Reformatoren in Frage kommt.[169] Farel und Viret werden in den Texten von Olivetan auch pseudonym als Mitarbeiter erwähnt. Auch das wenige, das wir von der Biografie Olivetans wissen, legt es uns nahe, bei der Verfasserschaft des Judenvorwortes an Olivetan selber zu denken: Er ist der eigentliche Hebraist unter den erwähnten Mitarbeitern. Calvin dagegen verfügte um 1534 noch kaum über genügend Hebräischkenntnisse.[170] Olivetan kannte des Weiteren den Talmud und bei seinem Aufenthalt in Strassburg in den späten zwanziger Jahren ist er mit grosser Wahrscheinlichkeit auch mit dem zeitgenössischen Judentum in Berührung gekommen. Sein Hebräischlehrer in Strassburg, W. F. Capito, war zudem befreundet mit der zentralen Gestalt des Judentums seiner Zeit, mit Josel von Rosheim. Ein freundschaftlich-menschlicher Eindruck zeichnet denn auch in aller Lebendigkeit das vierte Vorwort der Olivetanbibel aus. Zudem lassen die Nachrichten, die wir über Olivetan haben, vor uns einen Charakter erscheinen, dem wir diesen freundlichen und zugleich christlich demütigen Text, das gehaltvollste Votum zur Judenfrage aus der Reformationszeit, gerne zuschreiben. Olivetan hat unbedingt das menschliche und intellek-

---

168 Ed. *Reuss*: Fragments littéraires et critiques relatifs à l'histoire de la Bible française, in: Revue de théologie de Strasbourg, 1865, 240 f.

169 G. W. *Locher*, a. a. O. 188.

170 Zu Calvins Hebräischkenntnissen, ihrer Genese und Grenze, vgl. A. J. *Baumgartner*: Calvin hébraïsant et interprète de l'Ancient Testament, Paris 1889.

tuell-theologische Rüstzeug, das ihn befähigt, einen solchen Text zu verfassen.

Nun spricht aber die Autorbezeichnung zum Eingang des Textes, ‹V. F. C.›, gegen eine direkte Verfasserschaft Olivetans. Die Verwirrung der Forschung bei den Auflösungsversuchen dieses Kürzels war gross, bis 1986 Roussel von der Sorbonne in Paris wie ein Deus ex Machina dem Disput ein Ende setzte.[171] Gegen Locher, Droz u. a. sagte er mit Bestimmtheit: Mit dem Kürzel ‹V. F. C.› hat sich Capito, der Hebräischlehrer Olivetans in Strassburg bezeichnet: **V**(=W)olfgangus **F**abritius **C**(apito). Liest man, wie das in der gotischen Schrift möglich ist, das V als W, dann heisst das Kürzel eben nicht ‹Viret, Farel Calvin›[172] und auch nicht ‹Votre Frere Calvin›[173]. Roussel hat allerdings, soweit ich sehe, das reine Kürzel nicht nachgewiesen, sondern nur die Autorangabe in Capitos Habakukkommentar 1526 und im Hoseakommentar 1528. In diesen beiden Werken lautet sie: «V. F. Capito».[174] Die Sache schien erklärt und erledigt zu sein.[175]

Auch A. Detmers übernimmt in seiner klugen und kenntnisreichen Dissertation die Auflösung des Kürzels durch Roussel. Detmers versucht dabei aber doch die noch verbleibende Unsicherheit auszuräumen. Anhand von Capitos Hoseakommentar und einigen auffälligen Parallelen in diesem Werk zum vierten Vorwort der Olivetanbibel will er nachweisen, dass das C mit ‹Capito› und nicht mit ‹Calvin› zu entschlüsseln sei. Hier seine Argumente – und ihre Relativierung:

a) Der Verfasser des Vorwortes betont den Bundesgedanken, wie Capito, aber stärker als Calvin, das 1535 tat. Diese Beobachtung stimmt, wie mir scheint, nur teilweise. Auch das Vorwort Calvins zum Neuen Testament profiliert den Bundesgedanken.

---

171 B. *Roussel*: François Lambert, Pierre Caroli, Guillaume Farel et Jean Calvin (1530–1536), in: Calvinus Servus Christi. Interrnationaler Kongress für Calvinforschung 1986, hrsg. von W. Neuser, Budapest 1988, 40.

172 So E. *Droz*: Jean Calvin à Bâle, in: Chemins de l'Hérésie, Bd. I,108, und G. W. Locher, a. a. O. 188.

173 So E. *Droz* und J.-U. *Hwang*, je a. a. O.

174 Von mir (H. S.) verifiziert in den entsprechenden Ausgaben der Stadt- und Universitätsbibliothek Bern, wo sich diese Kostbarkeiten vorfinden.

175 Interessant ist auch der Vorschlag des Koreaners Jung-Uck *Hwang*: Der junge Calvin und seine Psychopannychia, Frankfurt a.M. 1991/Diss. Wuppertal 1990, 139, Anm. 201: «V. F. C. = Votre frère Chrétien». Hwang betont zu Recht, dass Capito nie französisch schrieb. Hier besteht doch immer noch ein gewisser Argumentationsdruck für die Annahme einer Verfasserschaft Capitos.

b) Weiter unterstreicht Detmers: Wie Capito die Gottesfurcht der Juden betone, so geschehe das auch in Vorwort 4, aber nicht bei Calvin. Jedoch beginnt Calvins Katechismus zwei Jahre später genau mit dieser Gottesfurcht als Sinn des Menschenlebens überhaupt.

c) Die Sündhaftigkeit des Menschen finde sich bei Capito ähnlich wie im vierten Vorwort umschrieben. Allerdings ist das ein gesamtreformatorisches Theologumenon. Das sagt auch Detmers, aber mir scheint der Gleichklang von Reformation und Vorwort doch stärker auf Calvin zu weisen, zumal der augustinische Hintergrund dieser Ausführungen (Erbsünde!) bei Calvin und im vierten Vorwort mit Händen zu greifen ist.

d) Besonders aber wegen der breiten Berücksichtigung der Eschatologie im Vorwort, d. h. wegen der Botschaft von der Rückkehr Israels nach Jerusalem, die wohl im Hoseakommentar Capitos Erwähnung findet aber nicht bei Calvin, schliesst Detmers: «Es spricht also viel dafür, in Capito den eigentlichen Verfasser der Vorrede zu vermuten.»[176] Dieser Schluss überzeugt aber insofern nicht, als man auch das andere bedenken muss: Olivetan, der Capito und dessen Hoseakommentar kennt und diesen in der Stille der Alpen, wo er auch einige Bücher von Capito hingeschleppt hatte, sicher gut studiert hat, könnte ohne weiteres bei Capito abgeschrieben haben. Im Allgemeinen ist zu sagen, dass das Vorwort neben Capito-Parallelen viele gemeinreformatorische Gedanken und dann besonders viele calvinische Gedankengänge aufweist.[177] Ich gehe mit Detmers[178] gegenüber der früheren Forschung einig darin, dass der Verfasser aus all diesen Gedanken eine Vorrede aus *einem* Guss gemacht hat. Vom Text her lässt sich aber das Vorwort an die Juden nicht mit letzter Sicherheit dem Strassburger Reformator Capito zuweisen. Auch die historische Situation – dem druckfertigen Übersetzungsopus sollen 1535 in sinnvoller Weise Vorworte eingefügt werden – lässt eher an eine Verfasserschaft Olivetans als an die Capitos denken.

---

[176] A. *Detmers*: Reformation und Judentum. Israel-Lehren und Einstellungen zum Judentum von Luther bis zum frühen Calvin, in der Reihe ‹Judentum und Christentum›, hrsg. von E. W. Stegemann, Bd. 7, Kohlhammer, Stuttgart 2001, 274. Detmers behandelt das Vorwort an die Juden aus der Olivetanbibel in einem gehaltvollen Exkurs, op. zit. 268–276.

[177] Man denke an die calvinische Betonung der Gottesfurcht, an die betont calvinische Christologie des ‹Einen Gehorsamen›, an die Zitierung von Seneca, an den christologischen Aufriss der irenäischen Anakephalaiosis-Lehre usw. Vgl. oben die Analyse des Vorwortes an die Juden, Kap. VI.3.

[178] *Detmers* a. a. O., 275.

Abgesehen allerdings von all diesen Überlegungen und Feststellungen bleibt natürlich für eine Verfasserschaft Capitos immer noch das Kürzel ‹V. F. C.›, gelesen als W. F. Capito, das stärkste Argument. Wenn man aber doch bei der Verfasserschaft Olivetans bleiben wollte, müsste man den Hang zum Spielerischen bei Olivetan mit in Rechnung stellen: Gerade weil Olivetan Capitos Hoseakommentar neben sich zur Hand hat, wo das Kürzel ‹V. F. Capito› als Autorbezeichnung erscheint, könnte er auf die Idee gekommen sein, das Vorwort in der Anonymität zu halten, so wie er auch mit den anderen Namen spielte. Viret und Farel erscheinen pseudonym in der Olivetanbibel und Calvin wird kaum genannt.[179] Mit dem C wäre dann Calvin als der dritte Mitarbeiter berücksichtigt, dessen Gedanken Olivetan schön ordnet, indem er auch noch aus Capitos Hoseakommentar allerlei Brauchbares für eine reformatorische Judentheologie übernimmt, zumal gerade Capito für seine Hebräischkenntnisse und seinen freundlichen Umgang mit den Juden bekannt ist. Olivetan hätte dann all diese reformatorischen Gedanken durch einige Spezialitäten des Judaisten Capito ergänzt und in einen reissenden, geschlossenen Aufsatz, d. h. in ein bedeutsames Vorwort zum Alten Testament umgegossen. Er hätte die Reformation in Frankreich dadurch reich beschenkt und sie so eigentlich erst ganz, d. h. hebräisch *tam*, gemacht. Denn die Reformation in Zürich und erst recht die Reformation in Wittenberg, weist ja, das ist erst in unserem Jahrhundert richtig an den Tag gekommen, neben allem Lobenswerten und Richtigen, eine böse, eine verheerende Lücke auf, indem sie der biblischen Sicht Israels, dem «double Testament»[180] und erst recht dem zeitgenössischen Judentum nicht nur nicht gerecht wurde, sondern auch noch die Humanitas den Juden gegenüber mit Füssen trat. Luther, Calvin, Bucer und ihr anderen, fast alle ausser Capito und Olivetan, wo hattet ihr, und wo habt ihr eure Ohren?

---

[179] Pseudonyme erscheinen in der Olivetanbibel besonders im Vorwort 3, der «Apologie du translateur»: «Le translateur a ses freres fideles en nostre Seigneur/Hilerme Cusemeth [Wilhelm Farel]/Cephas Chlorotes [Pierre Viret]/et Antoine Almeutes [Antoine Saunier].» Sich selber bezeichnet Olivetan in einem Teildruck einer Neuauflage seiner Bibel, der so genannten ‹Bible à L'épée› (gedruckt in Genf 1540 bei Jean Gérard) bevor er von der Bildfläche verschwindet: ‹Belishem de Belimakom› = ‹Ohne Name und ohne Ort›.

[180] «Double Testament», vgl. oben Anm. 165.

Anhang 1:

Übersetzung des vierten Vorwortes der Olivetanbibel 1535

V. F. C. an das mit uns verbundene und konföderierte Volk vom Sinaibund/[geht unser] Gruss!

[P. 1,1: Gottesfurcht verbindet Juden und Christen][1]
Wir beten, du mögest in der wahren Erkenntnis des Herrn, unseres Gottes stehen, freundlicher und liebenswerter Leser, der du von Herzen den Herrn fürchtest. Denn du bist uns nahe und mit uns in Gott auf einzigartige Weise verbunden, weil du in der Furcht Gottes stehst. Wahrhaftigerweise ist ja die Gottesfurcht der Anfang der Weisheit [Ps 111,10; Spr 9,10, Sir 1,16]. Und was ist diese Weisheit anderes als eine gewisse Offenbarung der Güte Gottes des Vaters uns gegenüber, erkannt in seinen Werken, was [allerdings] die törichte Natur des Fleisches nie verstehen wird. Warum solltest du den nicht glückselig nennen, der sie hat? Darum können wir mit dem Psalmist sagen: Ihr Sänger, lobet den Herrn! (Ganz gewiss wage ich zu bekennen), dass es dem, der den Herrn fürchtet, gut geht, und [ihm] viel Glück widerfährt bei seinen Geboten. Ps 112.

Wer immer sich so verhält, der hat einen gewissen Grad der Glückseligkeit erreicht, denn wer den Herrn fürchtet, der tut das, was dieser geboten hat: Er flieht und verabscheut das Böse, das er [Gott] verbietet, und zwar nicht weil er von Menschenfurcht erfasst wäre, sondern von Gottesfurcht. Welcher wohlberatene Mensch könnte da meinen, so einer lebe ohne Gott und ohne den Gesalbten in dieser Welt? Wer eine solche [Gottes-]Furcht hat, mag vielleicht das volle Licht der Welt, nämlich die Erkenntnis Christi als des Gesalbten Gottes noch nicht erhalten haben, aber ganz sicher ist seine Seele voll des geheimen göttlichen Samens, und das ist das Wort Gottes im Fleisch; wenn man nicht lieber sagen will, dass wir darum schon menschlicherseits ein ungeteiltes Wollen haben, durch

---

1 Die Zwischentitel wurden zur besseren Orientierung von mir gesetzt. Die erste Ziffer bezieht sich auf die Textdoppelseite, die zweite auf den Abschnitt. Die hebräische Notation wurde eingedeutscht. Bibelstellen in eckigen Klammern wurden von mir eingefügt.

das Werk das Gesetz Gottes zu erfüllen, und den Willen, das Böse zu fliehen und das Gute zu tun.

[P. 1,2: Befreiung aus Ägypten als Grund, Gott zu lieben]

Nun also, wer wüsste nicht, dass es nicht im Menschen liegt, sich in keiner Weise auf menschliche Dinge zu richten, nicht einmal in seiner Sorge um die Sache Gottes [im Gottesdienst]. Denn es ist nie so, dass das Fleisch nicht sich selbst sucht. Der Geist allein aber hat Acht darauf, was dem anderen dient, und müht sich um die göttlichen Dinge, und das gewiss nicht, um viel Lärm darum zu machen, wie es bei den Heuchlern der Brauch ist, die ihre Werke vollbringen, um von den Menschen gesehen zu werden. Sie haben allerdings ihren Lohn dahin [Mt 6,2].

Aber dieser unser Nächster [vom Sinaibund] fürchtet Gott und tut nichts um eiteln Ruhmes willen, er hat also in sich den Willen, die Gebote zu halten vor dem Herrn. Dieser Wille (der von den Hebräern *hephes* genannt wird) entspringt der Wertschätzung Gottes. Deren Fundament ist, seine Gaben und Gnadengeschenke zu erkennen, und zwar nicht nur die, die sich auf den Leib beziehen, sondern die, die zur Seele gehören. Denn der edelste Teil des sterblichen Menschen ist diese [dessen] unsterbliche Seele. Von ihr lässt sich der Wille keinesfalls auf andere Dinge lenken, als auf das, was sie als in sich nützlich, erquickend und sicher erkennt. Daher erwähnen die Schriften oft die Befreiung der Kinder Israels aus der Knechtschaft Ägyptens, damit die lebhafte Erinnerung an dieses grösste Gnadengeschenk sie zu einer starken Liebe zu Gott entflamme.

[P. 1,3: Der böse Trieb im Menschen]

Weil aber schlechte Denkart und üble Vorstellungen (was die Hebräer *Jezer ha ra*, den bösen Trieb, nennen) dem Menschen immer Gesellschaft leisten, ist es unmöglich, dass der, der stets damit beschäftigt ist, die Gunst Gottes für sich selbst zu erwerben, nicht doch einfach sich selbst sucht. Aus dieser Quelle quillt diese Einsicht: Alle Vorstellungen und Gedanken des menschlichen Herzens sind böse, das ganze Leben hindurch [Gen 6,5]. Und weiter: Das Trachten des menschlichen Herzens ist böse von Jugend an [Gen 8,21].

Angesichts dessen also, dass wir von unserer Natur her böse sind, ist das Gute, das durch uns geschieht, Gabe Gottes und entspringt nicht der Tugend oder der Macht des Menschen.

Also [gilt]: Die hauptsächliche Güte oder Bosheit des Menschen muss sich an dessen Werken erkennen lassen. Dabei gibt es zwei Arten: Urteil und Neigung. Das Urteil entspringt dem Verstand, die Neigung dem Willen. Was den Verstand betrifft, so ist er verfinstert durch den Willen und hält darum oft die bösen Dinge für die guten, wegen des schönen Scheines, den sie bieten.

Darum ist es klar, dass wir nach unserer Natur Kinder des Zornes sind, denn wir widerstreben Gott dem überaus guten und grossen Schöpfer, wie es selbst die Ungläubigen bekennen, die Heiligen es aber in ihren Herzen fühlen. Darin nämlich liegt das Böse, wenn einer in keiner Weise seine Pflicht tut, obschon er den Willen dazu hat [Röm 7,19].

[P. 1,4: Der Mensch unsterblich, trotz Adams Fall]

Diesen Schmutzfleck müssen wir unserem Urvater Adam anrechnen. Er war zuerst einmal aus Erde gemacht, den Tieren ähnlich, was den Leib anbelangt. Andererseits ward er allein unsterblich geschaffen, denn Gott der Herr hat ihm die Seele oder den Geist des Lebens eingeblasen. Diese Seele allein ist unsterblich, denn sie steht, als göttliche Inspiration über der [übrigen] Schöpfung und dem Zustand der Dinge, die verderblich sind. Daher nennen sie die heidnischen Dichter Teil des göttlichen Atems. Und der heilige Apostel Petrus sagt: Wir haben Teil an der göttlichen Natur [2Petr 1,4], obschon natürlich diese letzte Sentenz eher auf die Wiedergeborenen zu beziehen ist, die den Geist Christi erhalten haben.

[P. 1,5,1: Biblische Anthropologie: Fleisch, Seele, Geist]

Aus diesem Grund ist im Menschen ein Dreifaches zu beachten: das irdische Fleisch; dann die unsterbliche Seele, die die Dinge übertrifft, die vergehen, die aber doch von ihrer Natur her zu den Dingen des Fleisches geneigt ist, und der Geist Gottes, Lenker und Führer der Kinder Gottes. Wenn dieser Geist anwesend ist, dann wird die Seele ein Licht genannt. Das Licht Gottes, dieses ist die Seele des Menschen, andernfalls ist die Seele nur Finsternis und Unwissenheit. Im Gesetz waren daher für die Sühnung dieser Unwissenheit und Mängel ganz bestimmte Opfer befohlen.

[P. 1,5,2: Erbsünde als Konkupiszenz]

Von diesem Geist wurde Adam im Paradies und im Garten Eden getrennt, als er, das Gebot übertretend, die verbotene Frucht ass. Daher kam es, dass die gebundene Seele dem bösen Trieb gehorchte, wie verkauft unter die Sünde, verurteilt zu ewiger Qual. Das können wir an Adams Erzittern beispielhaft sehen: Er erkannte die Nacktheit, d. h. die Hässlichkeit der Sünde, die in seinem Leibe durch die Begierde [Konkupiszenz], *hasegel*, herrschte, erweckt durch den Geschmack der Frucht des Baumes, wie einige meinen. Er flieht und fürchtet sich, als die Stimme Gottes an sein Ohr dringt, und versteckt sich unter den Bäumen des Paradieses, und nur widerwillig stellt er sich der Stimme Gottes, die ihn ruft [Gen 3,8–10].

Welche Seele möchte schon den Herrn hören, der zum Gericht ruft? Nichts bleibt als Furcht und Zittern, Flucht und sich verstecken wollen. Der Zugang zu Gott dem Herrn in Freimut ist verschlossen und verbaut wegen der Sünde. Ich frage dich: Zu wem willst du deine Zuflucht nehmen oder wo wirst du Erleichterung finden und Abhilfe für deine Pein? Gott der Rächer der Sünde (vor dem man nichts verstecken kann) begegnet [uns] überall und erschreckt das schuldbeladene Gewissen.

[P. 1,6: Der unversöhnbare Krieg im Menschen zwischen Fleisch und Geist]

Das Verderben der Sünde liegt offen zu Tage durch diesen unversöhnbaren Krieg, der im Menschen tobt. Denn das Fleisch bedrängt durch das ganze Leben hindurch den Geist und verbaut ihm den Weg, sodass ihm der Zugang zum Herzen nicht offensteht. Es sucht nämlich nach Sicherheit und Fluchtwegen, um dem Geist zu entfliehen, der es der Sünde anklagt, Rechtsspruch und Gerechtigkeit fordert. Es verlangt [dagegen] nach greifbaren Lustbarkeiten, folgt der Torheit, sucht eifrig nach Entzückungen für seinen Leib, so da sind: Essen, Trinken, Schlafen, Faulheit, unsaubere Spielereien und ähnliches, worin es vollständig versunken ist.

Die Vernunft aber, erleuchtet durch den Geist, bemüht sich um gute Dinge und kämpft gegen das Fleisch und hegt die Überzeugung, dass der Mensch nicht für sein verderbliches Fleisch unsterblich geschaffen ist, sondern vielmehr, dass das Fleisch für den Menschen geschaffen ist [d. h. zu seinem Dienst].

Der Geist zeigt dies durch die Ordnung der Schöpfung. Denn, bevor der Mensch geformt wurde, sind die anderen Tiere schon da, deren Proprium es ist zu trinken, zu essen, zu schlafen und ihrem ungeregelten Appetit zu gehorchen. Diesen gleicht der Mensch, der seinem Bauch dient und gehorcht, sehr. Dass er nämlich grösser und vortrefflicher sei als die Tiere, zeigt sich so nirgends effektiv. Er ist so vielmehr ganz tierisch; er ist wie ein Tier und gleicht nur den Dingen, die den Menschen nicht auszeichnen, sondern die hauptsächlich zum Tier gehören.

Ganz anders aber steht es um die Sache dessen, der mit Essen und Trinken nur die natürliche Kraft unterstützt, um dem Anspruch des göttlichen Gesetzes zu genügen, zum Vater im Himmel zu beten und am Werk und an der Arbeit in Gottes Weinberg teilzunehmen. So geartet sind die Guten. Sie essen, um zu leben und nicht umgekehrt: Sie leben nicht, um zu essen. Wer aber kann dieser Begrenzung und Zurückhaltung immer sorgfältig Rechnung tragen? Wo wäre da einer, der sich nicht ab und zu als [schwacher] Mensch fühlte und ein solches Elend nicht zu bedauern hätte? Auf diese Art belastet nicht nur der verdorbene Leib die Seele, sondern verwüstet sie ganz. Erst nach dem Tod weicht dann die Sünde vom Fleisch, wenn sie besiegt ist und die Seele frei wird von ihrem Gefängnis.

[P. 1,7: *Homo incurvatus in se*: des Menschen Elend]

Stellen wir uns nun vor, es gebe jemanden, der sich von ganzem Herzen bemüht, die Schlechtigkeit seiner Gedanken und Werke zu korrigieren. Was wird so einer anderes erlangen als das Trugbild eines besseren Lebens, indem er sein verkehrtes Herz unter der Maske eines falschen Antlitzes versteckt? Denn er gibt sich ja dieser Sache hin aus Liebe zu sich selbst, so wie auch der menschliche Geist um der Nützlichkeit willen die Gewohnheit hat, Rat und Weisung zu suchen, aber dabei nicht nach der Sicht Gottes fragt, sondern bei sich selbst bleibt, das heisst aber nicht zum Guten, sondern zum Bösen [gelangt].

[P. 1,8: Der Weg der *emuna* als Rettung?]

Du sagst nun, dass der, welcher sich grosse Mühe gibt in der Hinneigung zum Gesetz und zum Gesetzesstudium, zu einer Vollkommenheit gelangen werde, wie derjenigen Abrahams oder noch grösser, denn so grosse Vollkommenheit liege in der Hand [und Möglichkeit] des Menschen. Ich kenne dieses Diktum, welches (wie ich meine) von jenem alten Eleasar stammt, und welchem sozusagen das ganze Altertum der Hebräer beistimmt. Aber bitte, wie könnte man verkehrter und unbedachter argumentieren? Denn mag auch der volle Verstand es befehlen, sag mir doch bitte, wo willst du den festen Willen gegenüber dem Gesetz finden? Denn das Trachten des menschlichen Herzens ist böse [Gen 8,21].

[P. 2,1: Der Weg der emuna als Rettung?]

[Und] jetzt [gilt doch:] Das, was schon an sich schlecht ist, kann nicht von sich aus gut gemacht werden, denn es kann sich ja nicht wandeln zu einer anderen Natur und anders werden als es ist. Du willst doch nicht etwa sagen, es könne Gott für sich sein und [ebenso] die Kreatur für sich. Das Laster ist nämlich nicht nur zur Gewohnheit geworden, sondern zur Natur. Ich will gerne zugestehen, dass der Lebensmut sich durch entsprechende Lektüre gestärkt fühlt, aber er kann nicht vollkommen werden, noch kann irgendein Leser der Schrift von sich aus seine Natur ändern.

Wozu dient die Lehre des Gesetzes als dazu, den göttlichen Willen zu erkennen, damit du wissest, was der Schöpfer von dir will und verlangt?

Höre doch in dieser Sache auf den Heiden Seneca, der im Altertum der grösste und entschiedenste Verfechter der Tugend war, den es je gab. Dieser gesteht, dass [im Menschen] wütende, gegensätzliche Gefühle herrschen und sich bekämpfen, auch wenn die Vernunft uns auf das Gute weist und von uns die Tugend erheischt. Daher nimmt er an, kein Mensch sei gut, aber unter den Menschen seien einige schlechter als andere.

[P. 2,2+3: Lob der *emuna*]

Also, kommen wir zum gegenwärtig vorliegenden Thema: Beachte und studiere das Gesetz Tag und Nacht, zuletzt wirst du einsehen und erkennen, dass Gott, der Allmächtige, *schaddai* (d. h. der in sich Seiende und umfassend über alle Dinge Verfügende), mit dir verbunden ist durch einen Bund und dir ganz gehört, von dir aber verlangt, dass du ihn ehrst und glaubst, er sei wahrhaftig in seinen Verheissungen und du also kein anderes Gut erwartest, als was von ihm kommt. Alle anderen Dinge können dir keine Hilfe verschaffen, sondern nur der Glaubensgehorsam: *emuna*. Der ist aber eine feste Erkenntnis, dass unser Gott ein Gott ist, ein Gott allein und kein anderer neben ihm. Von daher kommt und entspringt auch die grosse Liebe zu Gott, durch welche dem Gebot Rechnung getragen wird: Du wirst deinen Gott lieben von ganzem Herzen und deiner ganzen Seele etc. Deute 6 [Dt 6,5].

Aus dieser Quelle spriessen die Werke und Taten eines glaubenden Menschen, die begleitet und geleitet sind in der Liebe Gottes, durch welche er voll hingegeben und bereit gemacht ist, dessen Ruhm zu feiern und zu preisen, damit er alles aus der Hand Gottes empfange. Und das [soll] dankbar und fröhlich geschehen, so, wie es Gott dem Volke Israel geboten hatte, es möge gedenken und in Erinnerung halten, dass es ins [gelobte] Land gelangt sei, nicht wegen der Güte und Integrität seines Herzens, sondern wegen Gottes Verheissung, die bestärkt ward durch den Eid gegenüber Abraham, Isaak und Jakob. Deute 9 [Dt 9,4–6].

[P. 2,4: *Emuna* nicht möglich ohne Geist als Reformator der Herzen]
O blindes Herz, das hier nicht einsieht, dass nicht dadurch wahre Güte erlangt wird, indem man sich nach dem Gesetz bewegt und dessen Sache besorgt, wenn der Geist, der der Reformator der Herzen ist, fehlt. Denn wir glauben gerne, alle Dinge stammten von Gott, was ja klar und deutlich daliegt durch die Schöpfung der Dinge und durch viele andere Mittel, z. B. durch die ganze Schrift und durch den Gang der Werke Gottes, und was du auch erkennen kannst, indem du die Profangeschichte studierst. Im Allgemeinen aber sucht man andere Hilfe und Rettung für dieses Leben, auf die man sich eher stützt als auf Gott. Auch die heiligsten Gottesmenschen waren dem Unglauben nicht ganz enthoben, wenn ihnen Gefahren und Drohungen den Mut raubten; so hat [z. B.] Abraham verschwiegen, dass Sara seine Frau war, und Mose [scheiterte] in Meriba (das ist Bitterwasser), wo sie [die Israeliten] schwer zu Fall kamen.

[P. 2,5: Gesetz im *usus elenchticus*]
Also, die Kenntnis des Gesetzes zeigt dem Menschen die Sünde an, d. h. seinen Unglauben, und das Vertrauen, das er auf die anderen Geschöpfe setzt, was ja nichts anderes ist als eine Verleugnung des einen Gottes.

Es zeigt ihm auch seine Unbarmherzigkeit und die fehlende Liebe, die er dem Nächsten gegenüber an den Tag legt, und das ist ja das Gegenteil von Liebe; es bringt auch andere ähnlich[e unschöne] Dinge, Gefühle und Begierden an den Tag, was sich täglich durch Tatsachen und im Verhalten der Menschen bestätigt. Es fehlt doch so viel daran, dass die Kenntnis des Gesetzes die Sünde aufhebt, dass man sogar sagen muss, es stachele sie vielmehr an. Denn das Gesetz Gottes gebiert den Zorn, zumal es die Konkupiszenz entzündet und so das Fleisch provoziert, die Vorsehung Gottes der Grausamkeit anzuklagen, welche doch will und gebietet, dass wir Gott lieben sollen von ganzem Herzen. Denn alle sind wir ja (so wie wir nun leider sind) der Selbstliebe verfallen und nicht der Liebe gegenüber Gott und dem Nächsten.

[P. 2,6: Bitte um letzte Ehrlichkeit]
Was machst du also mit einem, der diese offensichtliche Verkehrtheit unserer Natur leugnen möchte? Du musst ihn sicherlich ermahnen, er möge die Wahrheit nach dem Zeugnis seines Herzens und nicht etwa seiner Lippen bezeugen; genauso wie du denjenigen machtvoll besiegen könntest, der sagen möchte, das Feuer brenne nicht, indem du seine Hand mitten in die Flamme stecktest. Ähnlicherweise haben durch lange Erfahrung viele heilige Leute erkannt, welch grosse Pest und welche Übel im Menschenherz stecken.

[P. 2,7: Das Gesetz reizt zur Sünde]
Danach muss es also so sein, dass die Kenntnis der guten und ehrenhaften Dinge, die uns das Gesetz Gottes anzeigt, die Krankheit des Menschen keineswegs heilt, sondern sie vielmehr noch verschärft und kompliziert (wie es der heilige Paulus den Kirchen oft dargelegt hat, nämlich, dass die Sünder gerechtfertigt sind durch Glauben); diese umfassende Lehre ist durch unsere verurteilte Natur bekannt und kenntlich gemacht, so wie es auch Abraham zur Gerechtigkeit zugerechnet wurde, als er Gott Glauben schenkte, der ihn unter die Verheissung stellte mit den Worten: Dein Same wird so sein usw. [Gen 12]. Das hat er dann klar gemacht im Bund mit Mose mit den Worten: Höre Israel, dein Gott ist der einzige Gott [Dt 6,4]. Mit diesem Wort verspricht er, alle Dinge Israel zu schenken, aber ebenso will er, dass Israel alles aus seiner Hand nehme und empfange, kein Gutes erwarte als das von ihm dargebotene, und dass es erkenne, gehalten und in Pflicht genommen zu sein [von niemandem] als von Gott allein, der jedem das Seine verschafft.

[P. 2,8: Der menschliche Glaube ist schwach]
Welches Gewissen wird dieses Gesetz unterstützen und aushalten und nicht sofort in Schrecken und Verlorenheit fallen, wenn es feststellen und spüren wird, dass es über diesen Glauben nicht genügend und nicht in wirklicher Beziehung zum Wort von der grossen und umfassenden Gnade verfügt? Denn im Allgemeinen dienen wir nicht dem einen Gott, wenn wir so vielen irdischen Torheiten als Unterstützung und Hilfe nachjagen. Und durch die Armut an Glauben sind wir getrennt von der Liebe zu unserem Nächsten, den wir ja lieben sollen in Gott wie uns selbst. Leviti 19. Zudem kränkelt in uns das wenige an Glauben, das wir haben, dahin, zumal wir andernorts Hilfe suchen als bei Gott und von Gott selbst immer

nur das Wenigste erwarten. Das ist der Grund, wieso wir nicht in aller Einfachheit vor dem Herrn leben. Daher kommt es auch, dass Gott sich zurückzieht und verflüchtigt vor denen, die ihr Vertrauen und ihre Hoffnung auf die Hilfe der Kreaturen setzen. Es zeigt sich ja, dass man vielmehr auf die niederen und irdischen Dinge schaut und sie bewundert als die wahrhaftigen und erhabenen. So steht es um die Vorstellungen und das Trachten des Menschen.

[P. 2,9+10: Auch die Verheissungen Gottes schrecken uns]
Da wir nun also nicht einen festen und ganzen Glauben haben an diese Verheissung: Ich bin der Herr, dein Gott, so gleichen wir denen, die ihren Fuss zurückzogen und wegen der Stimme Gottes [erschrocken] von seinem Berg zurückwichen [Ex 20,18–21]. Wir glauben fest und glauben doch nicht. Gerne hören wir die Worte des Heils, und doch erschrecken sie uns. Wir wünschen sie zu hören, und doch sind sie uns unerträglich und wir halten sie nicht aus, während Gott richtig und wahrhaftig mit uns seinen Bund schliesst und etwas von uns verlangt. Darum verlangen wir nach dem Bund Gottes, in der Annahme, dass er dem Ohr des Herzens dargeboten werde durch einen Mittler; dann auch, weil uns ja nichts aus dem Munde des Herrn nicht schrecklich wäre ohne einen Mittler. Ganz sicher wird das Fleisch in Schrecken versetzt, weil Gott ihm eine Grenze seiner Zügellosigkeit setzt; es kennt sich nämlich in Glaubensdingen überhaupt nicht aus. Es ist ebenfalls sehr erschreckt und verloren darin, dass es einen solchen Glauben und eine feste Überzeugung von der Güte Gottes haben soll, und dass es alle Dinge erhoffen, erwarten und von Gott empfangen und ihn in allem loben soll; gerade diesen Glauben hat es nicht. Auch der Mangel an Liebe, welche es sowohl Gott als dem Nächsten gegenüber erzeigen soll, erschrickt es. Ebenso macht es das Gebot: «Du sollst deinen Nächsten lieben wie dich selbst», perplex. Leviti 19. Und auch [ja sogar] (wenn wir unter dem Gesetz wären) dieses Gebot: «Lass den Vogel frei, der seine Eier ausbrütet, oder der seine Jungen hegt» [Dt 22,6+7], [käme dem Fleisch quer]. Denn die ganze Kraft und Stärke des Gebotes liegt darin und hängt davon ab, dass wir an Gott glauben, wie wenn wir vor ihm stünden und er uns diese Worte aus seinem eigenen Mund direkt zuspräche.

Welche Hoffnung auf Heil bleibt uns da noch, wenn uns sogar seine gnädigen und freimütigen Verheissungen erschrecken? Also erschrecken sie uns doch, da sie von uns fordern, wir sollten einen gleichen und entsprechenden Glauben zu ihnen haben, wir, die wir [doch] gesteuert und bewegt sind von so vielen müssigen Hoffnungen. Dabei ängstigen und erschrecken uns nicht nur die Gebote des Gesetzes, sondern auch die Verheissungen, denn sie alle wollen und verlangen, dass wir unser Herz vor Gott rein und ganz darstellen, was ja kein lebender Mensch je erfüllen kann.

[P. 2,11: Der eine Gerechte erfüllt den Bund]
Kehren wir also um und gehen wir zurück zum Mittler mit dem Volk am Berg, zum Mittler, der voll und ganz den Bund erfüllt und uns gereinigt hat, nicht mit dem Blut von Kälbern (wie es Mose vor Zeiten getan hatte), sondern mit seinem eigenen Blut, mit dessen Einsatz er den Bund und den Pakt der Gnade voll gemacht hat, und durch den die Gewissen gereinigt sind, bespritzt und begossen mit seinem Blut. Aber ein solcher Glaube übersteigt das Verständnis und die Aufnahmefähigkeit der Natur.

[P. 2,12: Der Neue Bund im Geist]
Gott hat den Neuen Bund verheissen, sag neu, weil er im Geiste Bestand haben soll, ohne die alten Umstände. Der Alte Bund hat immer im Blut von Tieren seinen Bestand gehabt, der Neue Bund besteht in einem neuen Blut. Ebenso hatte die ewige Erlösung Bestand in einer ewigen Hostie und einem ewigen Opfer. Der unauflösliche Bund ist ewig und vollkommen durch das ewige Blut, das Gott gehörte.

Das Reich des Messias, des Sohnes Davids, ist ohne Ende. Daher muss er auch ein ewiger König sein; und es ist unumgänglich, dass die neuen unsterblichen, von Gott geschaffenen Menschen Bürger dieses neuen und ewigen Königreiches sein sollen. Aber immer und bis jetzt haben die Verheissungen und die Bundesschlüsse Gottes nicht Bestand gehabt, weil die Pflichtvergessenheit des Menschen überhand genommen hat mit dem bösen Herzen, welches ja auch der Ursprung der Pflichtvergessenheit ist, worauf dann die Verheissungen nicht Wurzeln schlagen können.

[P. 3,1: Die tägliche Läuterung im ewigen Königreich]
Weil der Gesalbte des Herrn über das ewige Königreich verfügt, hat er auch eine ewige Erlösung gefunden. Es ist daher nötig, dass er den bösen Trieb, das böse Denken auslösche; die alten Hebräer hoffen das für die Zukunft, aber durch die Gnade Gottes erfahren wir, dass das bereits geschehen ist. Die Sünden werden uns nämlich nicht mehr angerechnet in

der Gnade dessen, der uns erwählt hat in Jesus Christus, durch dessen Geist die Überreste der Sünde (d. h. böses Herz und böse Regung) von Tag zu Tag weniger werden, sich je länger je mehr läutern und verflüchtigen, damit sich ein neues Herz und ein neuer Geist erhebe durch den, der alle Dinge neu macht, den Gesalbten des Herrn.

[P. 3,2: Vernünftiger Gottesdienst]

Das ist deutlich angezeigt im Propheten Malachi [Mal 3,3–4]: «Er wird blasen und das Silber reinigen und er wird die Kinder Levis reinigen, er wird sie reinigen und sauber machen wie Gold und Silber, und es wird Menschen geben, die dem Herrn Opfer darbringen werden in Gerechtigkeit.» Was verlangst du da noch nach einem anderen Zeugnis? Denn er spricht doch ganz klar von Christus, der, nachdem er zum zweiten Mal in die Welt getreten ist nach seiner Auferstehung, die Seinen reinigt und durch die Flammen des Geistes den alten Schmutz und die Flecken der Sunde, die sich an ihnen fanden, wegbrennt. Daraufhin werden die heiligen Fleischopfer richtigerweise aufhören können, die den anderen Opfern wie zur Ergänzung beigefügt sind. Denn ihre Opfer sind sachgemäss, verfügen sie doch über die wahre [und eigentliche] Hostie, nämlich ihre Leiber, dargebracht als lebendige Opfer, heilig, Gott wohlgefällig, als vernünftiger Gottesdienst [Röm 12,1] derer, die wiedergeboren sind.

Warum sind sie dazu gut und ausreichend? Ganz sicher in der Kraft des Geistes Christi, der sie der Sünde abfordert, der von ihnen den Schmutz sanft wegbrennt und sie rein macht vom Unrat des Herzens.

[P. 3,3: Christi Werk der Erlösung]

O tiefes Geheimnis! Derjenige, der ans Kreuz geschlagen wurde, kommt zurück ins Leben und steigt in den Himmel, um alles zu vollenden. Wenn er in uns Wohnung nimmt, dann macht er die Herzen der Glaubenden weit und voll, er wohnt in ihnen und vollendet in ihnen das Werk der Erlösung; denn er schafft es, dass die Sünden uns nicht mehr angerechnet werden, wenn sie auch durch das Gesetz und durch die Verheissungen als uns voll und rigoros anzurechnen bezeichnet waren. Denn alle Dinge sind nur unter einer gewissen Bedingung verheissen, nämlich, dass wir sie hören, beachten und tun, d. h. dass wir sie glauben und fest in unseren Herzen behalten, indem wir sie tun, effektiv und aufrichtig. Wann aber sollten Fleisch und Blut das je erreichen und vollbringen?

[P. 3,4,1: Alle stehen im Unglauben und sind so zum Dank verpflichtet]
Aber die ewige und vollkommene Erlösung ist durch Christus schon vollbracht, und man erwarte keine andere, die die trostlosen und ruinierten Verhältnisse reparieren und wiederherstellen könnte. Es ist doch einfach nötig, dass er zu seinem Kommen und seiner glücklichen Ankunft [uns] ein besseres Herz schenkt und mit seiner Freigiebigkeit dem vollen Glauben Raum verschafft, welchen unsere ungläubige Natur nicht hat. Dieser Glaube an Jesus Christus sieht und erkennt, dass Gott alle Dinge unter dem Unglauben verschlossen hat, damit ihm alle Dank schulden [Röm 11,32]. Er erkennt auch, dass der Vater uns den Gesalbten und mit ihm alles geschenkt hat. Mit seiner Gerechtigkeit macht er unsere Sünde zunichte und löscht sie aus. Denn seine Gerechtigkeit ist jetzt die unsere; sein Leben (das unser Leben ist) ist unsterblich in Gott und es löscht in uns den ewigen Tod der Hölle aus; sein Glück und seine unaussprechbare Seligkeit zerstört und vernichtet das tiefe Elend derer, die durch die Sünde zur Hölle verdammt sind.

[P. 3,4,2: Gewissen durch Christus gestillt und Mensch wiederhergestellt]
Ohne Christus kann der Verheissungsglaube das Herz nicht ruhig machen noch das Gewissen stillen, sowohl deswegen, weil er noch nicht voll und ganz ist, als auch darum, weil er die Bedingungen nicht erfüllen und vollenden kann, die zu den Verheissungen gehören und die mit ihnen verbunden sind. Mit Christus aber und in ihm (auf den sich alle Verheissungen beziehen) macht der Glaube das Gewissen still und ruhig, weil es nun glaubt, dass durch Christi Gerechtigkeit (der uns ja gemacht ist zur Gerechtigkeit vor Gott [1Kor 1,30]) nicht nur sein Unglaube, sondern auch seine anderen Sünden ihm vergeben und erlassen seien. Gegen einen solchen Glauben wird unsere Torheit und unsere mächtige Versuchung nicht ankommen und auch kein Hindernis aufstellen. Ein Vertrauen aber auf ein Heil von anderswoher und eine Klugheit aus anderer Quelle führt voll und ganz ins Verderben. So kommt es, dass die, die sich auf ihre Werke verlassen und meinen, sich dadurch vor Gott zu rechtfertigen, draussen bleiben und von der Gerechtigkeit Gottes geschieden sind, obschon sie gerade ihre Gerechtigkeit suchen und festmachen wollen. Demgegenüber gilt: Denen, welchen die Gabe des Glaubens von Christus geschenkt wird, denen gereicht Christi Tod zur Reinigung und zur Vergebung ihrer Sünden, und im gleichen Geist werden sie von Tag zu Tag erneuert, wiedererschaffen als neue Menschen.

[P. 3,5,1: Die Disposition des göttlichen Königreiches im Alten Testament
Dadurch kann man nun sehen und erkennen, dass der, der Davids Sohn ist, Gott ist, und dass Gott die Welt versöhnt mit sich selbst durch und im Menschen Christus. Denn Gott allein hat und behält die Macht zu schöpfen und zu erneuern, er, der allein die Art der Dinge verändern kann, er macht aus dem alten und bösen Sinn einen neuen und guten. Es ist auch unsinnig und zu schwerfällig gesprochen, wenn einige sagen, Gott habe die Macht zur Schöpfung verbreitert und an die Engel weitergegeben. Mit derselben Begründung könnte man nämlich sagen, er habe sie zu Teilhabern seiner Gottheit gemacht. *Schaddai*, der Erhabene, wie wir ja schon betont haben. Es ist keine andere Hilfe zu erwarten und es gibt keine ausser ihm. Und doch hat Christus zugleich die volle Macht und [es ruht in ihm] die ganze Erlösung. Jeheze 34. [Ez 34,23–25]. Gott der Herr hat bei der Disposition seines Königreiches, dessen er selbst der gepriesene Herr aller Zeiten ist, seinen Diener David als Fürsten eingesetzt, zumal er das gemacht hat, was allein Gottes ist, und zumal diese Macht, solches zu vollbringen, die Art und Möglichkeit aller Natur voll und ganz übersteigt.

Dieses Geheimnis kann natürlich in der hier vorliegenden Kürze nicht vollständig entschlüsselt und dargelegt werden. O welch unvergleichliche Güte dieses unaussprechlichen Geheimnisses, dass Gott im Fleisch wohnt, und das Fleisch Christi in Gott. Denn er ist zur Unsterblichkeit gelangt, die allein Gott zukommt und durch ihn gelangen auch wir zu Gott.

[P. 3,5,2: Die Substanz des Bundes, Gotteserkenntnis und Charitas werden von der christlichen *pistis* nicht aufgehoben, sondern unterstrichen]
Wie also, ist das Gesetz damit abgetan? Darauf wird im apostolischen Hebräerbrief Antwort gegeben, wo es heisst, dass das Neue das Alte abtut und vertreibt. Dennoch bleibt das Gesetz, soweit es nämlich zur Substanz des Bundes gehört. Denn das Gesetz hat zwei Teile, Gebote erster Ordnung und solche zweiter Ordnung. Die zweiten sind zeitlich, die ersten ewig. Daher kommt es, dass das Volk Israel nach seiner Rückkehr aus Babylon gerügt wurde, weil es sich mit dem äusserlichem Opferdienst so viel Arbeit und Mühe machte, aber Glaube und Liebe vergass, wovon doch der Herr bei Hosea sagt: Ich habe Erbarmen gesucht und nicht Opfer, und die Erkenntnis Gottes ist mehr wert als alle Ganzopfer. Und weiter heisst es: Ich schreibe ihnen die wichtigsten Dinge des Gesetzes. Hosea 8. [Hos 8,12]. Und Gott mahnte durch seine Propheten täglich an die Hauptpunkte, nämlich an die Gotteserkenntnis, die im Glauben besteht, und an

das Erbarmen, die Wohltätigkeit und Liebe zum Nächsten. Aber was haben sie gemacht? Ohne Glauben haben sie ihre Opfer dargebracht, was dem Herrn ein Gräuel ist, und er bestreitet auch, ihnen je solche Dinge befohlen zu haben. Jeremiah 7 [Jer 7,22].

[P. 3,6: Die Welt vergeht; das Gesetz im Herzen bleibt]

Also, die wichtigsten Teile des Gesetzes sind in die Herzen eingeschrieben, und bis heute ist die Rede vom Neuen Gesetz, weil es nicht mehr in den Dekreten enthalten ist. Mose und sein Gesetz bleibt noch in diesem Teil. Die zweiten aber, und minderen Teile (zumal sie von dieser Welt, d. h. äusserlich und sichtbar sind) gehören und entsprechen nicht dem Reich Christi, das innerlich und erhaben ist. Man achte doch ein wenig auf Jesaja, der befiehlt, wir sollen gewaschen sein, ohne dass er dabei äusserliche Dinge erwähnt. Die Beschneidung gilt, solange diese Welt und die Dinge, die zu ihr gehören, Bestand haben. Das Ende der Welt aber ist der letzte Tag, wenn der Tag Christi aufleuchtet, dessen Reich nicht von dieser vergänglichen Welt ist, denn er ist ewig und verdirbt nicht. Die Figur dieser Welt aber, so gross sie auch ist, wird vergehen.

**[P. 3,7,1: Probleme des gegenwärtigen Dialogs.
Das Königtum Davids bleibt]**

Man liest an einigen Stellen im Buch der Talmudisten, dass das Gesetz unter der Herrschaft des Gesalbten aufgehoben sei, ausser dem Buch Ester und ich weiss nicht, was noch für andere Kleinigkeiten, worüber sie sich streiten und ihre Debatten führen über die Tatsache von erledigten Zeremonien. Während diese früher zum Kult gehörten, pflegen die Juden sie ausserhalb ihres Landes nicht und können sie auch nicht befolgen; so hat der Herr die Bundeslade, den Opferdienst und das Königreich samt ähnlichen Dingen tatsächlich auch aufgehoben, als der Tempel zerstört wurde. Immer aber dauerte die Herrschaft des Königs David. Hosea 3.

Die Kinder Israels werden lange ohne König und ohne den Fürsten sein. Danach aber werden die Söhne Israels wiederkommen und den Herrn, ihren Gott, und David, ihren König, suchen.

**[P. 3,7,2: Nicht im Buchstaben, aber im Geist liegt eine gemeinsame
Zukunft und auch Einsicht in die je eigenen Irrwege]**

Nun also: Dieser König David, das ist der Messias, zu dessen Zeit die Juden verbannt und über die Erde hin zerstreut sind gemäss den Drohungen des Gesetzes; und weil Israel nach dem Fleisch dem Reich des Königs David nicht gehorcht, gibt es ein anderes israelitisches Volk, welches der Prophet Jeremia beschreibt. Jer 33. Wann aber werden sie zurückkehren? Wenn die Fülle der Heiden eingekehrt sein wird. Gewiss ist es nicht falsch verstanden und verkehrt angenommen, dass das Gesetz unter Christus abgetan sei, denn die Ursache des Gesetzes ist aufgehoben und ausgeschlossen. Sie sagen nämlich, dass das Gesetz wegen der Bosheit des Herzens gegeben wurde, wie der Verfasser des Buches Mithuoth gadol im Vorwort ausführt. Ebenso Bachai zu Deut. 31. Das Gesetz macht das schlechte Herz fest, was ja der Jude zur Genüge weiss, und dem stimmt auch der heilige Paulus zu, wenn er dem Timoteus schreibt: Das Gesetz ist für die Ungerechten gegeben [1Tim 1,8–11].

Und nun möchte ich, dass die Juden wegen dieser drei Dinge, nämlich wegen ihres Stammbaums, des Gesetzes und der Verheissungen, sich nicht so sehr rühmen nach dem Buchstaben, sondern gemäss dem Geist, indem sie stets geduldig die Mühseligkeit, die ihnen der Herr aufgeladen hat, ertragen. Auch sollten sie sich nicht so sehr auf ihren Talmud und die Rabbiner verlassen, wodurch sie (wie die Türken durch den Koran und die Christenheit ohne Christus durch die Konstitutionen und Dekrete) oft gehindert werden, zum wahren Licht und zur wahren Einsicht zu kommen.

[P. 3,7,3: Das rechte, geistgewirkte Verständnis des Gesetzes richtet Juden und Christen aus auf das Heil, das Neue Jerusalem]

Gewiss werden sie von sich aus in Scham und Schrecken geraten, wenn sie das Gesetz behandeln und betrachten, wegen der Sünde, die im Menschen steckt und ihm anhaftet. Sie werden sich dann hüten, sich ihrer Tugend und Macht zu rühmen und werden endlich das verheissene Heil suchen und es erlangen, wie wir, die wir glauben, es schon jetzt zu haben.

Wir wollen also beten, dieses Heil möge erstrahlen und erkannt werden von jedermann, damit der Tempel und die Stadt Jerusalem, dieses erhabene Land, gänzlich erbaut werde, und wir die Braut Christi sehen, geschmückt mit diesen schönen Gaben. Amen.

Paulus an die Römer I2 [Röm 2,10].

Ruhm und Ehre und Friede für alle, die das Gute tun werden, dem Juden zuerst und auch dem Griechen.

Anhang 2:

Textkopie des Originals

CY. F. C. a nostre allie & confedere le peuple de lalliance de Sinai/ Salut.

Nous prions que tu aye la vraye cognoissance du Seignr Dieu & de sa parolle, gratieux & amiable lecteur, quiconque de coeur crains le Seignr. Car tu nous es prochain & aucunemēt cōioinct a nous en Dieu, pource que tu as la crainte dicelluy. Veritablemēt le cōmencement de Sapience est la crainte de Dieu. Et icelle Sapience quest ce autre chose que certaine reuelatiō de la beniuolence du pere enuers nous congneue par ses oeuures: laquelle la sotte nature de la chair iamais ne cōprendra. Celuy qui la/ pourquoy ne le diras tu heureux: Parquoy nous pouons dire auec le Psalmiste: Vous Chantres/ louez le Seigneur (aussi certes ie ose cōfesser ceci) quil va bien a celuy qui craint le Seignr & prend grand plaisir en ses cōmandemens. ps. 112. Quiconque donc est tel a acquis quelque degre de beatitude: car qui craint le Seigneur, il faict le bien quil a cōmande, il fuyt & a en horreur le mal que icelluy deffend: nō quil soit esmeu de crainte humaine, mais de la reuerāce de Dieu. Qui est lhōme biē aduise qui ose estimer celuy viure cōme sans Dieu & sans Christ en ce mōde: qui a vne telle crainte, ia soit quil nayt point encore receu la claire lumiere du mōde/ cest adire la cōgnoissance de Christ le Messiah du Seigneur: Certes son ame est pleine de secrette semēce de Dieu/ laquelle est la parolle de Dieu en chair: si quelquun nayme mieulx dire/ que nous auōs humainemēt vng entier vouloir daccōplir par oeuure la loy de Dieu & volunte de fuyr le mal & faire le bien.

Or qui est celuy qui ne sache quil nest pas en lhōme de non se attēdre aucunemēt au iour humain, mesme en la besongne du Seignr: Car iamais naduient q̄ la chair ne se cerche. Mais vng seul esperit cōsidere ce qui est vtile aux autres, & sempesche aux choses diuines, non certes pour cōquester bon bruyt, cōme ont de coustume les hypocrites, q̄ font leurs oeuures pour estre veuz des hōmes/ aussi ont ilz receu leur loyer. Mais cestuy nostre prochain craingnant Dieu/ qui ne faict rien pour vaine gloire, ains contient en soy la volunte daccōplir les cōmandemens deuant le Seignr. Laquelle volunte (qui est appellee des Ebrieux חפץ Hephez) prouient de dilection de Dieu: de laquelle le fondemēt est, cōgnoistre les benefices & gratuitez dicelluy, & non pas tant ceulx qui appartiēnent au corps/ q̄ ceulx qui appartiēnent a lame. Car la plus noble partie de lhōe mortel cest ceste ame immortelle. De laquelle la volunte ne se laisse point mener par la dilection en autre chose fors en ce quelle congnoit estre a soy vtile/ delectable/ et seure. Parquoy les escriptures font souuent mention de la deliurāce des enfans de Israel/ de la seruitude de Egypte: affin que la viue memoire des tresgrās benefices les enflamme a vne grande amour enuers Dieu.

Mais pource que mauuaise pēsee & mauuaise imagination (lesquelles les Ebrieux appellent יצר הרע Jezer hara) tiennēt tousiours cōpaignie a lhōme: il nest pas possible que cestuy qui sest du tout addōne a preparer a soy la faueur de Dieu, quil ne cerche encore soymesme. De laquelle fontaine sort ceste sentence: Toutes les feintises des pēsees du coeur humain sont mauuaises tant seulemēt par toute la vie. Et de rechef: Car la pēsee du coeur de lhōme est mauuaise des son adolescēce. Veu donc que de nostre nature nous sommes mauuais, le bien qui se faict par nous est don de Dieu, non la vertu ou puyssance de lhōme. Or la principale bonte ou malice de lhōme doibt estre estimee par ses oeuures. Dicelles sont deux especes/ Jugement & Affection. Le Jugemēt vient de raison, Laffection de volunte. Quant a raison/ elle est aueuglee auec la volunte, & le plus souuent embrasse les choses mauuaises pour les bōnes a cause du beau visage quelles monstrēt. Ceci est donc manifeste que de nostre nature sommes les enfans de ire, pource que nous repugnōs a Dieu createur tresbon & tresgrand, cōme confessent mesmes les infideles, & les sainctz sentent en leurs coeurs. Car en ce gist le mal, si quelquun ne faict point son deuoir, toutesfois quil en ayt le vouloir.

Telle tache deuons nous imputer a nostre premier pere Adam. Il a este faict premierement de terre, semblable aux bestes quant au corps. De lautre partie de soymesme, a este cree immortel: car le Seigneur Dieu souffla en luy lame ou esperit de vie. Ceste ame seule est immortelle: car elle est sus la creation & estat des choses corruptibles diuinemēt inspiree: dont vient que les Poetes payēs lappellent particule de soufflement diuin. Et Sainct Pierre lapostre dit: ...

aux choses de la chair. Et lesperit de Dieu/qui est guide & conducteur des enfans de Dieu: lequel esperit estāt present, lame est appellee lampe. La lampe de Dieu, cest lame de lhōme, autremēt lame ce nest que tenebres & ignorāce: dont en la loy estoient ordonnez pour les ignorāces & defaultes certains sacrifices. De cestuy esperit fut destitue Adam au paradis & iardin de Eden/ quād en trāsgressant il mangea le fruict defendu. Dont est faict que lame captiue suyt mauuaise pensee יצר הרע/cōme vendue soubz peche/condemnee a tormēt eternel. De laquelle en auons exemple en Adam/ quand il a tresbuche. Il congnoit sa nudite, cest adire la villenie de peche regnant en son corps par concupiscence השגל Hasegel/esueillee par le goust du fruict de larbre, cōme il semble a aucuns. Il fuyt et a horreur oyant la voix de Dieu, & se cache entre les arbres de paradis, & se monstre a grand difficulte, quand il est appelle par la voix de Dieu. Qui est lame qui puisse ouyr le Seigneur appellant au iugement? Rien napparoit que crainte, tremblemēt, fuitte, & cachement. Lacces au Seigñr en asseurance est close & empesche a cause du peche. Je te demande, a qui lors auras tu ton refuge? ou en quel lieu trouueras tu allegement & exemption de peine? Dieu le vengeur de peche (deuant lequel on ne peult rien cacher) se rencontre par tout, & espouante la conscience coulpable.

La corruption de peche est apparante par ceste guerre irrecōciliable, qui est dedās lhōme. Car la chair par toute la vie forclos lesprit & luy estouppe le chemin, que lentree au coeur ne luy soit ouuerte: car elle cerche asseurance & recule/affin de fuyr lesperit la reprenant, de peche, iugement/& iustice. Elle appete les voluptez presentes, elle suyt vanite, & quiert songneusemēt les delices a son corps, par manger, boire, dormir, oysiuete, ieux dissolus, & choses semblables, esquelles elle est du tout plōgee. Raison illuminee par lesperit sefforce a choses bōnes, & bataille cōtre la chair, & cōuainct que lhōme nest pas cree immortel, pour la viande corruptible: mais plus tost que la viande est cree pour lhōme. Lesperit demōstre cecy par lordre de creation: pource que les autres animaux sont deuant que lhōme ayt este forme, desquelz le propre est boyre, manger, dormir, & suyure son appetit desordōne. Ausquelz lhōme seruāt a son ventre & a luxure, est fort semblable. Car quil soit plus grand ou excellent que les bestes, il ne le monstre nullemēt par effect. Il est tout brutal, il nest que vne beste, il est du tout es choses, qui ne sont point propres a lhomme; mais sont les principales des bestes. Mais bien autre est le propos de ceulx, qui par boire & manger tant seullemēt sustētent la force naturelle pour suffire a vacquer en la loy de Dieu, pour prier le pere au ciel, pour insister & semployer a louurage de la vigne du Seigneur. Telz sont les bons, ilz māgent affin de viure, & ne viuēt pas affin quilz mangent. Laquelle moderation & attrempance, qui la pourra tousiours diligēment garder? Qui est celuy, qui par foys ne se sent hōme, & ne regrette vne telle misere? De telle sorte le corps corrompu/non seulement aggraue lame: mais aussi la deguaste. Tant seulement apres la mort peche se part de la chair, quand elle est abolie & lame deliuree de sa prison.

Or faingnōs estre quelquun, qui de tout son coeur sefforce a corriger la mauuaistie de ses conseilz & oeuures. Que pourra cestuy cōquester autre chose sinō vne feintise & fourbe de meilleure vie, & cacher son coeur peruers soubz vng masque & faulx visage de vertues? Car il sadonne a cela pour lamour de soymesme, ainsi que pour lutilite lesperit humain a coustume de cōsulter & semployer: non point quil addresse sa veue a Dieu/mais a soy: cest adire, non pas a bien/mais a mal.

Tu dis que cestuy, qui prend grand peine par desir & estude de la loy, paruiendra a vne perfectiō telle que celle de Abraham, ou plus grande, tant est en la main de lhōme la perfection. Je recongnoy le dict qui est (cōme iestime) de cest ancien Eleazar/lequel quasi toute lantiquite des Ebrieux ensuyt. Mais que scauroit on dire plus sottement & incōsideremēt? Car ia soit que la droicte raison le cōmande, dis moy ie te prie, ou trouueras tu la volunte entiere enuers la loy? כי יצר לב האדם רע Car la feintise du coeur de lhomme est mauuaise.

mauuaise. Gene.3. Maintenant ce qui est desia mauuais de soy, ne peult estre faict bon de soy: car il ne se peult chãger en autre nature/ & se faire autre quil est. Si tu ne veulx dire quil peult estre Dieu a soymesme/ & ql fust la creature de soymesme: car le vice nest pas seulement tourne en coustume: mais en nature. Je confesse bien que le couraige se sent aucunement par la lecture dispose: mais il ne se peult parfaire/ ny onc lecteur de lescriture ne pourroit changer la nature de soy. A quoy sert la doctrine de la loy/ sinon a congnoistre la volunte diuine: affin que tu sache que cest que le createur demande & requiert de toy. Escoute a ce propos Senecque hõme payẽ qui a este entre les anciẽs le plus grand & vehement recõmandeur de vertu qui fut onc. Icelluy confesse que tresfurieuses affections repugnent, & resistent: iasoit q̃ la raison nous induise/ & requiere de nous tout bien & vertu. Dont il estime nul hõme estre bon: mais biẽ entre les hommes aucuns estre pires que les autres.

Or venons a la presente matiere/ regarde et estudie a la loy iour et nuict/ a la parfin tu apprendras et congnoistras que Dieu שדי Sadai (cest a dire/ ayant & cõprenant en soy suffisance de toutes choses) est cõioinct a toy par alliance/ & est du tout tien/ & demãde de toy que tu le repute pour tel & que tu croye quil est veritable en ses ꝑmesses/ & que tu nattẽde aucun bien sinõ de luy seul. Toutes les autres choses ne te scauroyent bailler ayde que par lobeyssance אמונה Emunah/ de la foy. Qui est certaine congnoissance/ que nostre Dieu est vng seul Dieu, & nen ny a point dautre. Dont vient et procede ce grand amour de Dieu/ par lequel est satisfaict a ce cõmandement: Tu aymeras ton Dieu de tout ton coeur & de toute ton ame &c. Deute.6.

De ceste fontaine sourdent les oeuures & exploictz dung homme fidele/ qui sont conduictz & guidez en lamour de Dieu par lequel il est du tout addõne & cõsacre a celebrer & magnifier la gloire dicelluy: affin ql prenne tout de la main de Dieu, & ce gracieusemẽt & allegremẽt, ainsi q̃ Dieu a cõmande au peuple de Israel, quil eust souuenance & memoire q̃ il est entre en la terre nõ pas par ses iustices ny par la bõte & integrite de leur coeur: mais a cause de sa ꝑmesse, qui estoit cõfermee par sermẽt a Abrahã/ Izahak/ & Jakob. Deute.9.

O coeur aueugle, qui ne vois pas icy, que on ne acquiert pas vraye bonte de verser & vacquer a la loy, si lesperit qui est reformateur des coeurs est absent. Car facilement nous croyons que toutes choses sont de Dieu/ ce qui est clair & manifeste par la creatiõ des choses, & par beaucop dautres moyens, voire par toute lescripture, & par le cours des oeuures de Dieu cõme aussi tu peulx cõgnoistre en considerant les histoires prophanes. Mais cõmunemẽt on cerche autres aydes & secours de ceste vie, ausquelz on se fie plus que a Dieu. Mesmemẽt les hõmes de Dieu tressainctz nõt pas totalemẽt este exemptz dincredulite, ausquelz les perilz & dãgiers ont rõpu le courage/ cõe Abrahan qui dissimula q̃ Sarah fust sa femme, & Mosch en Me-meribah (cest eaues de lestrif) lesqlz sont lourdemẽt tõbez.

Donc la congnoissance de la loy monstre le peche a lhomme, ascauoir son incredulite, & la fiance quil a aux autres creatures, qui est le reniement du seul Dieu. Aussi luy mõstre limmisericorde & faulte damour quil a enuers son prochain qui est loppposite de charite, et autres choses semblables a telles affections et cupiditez, lesquelles on voit & appercoit on tous les iours par les faictz & gouuernemẽs des hõmes. Certes tant len fault que la cõgnoissance de la loy oste le peche que mesme elle lirrite plus tost. Car la loy de Dieu ouure ire, veu quelle enflamme la concupiscence, & prouocque la chair a accuser de cruaulte la prouidence de Dieu, laquelle veult & cõmande que nous aymions Dieu de tout nostre coeur. Car tous telz que nous sommes (las) nous sommes du tout abandonnez a lamour de nous mesmes, non a lamour de Dieu ny de nostre prochain.

Que feras tu donc a celluy qui vouldroit nyer ceste tant manifeste corruption de nostre nature? Il le te fault certes admõnester quil dise verite selon le tesmoingnage de son coeur, & non pas des leures, tout ainsi que tu pourrois puissammẽt vaincre celuy qui diroit que le feu ne brusle point, en mettãt sa main au millieu de la flamme: semblablemẽt par longue experience beaucop de sainctz personnages ont congneu combien grande peste, & maulx sont au coeur de lhomme.

En apres/ quil soit ainsi q̃ la cõgnoissance des choses bõnes & hõnestes que nous mõstre la loy de Dieu ne guerisse point la maladie: mais plus tost lempire & trouble (cõe Sainct Paul souuẽt a expose aux Eglises/ q̃ les pecheurs sont iustifiez par foy) telle vniuerselle doctrine est entendue & cõgneue par nostre damnee nature, ainsi quil fut repute a Abraham a iustice, quand il creut a Dieu qui luy promettoit/ disant: Ta semẽce sera ainsi &c. Ce q̃ de rechef a declaire en lalliance faicte a Mosch par ceste parolle: Escoute Israel/ ton Dieu est vng Dieu. Par laquelle il promet quil dõnera toutes choses a Israel, aussi pareillemẽt il veult que Israel quelle naura pas ceste foy suffisante & correspondante a la parolle de si grande & ample grace : Car cõmunement nous nauõs pas vng seul Dieu quand nous auons tant de folles terriẽnes pour secours & ayde. Et puys par paourete de foy sommes retirez de lamour de nostre prochain, lequel nous deuons aymer en Dieu autãt que nous. Leuiti.19. Et encore languit en nous ce peu de foy que auõs, veu que nous requerõs ayde de quelcõque autre chose que de Dieu, et attendõs tousiours le moins de Dieu. Et est la cause pourquoy nous ne viuõs pas en pure simplicite deuant le Seigñr. Dont aduient que Dieu se retire & euanuyt de ceulx qui mettẽt leur fiãce & esperãce en layde des creatures: veu que on regarde & a on en admiratiõ plus tost ces choses basses & terriennes, que les vrayes & celestes. Tel est lengin & entendemẽt humain.

Donc pourtant que nous nauons pas pleine & entiere foy/ de ceste promesse: Je suys ton Seigneur ton Dieu: Nous sommes semblables a ceulx qui retiroient leurs piedz & se reculloiẽt de la mõtaigne pour la voix de Dieu. Nous croyõs certes, & ne croyõs point. Nous oyõs voluntiers les parolles de salut, & si les auõs en horreur. Nous desirõs les ouyr, mais elles nous sont intolerables & importables, pendant que Dieu iuste & veritable traicte alliãce auec nous, & nous demãde quelque chose. Pourtant appetõs nous lalliãce de Dieu, moyẽnant quelle soit offerte aux aureilles du coeur par vng mediateur: puys q̃ ainsi est quil ny a rien quon oyt de la bouche du Seigñr, qui ne nous soit espouãtable, sans mediateur. La chair certes est espouãtee, en ce q̃lle a Dieu cõe sien en ses ꝓmesses: car elle ne le cõprent point du tout par foy. Elle est espouantee aussi grandemẽt & toute esperdue de ce quelle doibt auoir vne telle foy/ & certaine persuasion de la bõte de Dieu, & quelle doibt esperer, attendre, & receuoir toutes choses de Dieu, et en tout le louer/ laquelle foy elle na point. Aussi lestõne faulte de charite, quelle doibt rendre, tant enuers Dieu que son prochain. Pareillemẽt lespouãte ce cõmandemẽt: Que tu aymes ton prochain cõme toymesme. Leuiti.19. Et cestuy (si nous estiõs soubz la loy) Laisse aller loyseau qui couue ses oeufz, ou qui est sus ses poussins. Car toute la vertu & puissance du cõmandemẽt, gist et despend en ce que nous croyõs en Dieu/ cõme si nous estions deuãt luy & si nous disoit ces parolles de sa propre bouche.

Quelle esperãce de salut nous reste il donc/ si mesme les gratuitez & liberalles ꝓmesses nous espouantẽt: Et espouantẽt elles/ quãd elles requierent de nous que nous ayons pareille & correspondante foy a elles/ nous qui sommes menez & agitez de tant de vaines esperances. Certes nõ seulement les cõmandemens de la loy, mais aussi les promesses nous dõnent espouãtement & crainte: car tous iceulx veulent & cõmandent que ayons le coeur net & entier deuant le Seigñr, laquelle chose iamais hõme viuãt ne peult acõplir.

Retournõs nous donc & recourons au mediateur auec le peuple entour la mõtaigne, lequel mediateur a parfaict & cõfirme lalliãce, & nous a purge, non pas par sang de veaux (cõme Moseh feit anciẽnement) mais par son propre sang/ moyẽnant lequel il a parfaict laccord & alliãce de grace/ par laquelle les consciences sont, purifiees aspersees & arrosees du sang diceluy. Mais telle foy surmõte lentẽdement & capacite de nature.

Dieu a promis le Nouueau Testament, dict Nouueau pour autãt quil doibt estre en esperit, sans les circõstãces anciẽnes. Le Vieil Testament a tousiours consiste en sang de bestes, Le Nouueau consiste en nouueau sang. Aussi leternelle redemption a este faicte par eternelle hostie & sacrifice. Lalliance indissoluble est perpetuelle & est parfaicte par le sang eternel qui estoit a Dieu. Le Royaume du Messiah filz de Dauid na point de fin: dõc il fault quil soit Roy immortel, & est necessaire que les Nouueaux hõmes immortelz qui sont creez selon Dieu, soiẽt citoyẽs de ce Nouueau & eternel Royaume. Mais tousiours iusque a maintenãt les promesses & alliãces de Dieu ne tiẽnent pas/ par ce que la preuarication de lhõme a surmõte, auec le mauuais coeur, qui est la racine de preuariquer, sur laquelle les

promesses

promesses entees ne peuuent prendre. Le Messiah du Seigñr par ce quil a le Royaume eternel/aussi a il trouue leternelle redẽptiõ. Il est dõc necessaire quil oste יצר הרע la mauuaise pensee: ce que les anciens Ebrieux esperent aduenir/ mais graces a Dieu nous experimentons ce estre desia faict. Car les pechez ne nous sont point imputez par la grace de celuy qui nous a esleu en Jesus Christ, par lesperit duquel les reliques de peche (cest adire mauuais coeur & affection) tous les iours petit a petit & de plus en plus se esputẽt & nettoyent, affin ql se lieue Vng coeur & esperit nouueau, par celuy qui renouuelle toutes choses, cest le Christ du Seigneur.

Cecy est clerement mõstre au prophete Malachi: Il sera soufflant & purgeant largent & purifiera les filz de Leui, & les rendra purs & netz cõme lor & largent, & y en aura qui offriront au Seigñr sacrifice en iustice. Quel autre tesmoingnage requiers tu: car il parle appertement de Christ, lequel quand il est introduict au monde pour la secõde foys aps sa resurrection, il purifie les siẽs bruslant par flãmes de lesperit les ordures & macules de peche, qui estoient en eulx. Lors pourrõt iustement paracheuer les Viãdes sacrees q sont adiousteez aux autres sacrifices comme pour accõplissement: car leurs sacrifices sont iustes, ayans hosties legitimes, ascauoir leurs corps amenez pour hostie Viuante/saincte/plaisante a Dieu/raisonnable seruice de ceulx qui sont regenerez. Mais dont sont ilz a ce ydoines & suffisans: Certes par lesperit de Christ qui les argue de peche/qui brusle doulcemẽt & nettoye lescume & ordure du coeur.

O profond mystere. Celuy qui a este mis en croix, iceluy mesme retourne a Vie est monte au ciel, pour accomplir tout. Lequel quand il habite en nous, les coeurs des croyans sont cõme engrossis & pleins/il demoure en iceulx, en iceulx accomplit loeuure de redemption: car il faict que les pechez ne nous sont point imputez/ia soit q par la foy, aussi par les promesses soiẽt declarez/nous estre rigoureusemẽt imputez. Car toutes choses sont promises soubz certaine condition: que nous les oyons, que nous les obseruions, que nous les faisiõs/cest adire que nous les croyons & gardions fermement en noz coeurs en les faisant par effect, purement. Quand est ce que la chair et le sang les pourront atteindre & accomplir?

Mais desia leternelle & parfaicte redemption est faicte par Christ, & ney attend on point daultre qui puisse reparer et remettre sus les choses desolees & ruynees. Il est dõc necessaire q a son entree & heureuse biẽuenue il dõne meilleur coeur, & baille par sa liberalite la pleine foy, laqlle nostre nature qui est incredule/na point. Laquelle foy en Jesus Christ Voit & cõgnoit que Dieu a cõclud toutes choses soubz incredulite, affin quil ayt mercy de tous. Aussi elle congnoit que le pere nous a donne Christ, & toutes choses auec luy: duquel la iustice oste et efface nostre peche. Car icelle est nostre, duquel la Vie (qui est nostre) immortelle en Dieu, esteinct en nous la mort de gehenne qui ne meurt iamais, duquel la felicite & beatitude inenarrable abysme & engloutit la pfonde misere de ceulx qui sont condãnez par pechez a la gehenne. Sans Christ la foy de pmesse ne peult appaiser ny rendre trãquille le coeur ny la cõscience, tant par ce qlle nest pas encore pleine & parfaicte, que aussi par ce quelle ne peult parfaire & accomplir les cõditions qui sont annexees & adiointes a icelles promesses: mais auec Christ & en Christ (auquel sont toutes les promesses) la foy rassasie & saoulle la conscience, par ce quelle croit que par la iustice de Christ (qui nous a este faict iustice enuers Dieu) son incredulite, non seullement les autres pechez luy sont pardõnez & remis. A telle foy nostre imbecillite & fort repugnãte tẽtatiõ ne nuyra ny empeschera aucunemẽt: mais la fiãce de salut & de preudhõmie prise dailleurs meine du tout a perdition: ainsi quil aduient que ceulx qui se fient en leurs oeuures, & quilz pensent se iustifier deuant Dieu par icelles, sont forcloz & reiectez de la iustice de Dieu pourtant quilz Veulent establir & cercher la leur propre. Au contraire/a ceulx ausquelz le don de foy est donne de Christ/la mort de Christ est la purgation, & absolution de leurs pechez, & par Vng mesme esperit de iour en iour sont renouuellez & recreez en nouueaux hommes.

Parquoy on peult Veoir & congnoistre, que celuy qui est filz de Dauid/il est Dieu, & que Dieu reconcilie le monde a soy par & en lhõme Christ. Car Dieu seul a, & obtient la puissance de creer & recreer, lequel seul peult chãger les especes des choses, & faire du Vieil & mauuais courage, Vng nouueau & bon. Et est trop follement & lourdement parle a daucuns/que Dieu ayt eslargy & cõmunique aux anges la puissance de creer. Car par mesme raison on pourroit dire quil les auroit faictz participans de sa diuinite. Dieu est שדי comme nous auons ia dit. Il ne sattẽd point/& na q faire de layde daultruy. Et toutesfois Christ a pleine puissance & parfaicte redẽptiõ. Ezech. 34.

ces: veu quil a faict ce qui appartient seulement a Dieu seul & que ceste puissance de faire telles choses, surmonte en toute maniere la capacite de toute nature. Ce mystere certes en ceste briefuete ne peult estre pleinement deschiffre ne declaire. O quelle benignite incõparable de ce mystere ineffable, que Dieu habite en chair, mais encore la chair de Christ en Dieu. Car il est entre en imortalite qui appartient seulement a Dieu, & par luy aussi nous allons a Dieu. Quoy donc: la loy est elle abroguee: A ce est respondu en lespistre apostolique aux Ebrieux, ou il est dict que le nouueau abrogue & dechasse le vieil. Toutesfoys la loy reste encore, quãt a ce qui appartiẽt a la substãce de lalliance. Car la loy a deux parties/ premieres/ & secondes. Les secondes sont temporelles, & les premieres eternelles. Dont viẽt que le peuple Disrael estant retourne de Babylone fut reprins de ce quil prenoit tant de peine & trauail aux sacrifices exterieurs en delaissant la foy & la charite desquelz le Seigñr dit en Hosea: Jay voulu misericorde & nõ sacrifice, & la sciẽce de Dieu plus q̃ les holocaustes. Et de rechef: Je leur escry les choses plus hõnorables de la loy. Hosea.8. Et Dieu tous les iours par ses prophetes enhortoit le peuple a ces choses principalles, a la science de Dieu, qui est la foy, & a misericorde/ beneficence/ & amour de son prochain. Mais q̃ ont ilz faict: Sans foy ilz ont faict leurs sacrifices qui sont abominatiõs au Seigñr/ lequel nye qui leur ayt cõmande telles choses. Jeremiah.7.

Les principalles parties donc de la loy, sont escrites aux coeurs, & iusque a maintenant est dicte nouuelle loy: par ce quelle nest plus contenue aux decretz. Et Moseh auec sa loy/ reste encore en ceste partie. Mais les secõdes & moindres parties (par ce quelles sont de ce mõde cest adire exterieures & visibles) ne appartiennent ne competent au royaume de Christ, qui est interieur & celeste. Que on prẽne vng peu garde a Jsaiah qui cõmande que soyons lauez sans faire mention des choses exterieures. La circoncision לעולם dure tant que ce mõde dure, & les autres choses qui appartiẽnẽt a icelle: mais la fin du mõde אחרית הימים cest le dernier des io⁹s quãd le iour de Christ luict/ duq̃l le Royaume nest point de ce mõde corruptible, car il est eternel & incorruptible: mais la figure de ce mõde autãt grãd q̃l est, passera.

On lict en q̃lque passage au liure des Thalmudistes q̃ la loy doibt estre abroguee soubz le regne de Christ, excepte le liure de Esther/ & ne scay q̃lles petittes chosettes/ dont ilz se debatent & disputent sur le faict des ceremonies delaissees. Lesquelles entãt quelles appartenoyẽt au seruice/ les Juifz estans hors leur terre nont point, & ne peuent auoir, & de faict le Seigñr les a abroguees quand le tẽple a este destruict/ larche, la sacrificature, le Royaume & choses semblables: toutesfoys regnant tousiours le Roy Dauid. Hosea.3. Les enfans Disrael seront long temps sans Roy & sans prince &c. Apres reuiẽdront les filz Disrael & cercherõt le Seigneur leur Dieu, et Dauid leur Roy. Donc ce Roy Dauid cest le Messiah, au temps duquel les Juifz sont bãnis & dispersez par le monde, iouxte les menaces de la loy, & par ce q̃ Jsrael charnel ne obeyt point au Royaume de ce Roy Dauid, il a vng autre peuple Jsraeliticq̃, leq̃l le prophete Jeremiah descrit. Cha.33. Mais quãd retournerõt ilz: Quãd la plenitude des gẽs sera entree. Certes ce nest pas mal pris ne mal entẽdu que la loy est abrogue soubz Christ: par ce q̃ la cause de la loy cesse, & est excluse. Car ilz dient q̃ la loy est baillee a cause du mauuais coeur cõe lauteur du liure/ duq̃l le tiltre est Mithuoth gadol dict en sa preface/ & Bachai sur le Deut.31. Certes la loy exercite le mauuais coeur cõme assez cõgnoit le Juif, auq̃l consent S. Paul escriuãt a Timothee: La loy est mise pour les iniustes &c. Et a la mẽme volunte q̃ les Juifz en ces troys choses ex: ascauoir, en leur gẽre, en la loy, & aux promesses, ne se glorifiassent point tant selon la lettre: mais selon lesperit, en portãt tousio⁹s patiẽmẽt la peine inferee du Seig², & ne se fiãt point si asseuremẽt a leur Thalmud & Rabbins/ par lesq̃lz (cõe les Turcz par Alcoran, & la Chrestiente sans Christ/ par ses cõstitutions & decretz) sont souuent retardez de venir a la vraye lumiere & intelligence. Certes ilz auroyẽt honte & horreur de eulx mesmes en traictant & voyãt la loy a cause du peche qui est & adhere a lhõme. Jlz se deffieroyẽt de leur vertu & puissance & en fin cercheroyẽt le salut promis, & lauroyẽt cõme nous qui croyons/ lauons a present. Prions donc que icelluy salut reluyse, & soit congneu a vng chascun: affin que le temple & cite de Jerusalem, ce pays celeste, soit du tout edifie, et que voyons lespouse de Christ aornee de ces beaux dons. Amen.

Paul aux Romains.12.

Gloire & honneur & paix a vng chascun qui fera bien/ au Juif premierement/ aussi au Grec.

Literaturverzeichnis

Quellen

Buber Martin: Werke, Erster Band: Schriften zur Philosophie, Heidelberg 1962.

Bucer Martin: Opera omnia, Series I: Deutsche Schriften, Gütersloh, Paris 1960.

Calvin Jean: Opera quae supersunt omnia, Braunschweig 1877 ff. (= CO 1–59)

Calvini opera selecta, hg. von P. Barth, W. Niesel u. D. Scheuner, München 1929–1936. (=OS I–V)

Calvin-Studienausgabe 1–4, hg. von E. Busch, A. Heron, Chr. Link, P. Opitz, E. Saxer, H. Scholl. Neukirchen 1994 ff.

Calvin: Oeuvres choisies, Edition d`Olivier Millet, Paris 1995.

Calvin, Johannes – Lebenswerk in seinen Briefen, dt. v. Rudolf Schwarz, 3 Bde. 2. Aufl. 1961.

Calvin Johannes: Unterricht in der christlichen Religion – Institutio Christianae Religionis – Nach der letzten Ausgabe übersetzt und bearbeitet von Otto Weber Neukirchen 1955. (= Inst. I–V)

Capito, W. F.: Was man halten und antworten soll von der Spaltung zwischen Martin Luther und Andres Karolstadt, 1523. (= Spaltung)

Berner Synodus von 1532, Edition und Abhandlungen zum Jubiläumsjahr 1982, hg. vom Forschungsseminar unter der Leitung von Locher G.W.; Bd. I Edition, Neukirchen-Vluyn 1984, Bd. II Studien und Abhandlungen, Neukirchen-Vluyn 1988.

Luther, Martin: D. Martin Luthers Werke, kritische Gesamtausgabe, Weimar 1883. (= WA 1ff)

Heidelberger Katechismus 1563, Revidierte Ausgabe Neukirchen-Vluyn 2001.

Olivetan Bibel 1535, (ohne Seitenzahlen) Exemplar der Schweizerischen Landesbibliothek Bern.

Rousseau, Jean-Jacques: Oeuvres complètes, 5 Bd. Bibliothèque de la Pléiade, hg. von Gagnebin Bernard et Raymond Marcel, Gallimard 1959.

ders.: Discours sur les richesses, hg. von Bovet Félix, Paris 1853.

ders.: Schriften zur Kulturkritik, hg. von Kurth Weigand, Hamburg 1971.

Zwingli, Ulrich: Huldrych Zwinglis sämtliche Werke, unter Mitwirkung des Zwingli-Vereins, hg. von E. Egli u. a.; Berlin 1905, Leipzig 1908ff, Zürich 1961 ff. (= Z I ff)

Zwingliana – Beiträge zur Geschichte Zwinglis, der Reformation und des Protestantismus in der Schweiz, hg. vom Zwingliverein unter Mitwirkung des Instituts für Schweizerische Reformationsgeschichte, Band, Zürich Jahrgang. (= ZW)

Hillerbrand, Hans J.: The Oxford Encyclopedia of Reformation, New York/Oxford 1996.

Huguet, E.: Dictionnaire de la langue française du XVIe siècle, 7 Bde., Paris 1925–1967.

Sekundärliteratur (Auswahl)

Adam, Paul: Der Humanismus zu Schlettstadt, (o.Jahr und Ort).

Audisio, Gabriel: Die Waldenser – Die Geschichte einer religiösen Bewegung 1989, dt. München 1996.

Augustinus: Geist und Buchstabe, 412, hg. von Otto Weber, Biblische Studien, Heft 36, dt. E. Kochs, Neukirchen-Vluyn 1962.

Barth, Karl: Die Theologie Calvins 1922, K. Barth Gesamtausgabe, Bd. 23, hg. von H. Scholl in Verbindung mit A. Reinstädtler, Zürich 1993.

ders.: Das Glaubensbekenntnis der Kirche, Erklärung des Symbolum Apostolicum nach dem Katechismus Calvins, Zürich 1967.

Barthélemy, Dominique: Celui qui fit passer la Bible de l`hébreu en français, Olivetan. Olivetan– Jubiläumsheft der Société Biblique Suisse, Bienne 1986, 18–28.

Battenberg, Friedrich: Das Europäische Zeitalter der Juden, Darmstadt 1990.

Baum, J. W.: Capito und Butzer, Elberfeld 1860.

Bellarmin, Robertus: Disputationes, Venedig 1599.

Benoit, Jean-Daniel: Calvin – Directeur d`âmes, Strasbourg 1947.

Berg, Hans-Georg vom: Der Gang der Gnade, in: G.W. Locher, Berner Synodus, Bd.II, Neukirchen-Vluyn 1988, 118–149.

Berthoud, Gabrielle: Antoine Marcourt – Réformateur et Pamphlétaire, Genève 1973.

Biéler, André: La pensée économique et sociale de Calvin, Genève 1961.

Bohatec, Josef: Bude und Calvin – Studien zur Gedankenwelt des französischen Frühhumanismus, Graz 1950.

Böttger, Paul C.: Calvins Institutio als Erbauungsbuch, Neukirchen-Vluyn 1990.

Brunner, Hans Heinrich: Das Genfer Reformationsdenkmal, Reformierte Schweiz, 1. Jg. Heft 10, Basel 1920.

Buber, Martin: Zwei Glaubensweisen, Zürich 1950, jetzt in M. Buber, Werke Erster Band – Schriften zur Philosophie.

Casalis, Georges und Roussel, Bernard: Olivétan, Traducteur de la Bible – Actes du colloque Olivétan, Noyon, mai 1985, Paris 1987.

Cassirer, Ernst: Das Problem J.-J. Rousseau, Darmstadt 1970.

Chambers, Bettye Thomas: Bibliography of French Bibles [15. and 16. Jahrhundert], Genève 1983.

Chenu, Marie Dominique: Die Arbeit und der göttliche Kosmos, dt. Mainz 1956.

Choisy, Eugène: Calvin, éducateur des consciences, Neuilly 1935.

Déjean, Jean-Luc: Marguerite de Navarre, Paris 1987.

Delarue, H.: Olivétan et Pierre Vingle, BHR 8, Genève 1946.

Detmers, Achim: Reformation und Judentum, Israel-Lehren und Einstellungen zum Judentum von Luther bis zum frühen Calvin, Stuttgart, Berlin, Köln 2001.

Droz, Eugénie: Chemins de l`Héresie, Bd. 1, Genève 1970.

Dunant, Henry: Eine Erinnerung an Solferino, 1862, dt. R. Tüngel, Bern 1988.

Farel, Guillaume 1489–1565, Biographie nouvelle, diverse Verfasser, Neuchâtel, Paris 1930.

Ganoczy, Alexandre: Le jeune Calvin – Genèse et évolution de sa vocatio, réformatrice, Wiesbaden 1966.

ders.: Ecclesia ministrans – Dienende Kirche und kirchlicher Dienst bei Calvin, Freiburg, u. a. 1964/dt. 1968.

Gäbler, Ulrich: Huldrych Zwingli – Eine Einführung in sein Leben und Werk, München, 1983, 3. überarb. Aufl., Zürich 2004.

Gilmont, Jean-François: La publication de la Bible d`Olivétan: audaces et limites d`une entreprise de précurseurs, in Casalis/Roussel, Olivétan, Traducteur de la Bible, Paris 1987, 31–38.

Hajtiema, Th. L.: De nieuwere geschiedenis van Nederlands kerk der Hervorming, s`Gravenhagen 1964.

Hamm, Berndt: Zwinglis Theologie der Freiheit, Neukirchen-Vluyn 1988.

Hamm, Berndt, Moeller, Bernd und Wendebourg Dorothea: Reformationstheorien. Ein kirchenhistorischer Disput über Einheit und Vielfalt der Reformation, Göttingen 1995.

Higman, Francis: Lire et découvrir – La circulation des idées au temps de la Réforme (Eine Sammlung der Aufsätze von Higman) Préface de Jean-François Gilmont, Genève 1998.

ders.: La Réforme: Pourquoi? Essai sur les origines d`un événement fondateur, Genève 2001.

ders.: The International Reformation Monument, Genève 1994.

Hausammann Susi: Busse als Umkehr, Zürich 1974.

Hildesheimer, Wolfgang: Mozart, Frankfurt a.M. 1984.

Holl, Karl: Gesammelte Aufsätze zur Kirchengeschichte; Bd. I: Luther, Tübingen 1948.

Hwang, Jung-Uck: Der Junge Calvin und seine Psychopannychia, Frankfurt a. M. 1991.

Israel, Joachim:Der Begriff der Entfremdung, Hamburg 1972.

Kittelson, J. M.: Wolfgang Capito. From Humanist to Reformer, Leiden 1975.

Kempen, Thomas von: Nachfolge Christi, dt. H. Endrös, Fischer Bücherei, Frankfurt a.M. 1957.

Klappert, Bertold: Erwählung und Rechtfertigung, in: Kremers, H., Die Juden und Martin Luther, Neukirchen-Vluyn 1985, 368–410.

Kohls, E.-W.: Luther oder Erasmus, Basel 1972.

Köpf, U.: Martin Luther als Mönch, Luther JB 55, Göttingen 1984.

Kremers, Heinz (Hg.): Die Juden und Martin Luther – Martin Luther und die Juden, Neukirchen-Vluyn 1985.

Krusche, Werner: Das Wirken des Heiligen Geistes nach Calvin, Göttingen 1957.

Kuhr, Olaf: «Die Macht des Bannes und der Busse» – Kirchenzucht und Erneuerung der Kirche bei Johannes Oekolampad (1482–1531), Bern u. a. 1999.

Kuyper, Abraham: Reformation wider Revolution – Sechs Vorlesungen über den Calvinismus, dt. Martin Jäger, Lichterfelde 1904.

Lanson, Gustave: Histoire de la Littérature française. Paris 1912

Lavater, Hans Rudolf: Regnum Christi etiam externum – Huldrych Zwinglis Brief vom 4.Mai 1528 an Ambrosius Blarer in Konstanz, ZW, XV 1979–1982, 338–381.

Lienhard, Marc und Willer, Jean: Strassburg und die Reformation. Die hohe Zeit der freien Reichsstadt, Kehl, Strassburg, Basel 1982.
Locher, Gottfried W.: Die Zwinglische Reformation im Rahmen der europäischen Kirchengeschichte, Göttingen und Zürich 1979.
ders.: Der Eigentumsbegriff als Problem evangelischer Theologie, Zürich 1962.
Lortsch, Daniel: Histoire de la Bible française, 1910; Nouvelle édition mis à jour par J.-M. Nicole, St-Légier, Suisse 1984.
Lutz, Samuel: Ergib dich ihm ganz – Huldrych Zwinglis Gebet als Ausdruck seiner Frömmigkeit und Theologie, Zürich 1993.
Magonet, Jonathan: Einführung ins Judentum, Berlin 2003.
Meyer, Hellmut: Der zweite Kappeler Krieg – Krise der Schweizer Reformation, Zürich 1976.
Meyland, Henri: Louis Olivier, dit Olivétan, Olivetan – Jubiläumsheft der Société Biblique Suisse, Bienne 1986, 4–7.
Mollat, Michel: Die Armen im Mittelalter, Paris 1978, dt. München 1984.
Moeller, Bernd: Reichsstadt und Reformation, Berlin 1962, 1987.
Neuser, Wilhelm H.: Calvins Stellung zu den Apokryphen des Alten Testaments, in AKG 50, Berlin 1980, 298–323.
Oberman, Heiko A.: Werden und Wertung der Reformation, Tübingen 1977.
ders.: «Subita conversio»: The «conversion» of John Calvin, in: Das Reformierte Erbe, FS für G. W. Locher, ZW XIX, 2, 1992, 279–295.
ders.: Die Wurzeln des Antisemitismus, Tübingen 1981.
Pfisterer, Ernst: Calvins Wirken in Genf, Neukirchen-Vluyn 1957.
ders.: Der wöchentliche Gebetstag in Genf, RKZ 1952, 316.
Quack, Jürgen: Evangelische Bibelvorreden von der Reformation bis zur Aufklärung, Heidelberg 1964.
Ragaz, Leonhard: Nach der Schlacht, Blätter für religiöse Arbeit, 14. Jg. Basel 1920.
Rich, Arthur: Zwingli als sozialpolitischer Denker, ZW XIII, 1969, 67–89.
Richter, Horst Eberhard: Patient Familie, Reinbeck 1974.
Roloff, Jan: Das Amt im Neuen Testament, Theologische Beiträge 1984 f.
Roussel, Bernard: Un Chant du Serviteur dans la Bible d'Olivétan, in: Olivetan – Jubiläumsheft der Société Biblique Suisse, Bienne 1986, 30–39.
ders.: François Lambert, Pierre Caroli, Guillaume Farel et Jean Calvin (1530–1536), in: Calvinus Servus Christi, Internationaler Calvin Kongress, Debrecen 1986, hg. von W. H. Neuser, Budapest 1988, 35–52.
Salis, J. R. von: Weltgeschichte der neuesten Zeit, I–III, Zürich 1960.
Sand, George: Ein Winter auf Mallorca, dt. Barcelona 1982.
Sachs, Hans: Werke in zwei Bänden, hg. von der Stiftung Weimarer Klassik, Berlin und Weimar 1992. Die Wittenbergisch Nachtigall, 1523.
Schellong, Dieter: Calvinismus und Kapitalismus, Anmerkungen zur Prädestinationslehre Calvins, in: H. Scholl (Hg.), Karl Barth und Johannes Calvin, Neukirchen-Vluyn 1995, 74–101.
Schlup, Michel: Trésors de l'Édition Neuchâteloise, Hauterive 1981.
Scholl, Hans: Die Kirche und die Armen in der reformierten Tradition, RKZ 1983, 64–73.

ders.: Der Dienst des Gebetes nach Johannes Calvin, Zürich 1968.
Scholl, Verena: Rembrandts biblische Frauenporträts, Zürich 2006.
Stephens, Peter: Zwingli – Einführung in sein Denken, dt. Zürich 1992.
Strasser, Otto Erich: La pensée théologique de Wolfgang Capiton dans les dernières années de sa vie, Neuchâtel 1938.
Stückelberger, Hans Martin: Calvin und Castellio, ZW VII, 1939, 91–129.
Stierle, Beate: Capito als Humanist, Gütersloh 1974.
Sweetland Laver, Mary: Calvin, Jews and Intra-Christians Polemics [mit einer englischen Übersetzung des 4. Vorwortes der Olivetanbibel], Philadelphia 1988.
Thiel, Albrecht: In der Schule Gottes – Die Ethik Calvins im Spiegel seiner Predigten über das Deuteronomium, Neukirchen-Vluyn 1999.
Tollin, H.: Servet und die oberdeutschen Reformatoren, Berlin 1880.
Tümpel, Christian: Rembrandt. Mythos und Methode, Königstein u. a. 1986.
Witte, J. L.: Het Probleem individu-gemeenschap in Calvijns geloofsnorm, 2 Bde. Franeker 1949.

Nachweis zu den Ersterscheinungen

Der Aufsatz «Seelsorge und Politik bei Ulrich Zwingli»
wurde erstmals veröffentlicht in: RKZ 130, 1989, 218–224, Bertold Klappert zum 50. Geburtstag.
[Aktuelle Version wurde stark emendiert.]

Der Aufsatz «Pfarramt und Pfarrerbild by Huldrych Zwingli»
wurde erstmals veröffentlicht in: Reformiertes Erbe – Festschrift G. W. Locher, Zwingliana XIX, 1, 1992, 261–392.

Der Aufsatz «Wolfgang Fabricius Capitos reformatorische Eigenart»
wurde erstmals veröffentlicht in: Zwingliana XVI, 1983, 126–141.

Der Aufsatz «Calvin als Seelsorger»
wurde erstmals veröffentlicht in: Christian Möller (Hrsg.): Geschichte der Seelsorge in Einzelporträts, Bd. 2. Göttingen und Zürich 1995, 103–126.
[Aktuelle Version wurde verändert und erweitert.]

Der Aufsatz «Von der Reformation zur Revolution. Die beiden Genfer J. Calvin und J.-J. Rousseau vor der Frage nach sozialer Gerechtigkeit»
wurde erstmals veröffentlicht in: Wilhelm H. Neuser, Herman J. Selderhuis, Willem van't Spijker (Hrsg.): Calvin's Books. Festschrift dedicated to Peter de Klerk on the occasion of his seventieth birthday. Heerenveen 1997, 235–256.

Personenregister

Dieses Register verzichtet auf die biblischen Namen sowie z. T. auf die Namen der Reformatoren Zwingli, Calvin, Capito, Olivetan und auch auf Rousseau, wo diese durchgängig vorkommen.

Register der Bibelstellen